连锁特许
经营管理

（高级）

主　　　编　马瑞光　陈　莹

副　主　编　李学农

编　　　委 （按姓氏笔画排列）

孙文霞　李珊珊　张　瑞　陈　帆

林　炜　金　佳　徐明月

审核委员会 （按姓氏笔画排列）

王冀川　陆春华

编审合作单位　上海城建职业学院　深圳职业技术学院

中国海洋大学出版社
·青岛·

图书在版编目（CIP）数据

连锁特许经营管理：高级 / 马瑞光，陈莹主编. —青岛：中国海洋大学出版社，2021.11
连锁特许经营管理1+X证书系列培训教材
ISBN 978-7-5670-3010-7

Ⅰ.①连… Ⅱ. ①马… ②陈… Ⅲ. ①连锁店－经营管理－技术培训－教材 Ⅳ. ①F717.6

中国版本图书馆CIP数据核字（2021）第233884号

出版发行	中国海洋大学出版社		
社　　址	青岛市香港东路23号	邮政编码	266071
出 版 人	杨立敏		
策 划 人	王　炬		
网　　址	http://pub.ouc.edu.cn		
电子信箱	tushubianjibu@126.com		
订购电话	021-51085016		
责任编辑	矫恒鹏	电　话	0532-85902349
印　　制	上海万卷印刷股份有限公司		
版　　次	2022年6月第1版		
印　　次	2022年6月第1次印刷		
成品尺寸	210 mm×285 mm		
印　　张	15.5		
字　　数	345千		
印　　数	1～1100		
定　　价	69.80元		

发现印装质量问题，请致电021-51085016，由印刷厂负责调换。

2019 年，教育部、国家发展改革委、财政部、市场监管总局联合印发了《关于在院校实施"学历证书＋若干职业技能等级证书"制度试点方案》，部署启动"学历证书＋若干职业技能等级证书"（简称 1＋X 证书）制度试点工作。1＋X 证书制度体现了职业教育作为一种类型教育的重要特征，有利于培养面向市场、适应就业需求的高素质人才，是《国家职业教育改革实施方案》的重要改革，也是重大创新。

1＋X 证书制度既是教育制度，也是就业制度。职业技能等级证书不同于学历证书，它衡量的是学生在职业技能方面的水平，反映的是在职业活动中所需的综合能力。因此，学生在就业之前既要获得"1"，即学历证书，也要选择若干个"X"，即职业技能证书。连锁经营管理方向的学生在学校取得连锁特许经营管理职业技能等级证书，将能更好地探索行业的发展，更迅速地适应社会的需求，是立足职场的直通车与准入证。此外，就业率的提高也可以大大提升院校的知名度和社会影响力。

教育应该立足于行业的需求。逸马作为集连锁咨询、培训、品牌授权、产教融合于一体的全球领先的连锁产业服务平台，成功遴选为教育部连锁特许经营管理专业领域的职业教育培训评价组织，负责开展 1＋X 职业等级证书——连锁特许经营管理试点工作；致力于搭建企业与院校人才对接的桥梁，助力学生实现高质量就业，提供成功率超 70% 的特许经营创业项目，为企业创新不断输送高水平实用型人才，促进产业升级。逸马竭力打通院校专业群与企业岗位群，携手相关院校共建逸马智慧连锁产业学院，持续性孵化出优秀的连锁精英，构建世界级的全网连锁产业生态圈。

根据院校学生在学习、就业过程中遇到的问题和困惑，逸马结合 18 年的前沿连锁咨询实践和培训历程，整合相关教育教学资源，凝练编写出适合院校学生需要的、能指导学生就业的职业技能等级教材。为推动中国教育的创新与发展，逸马坚持以学生为核心，深化改革复合型技术技能人才的教育教学模式和人才培养模式，力争把每位连锁经营管理方向的学生都培养成能力出众且有利于企业和社会发展的人才，引领中国连锁业走向世界，走向未来！

马瑞光

2021 年 6 月

　　1851 年胜家（Singer）缝纫机公司为了拓展其缝纫机业务，开始了业务授予，撰写了第一份标准的特许经营合同，从而开启了现代意义上公认的商业特许经营活动。100 多年来，商业特许经营从以商品经销权为核心的"商品特许经营"时代，到以单店标准化经营模式授权的"单店模式特许经营"，伴随着 5G 时代、数字时代的到来，为了使商业特许经营活动更加高效，许多商业特许经营企业传统业务本质的基础上开始使用数字化工具。自此，我们迎来了"数字化特许经营"时代，在特许经营活动数字化生产过程中提高了特许经营互动效率，规范了特许经营权交易行为。

　　连锁特许经营管理职业技能等级分为三个等级：初级、中级、高级。三个等级依次递进，高级别涵盖低级别职业能力要求。本书是 1 ＋ X 连锁特许经营管理职业技能等级证书的高级教材，主要围绕特许经营体系构建的主题，基于"数字化特许经营"时代企业发展规律进行编写，本教材涵盖 4 个项目模块、11 个任务。项目 1 是连锁特许经营体系设计，本项目基于宏观战略视角，在对连锁特许经营体系设计原理了解的基础上，进行特许经营企业战略规划及总部经营体系设计；项目 2 是连锁特许经营授权管理，本项目基于商业特许经营法律授权的本质属性视角，剖析商业知识产权及特许经营授权的相关内容；项目 3 是特许经营门店经营体系设计，本项目基于微观操作视角，关注"数字化"时代连锁特许经营企业门店经营模式设计、门店财务管理及门店销售预测与分析；项目 4 是特许经营体系推广，本项目基于运营管理视角，把握"数字化特许经营"时代真实企业对特许经营体系推广流程，包含了特许经营体系推广认知、特许经营体系推广准备工作及特许经营体系推广实施。

　　连锁特许经营管理职业技能等级考试是对连锁特许经营管理职业技能等级标准所对应的工作领域、工作任务及职业技能的专项学习与认定。职业技能等级证书是毕业生、社会成员职业技能水平的凭证，反映职业活动和个人职业生涯发展所需要的综合能力。1 ＋ X 连锁特许经营管理职业技能等级证书（高级）面向连锁特许经营管理相关领域中从事连锁特许经营企业区域运营管理、区域督导及总部授权管理等相关岗位。

　　本教材在编写上以深化职业教育"三教"改革为指导，以"理论讲透、实务足够、案例同步、实训到位"为原则，以"案例导入，任务驱动"为主要教学模式，帮助教师进行课程建设。在体例设计上，突出高水平人才培养目标，对培育企业所欢迎的技能型、应用型连锁特许经营与管理人才具有较强的针对性。

马瑞光

2021 年 8 月

目 录

项目1　连锁特许经营体系设计

项目导学

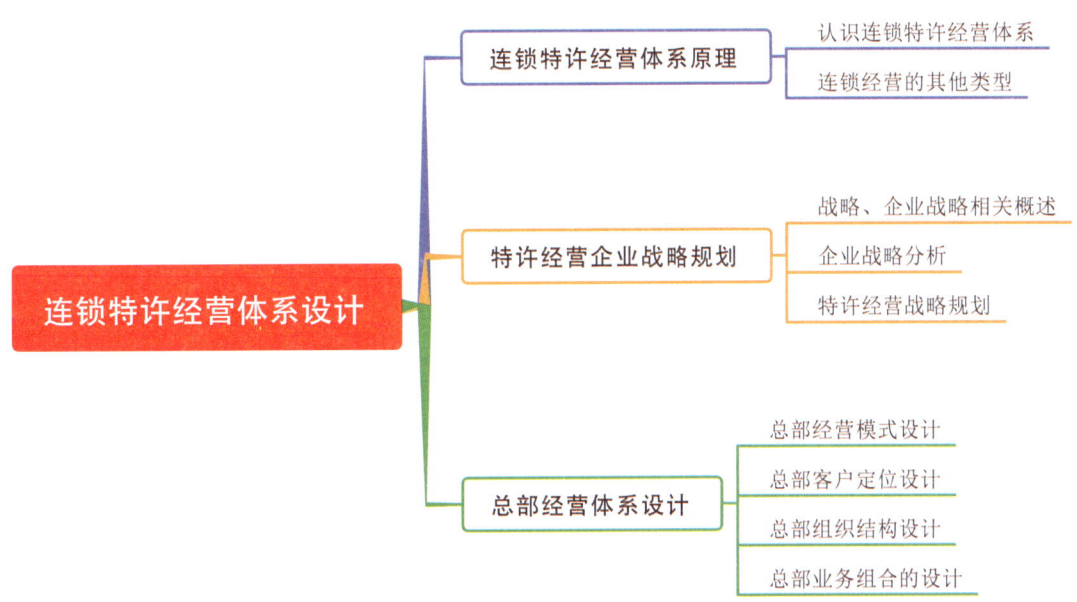

连锁特许经营体系设计
- 连锁特许经营体系原理
  - 认识连锁特许经营体系
  - 连锁经营的其他类型
- 特许经营企业战略规划
  - 战略、企业战略相关概述
  - 企业战略分析
  - 特许经营战略规划
- 总部经营体系设计
  - 总部经营模式设计
  - 总部客户定位设计
  - 总部组织结构设计
  - 总部业务组合的设计

任务1　连锁特许经营体系原理

 主要概念

连锁特许经营、直营连锁、自由连锁。

 学习目标

〔知识目标〕
★ 熟悉连锁经营的基本模式：连锁特许经营、直营连锁、自由连锁。

〔能力目标〕
★ 能通过本任务的学习，使学生掌握连锁经营相关模式的经营技巧。

〔素养目标〕
★ 能够对不同类型的企业有针对性地选择相应的连锁模式。

 任务导入

饮品连锁：渠道下沉，消费风向更迭①

饮品品类的门店连锁化率连续 3 年保持高位，截至 2020 年，该品类的门店连锁化率已达 36.8%。饮品市场经历了"有产品，无品牌"的 1.0 粉末时代（1990—2005 年），"卖产品，做品牌"的 2.0 街头品牌时代（2005—2015 年），到现在进入"新式茶饮"的 3.0 时代。

伴随着饮品市场 3.0 时代的到来，头部品牌不断优化产品与服务，不再满足于传统的品牌营销及品牌经营管理的方式，开始通过互联网平台的数字化工具，增加营销爆点、提高品牌认知，多触点触达线上线下消费者、提高品牌营销力、优化供应链以及门店管理的质量和效率，瞄准细分市场，制定更加精准的产品策略及定价策略。在数字化的加持下，具有零售体制、高度标准化的饮品连锁市场进入了"快跑"节奏。越是"快跑"，越需找到能够让品牌"跑得快"的市场空间。

在过去的 5 年中，中国城镇化进程加快、城镇人均可支配收入持续提升、"90 后"青年逐渐成为消费主力军，下沉市场潜力开始凸显，有钱有闲的"小镇青年"逐步成为饮品市场关注的"金主"。

"蜜雪冰城"们开始瞄准三线及以下城市的市场空间，抓住"小镇"的"金主"，通过精准的产品定位与价格定位，快速发展全国加盟店，提前占位下沉市场空间。从饮品的连锁门店规模分布占比来看，门店规模呈哑铃型分布，1000 家规模以上门店占比达 35.9%，500 家以下门店占比达 55.4%，500～1000 家门店占比仅为 8.7%。从变化趋势来看，千店规模以上的连锁门店数连续 3 年稳定在 3 成左右，2020 年茶饮连锁门店规模从千店进一步向上跃迁，突破万店（图 1-1-1）。

---

① CCFA& 美团. 2021 中国餐饮加盟行业白皮书: http://www.ccfa.org.cn/portal/cn/xiangxi.jsp?id = 442768&type = 33.

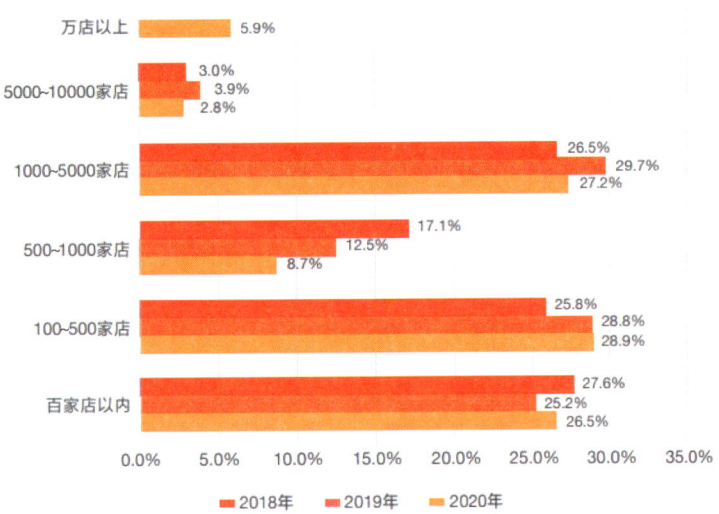

图 1-1-1　2018—2020 年饮品品类连锁门店规模分布占比

资本化进一步加速规模化。2020 年，蜜雪冰城、古茗、喜茶、奈雪的茶、沪上阿姨、茶里等多个茶饮品牌均获得较大金额的融资。在资本的加持下，奶茶赛道接连诞生千店、万店品牌，比如，蜜雪冰城突破万店，书亦烧仙草突破 5000 家店，古茗加盟店突破 4000 家等。

 任务解析

从连锁化增长最快的饮品分析可以看出，目前"蜜雪冰城"们的重心主要集中在市场下沉、品类分化，快速占领三线、四线城市。品类分化，有利于促进消费。通过精准的产品定位与价格定位，快速发展全国加盟店，提前占位下沉市场空间。

知 识 准 备

一、认识连锁特许经营体系

（一）连锁特许的概念

连锁特许，又称为加盟连锁、合同连锁，是总部与加盟店之间依靠契约结合起来的一种连锁经营形式，曾被美国未来学家奈斯比特誉为 21 世纪最主要的商业经营模式。2007 年国务院颁布的

《商业特许经营管理条例》中将商业特许经营定义为"拥有注册商标、企业标志、专利、专有技术等经营资源的企业，以合同形式将其拥有的经营资源许可其他经营者使用，被特许人按照合同约定在统一的经营模式下开展经营，并向特许人支付特许经营费用的经营活动。"2021年中国特许加盟大会上，中国连锁经营协会发布的《数字化特许经营指南》指出，第三代特许经营是对第一代商品特许经营和第二代特许经营模式进行的数字化升级，简称"数字化特许经营"。数字化特许经营不仅对传统特许经营模式的不同环节进行了数字化升级，提升效能，而且对传统特许经营的底层逻辑结构进行了重构，减少或消除了特许经营权交易过程中各主体的信息不透明、不对称现象，降低了特许经营授权的门槛以及交付和实施的成本，提高了整体效能。《数字化特许经营指南》认为，特许经营的基础是知识产权的授权，数字化能够帮助特许人提升知识产权管理的效率。特许经营中，特许权的交付和交易数字化是核心。"特许经营数字化"就是利用数字化打造特许权交易交付这一核心环节，对传统特许经营的商业模式和价值链进行重构。

特许经营权交易的数字化是指：在特许经营权的交易过程中，在需求采集、信息发布、交易撮合、服务定价、交易确认、交付服务、交付确认、结算、售后服务等环节使用数字化的数据采集、信息提示或预警、行为记录、数据统计等技术或数字化工具来实现交易的集约化、规模化和生态化。

（二）连锁特许的特征

（1）连锁特许经营的核心是特许权的转让。

特许权的转让方是连锁总部（特许人、加盟总部），受让方是加盟店（受许人、加盟商）。总部转让的特许权一般是注册商标、企业标志、专利、专有技术、经营诀窍等无形资产，属于知识产权的范畴。因此，连锁特许经营的核心是知识产权的转让，转让的是使用权，并非所有权。

（2）总部和加盟店是以特许合同为纽带形成的纵向关系。

根据总部和加盟店签订的协议，总部称为特许权所有方或特许人，加盟店称为特许权使用方或受许人。签订的协议具有法律效力，使总部和加盟店之间建立联系，形成一种纵向关系，各加盟店不存在横向关系。

（3）连锁特许经营的所有权分散，经营权集中，对外形象需保持一致。

连锁特许系统中，加盟店对门店拥有所有权，对自己的经营成败负责，而经营权高度集中于总部。当店主认为加盟连锁组织比独自经营更有利时，就会通过调查、比较，决定向哪家连锁组织提出加盟申请。连锁企业希望在社会公众的眼中，加盟店和直营店对外输出形象保持一致，提供同样优质的产品和服务，展示连锁企业形象，为此管理上需要努力保持一致。

（4）加盟总部提供特许权许可和经营指导，加盟店要为此支付一定费用。

一旦总部和加盟店签订特许合同，总部就要许可加盟店使用总部所特有的一系列经营资源，在合同期内，总部要向加盟店提供持续的指导和帮助，以使加盟店了解、吸收和正确复制其经营诀窍，尽快步入经营正轨，获得收益。加盟店获得以上权利之后，需要支付一定费用。一般情况下，加盟店在签订特许合同时，要一次性交纳一笔加盟费，各特许连锁企业的加盟费视自身情况而定。

对于总部后续提供的指导和支持，统一开展的广告宣传等，加盟店要按照合同规定，向总部交纳一定比例的特许经营权使用费和广告费。

（三）连锁特许的优缺点

1. 连锁特许的优点

（1）对于特许人而言，投资少、扩张快。

在连锁特许体系中由于各加盟者具有独立的财产权和人事权，开发和扩张市场所需要的店面装修、设备购置、员工招聘、房屋租赁等资金的投入和费用的支出由加盟商自行负责，降低了总部扩张市场的成本和费用，能快速取得规模效应。同时，通过经营权的转让可为总部积累丰厚资本，从而增加总部的实力。

（2）对于加盟商而言，风险低、积极性高。

加盟商可以应用总部的经验、技术、品牌和商誉开展经营，享有总部全方位的服务和连锁体系的广泛信息，提高创业的成功概率，降低风险。此外，加盟商的经济利益与加盟门店的经营状况有直接联系，加盟商会积极主动经营和管理自己的门店，降低成本，提高利润。

（3）提高消费者的服务水平，增加社会就业机会。

对加盟店而言，先进方法和技术的广泛运用，提高了为消费者服务的水平。总部标准化的经营和有效管理，有助于消费者购买到物美价廉的商品和服务。同时，连锁特许经营有助于市场的扩张，促使社会经济活跃，增加社会就业机会。

2. 连锁特许的缺点

（1）特许人有片面追求收益，忽视管理的倾向。

连锁特许经营中存在一些特许人（总部）在利益的驱动下，不顾企业的服务和管理能力，盲目扩大规模，片面追求加盟费，忽视有效的管理和服务，这就可能造成被特许人经营不善，损害被特许人的利益，严重时会导致整个连锁特许系统的崩溃。

（2）合同纠纷多，管理难度大。

连锁特许体系中，特许人对被特许人管理的依据是特许合同，而合同不管如何完善，都会因双方的理解和解释不同而造成许多纠纷。同时因连锁双方不存在上下级关系，地位平等，总部的行政手段和措施往往难以奏效，这就大大增加了管理难度。特别是当一些特许门店取得成功后，就希望停止特许合同，独立经营，以免交特许经营权使用费，获得更大的利润，此时对连锁门店的管理也就更难了。

（3）容易流失知识产权。

在连锁特许经营中，特许人与被特许人签订合同后，特许人就应把自己长期积累的品牌、技术、商誉和管理等知识产权传授给被特许人，以便其能开展正常有序的生产经营。但若加盟者素质不高，就有可能造成上述知识产权的泄密或外流等不良后果。

案·例·分·享

新佳宜加盟模式创新[①]

新佳宜从直营起步，采取直营和加盟双向并行的发展模式，14 年来，一直在不断摸索适合自身发展的经营模式。从内加盟到委托加盟，从松散型加盟到紧密加盟，新佳宜一直在寻找与加盟商合作共赢的加盟路径。自 2020 年起，新佳宜着力于经营模式创新，夯实加盟基础，从试点强管控到全面布局强加盟，转变原有的松散加盟模式。从做强加盟的初衷出发，聚焦供应链的统一和营运管理的统一，实现对加盟商的资金、商品、数据强管控并取得较好的经济成效，强加盟单店利润同比增长 30%，探索出了适合现阶段新佳宜发展的加盟经营模式。

一、新佳宜加盟模式的演变

新佳宜从第一家 24 小时门店起步，2010 年开放员工内部加盟，2012 年对外开放连锁特许加盟，2 年内门店数突破 700 家。2014 年开始着力于品牌升级、ERP 系统和自有物流等基础建设，历经几年沉淀，完成从一代传统便利店到三代、四代城市型便利店的店型转变。2018 年新佳宜重仓直营门店和门店扩张，直营突破 100 家，加盟店超 1200 家。2019 年通过布局株洲外区市场进行战略扩张。

原有的粗放型、松散型加盟扩张模式对于总部的能力要求在提高，供应链的压力也在增强，同时罗莎等国际连锁品牌入驻湖南，给本土便利店带来的竞争和威胁也不容小觑，但新佳宜打造中国最强便利店的初心未改。从 2019 年开始，新佳宜就在探索新的加盟模式来提升品牌整体竞争能力，试点紧密加盟模式，严控门店外采和保证销售数据统一，门店数据、商品全部由总部统一管控；聚焦最高频的便利需求，2020 年重新定义使命"让生活更有温度"；基于物流、资金流、信息流三流合一的发展诉求，进一步加强门店管控力度，将资金统一纳入现行加盟管理中，形成现阶段的商品、资金、数据三统一的强加盟经营模式。新佳宜以弱加盟为鉴，以强直营为标，走强加盟之路。

二、强加盟模式的内涵

1. 选对的人，开对的店

新佳宜在原有松散加盟的加盟商中，重整加盟商画像，结合公司的使命愿景，明确强加盟商的定位。在与强加盟商签约前，增加了两轮面试沟通环节，先确认加盟商与公司的文化、价值观、经营理念是否匹配，再决定是否签约。选对人是开对的店的首要前提，目标一致，加盟商的配合度更高。同时，在门店开发、装修上，对于网点的质量要求和评估要求更高，装修设备标准上更统一，制定了相应的日销标准、面积标准、电容标准、设备标准等，让门

① 中国连锁经营协会. 2021 便利店创新案例集 [EB/OL]. （2021-07-23）. http://www.ccfa.org.cn/portal/cn/xiangxi.jsp?id = 442767.

店自身条件更匹配强加盟的发展要求。

2. 营运统一，营销落地，经营能力升级

松散模式下营运管理的复杂度较高，营销难以落地。强加盟模式下营运标准更统一，执行的效率和营销有效性得以提高。通过在人员、参训天数、实操训练、考核结果等多方面制定严格要求，严进严出，严控加盟商培训成效；以星级店长驻店带训、线上学院学习平台等多种方式提升加盟商经营能力；以会员小程序的上线和营销方式的统一，提升加盟门店营销能力。

3. 管控强则品牌强

原有松散加盟模式下，门店的外采管控不强，销售数据不能同步，加盟店的扩张无法提升品牌价值。强加盟模式下，通过便民资金系统、线上线下巡检、算法订货、特陈上下限等，将加盟店的资金信息、销售数据、商品管理等权限收归统一管理，为后续挖掘门店数据价值，提升商品开发、品牌价值等奠定了重要基础。

三、强加盟模式成效及未来展望

2020 年 2 月，新佳宜抽样选取几家现有直营门店和老加盟门店，开始试点强加盟的管理模式。试点初期强加盟模式的门店销售额平均增长 12%，4 月新佳宜开始全面推行强加盟模式。

2020 年强加盟门店日销近 7000 元，单店同比增长 30%。与以往松散加盟相比，强加盟以拉升前端销售、提升加盟店盈利能力为着力点，采用全面统一的采购、配送、营运、营销系统，使强加盟的营运能力、销售能力和获利能力得到很大的提升，同时在灵活性和发展韧性上，强加盟模式也远超直营。加盟门店对于成本管控、降低损耗有着天然的优势，公司总部也通过数字化营销手段和营销损失共担的方式，以数据驱动业务增长，优化品类结构，提高门店端的销售效率，推动销售额的增长，其中，冷链鲜食的增长成效尤为显著。未来，新佳宜将坚持强加盟模式，以品牌价值赋能加盟商，促进加盟商与品牌共同发展。

（四）连锁特许经营体系设计的原则

（1）统一指挥原则。

统一指挥原则意味着每个环节负责人明确，上下级关系明确、统一，责任划分清楚，且只对一个上级负责，规避多头领导，责任不清晰。

（2）以工作为中心原则。

此处的工作是工作量、工作环节、工作分配三者的综合。在进行组织设计时，遵从三条标准。

① 去除多余的管理环节，明确每个岗位的工作任务。

② 部门划分粗细适当。

③ 每个部门的人员配备与工作任务相匹配。

（3）组织层次和管理幅度适当原则。

组织层次和管理幅度呈负相关，组织层次越多，管理幅度相对越小，反之相反。层次多，沟通相对困难；层次少，管理精力有限。由于职务层次和工作性质的不同，管理幅度和层次也会有所区别。一般来说，工作内容越复杂，相对需要的指导越多，管理幅度相对越小，反之相反。

（4）专业化原则。

专业化原则指的是按照专业功能来设计组织结构，总部各职能部门承担执行功能，连锁分店承担销售功能。

（5）对称原则。

连锁企业组织还应符合对称原则，要求权利与责任、能力与职位相对称。

二、连锁经营的其他类型

1. 直营连锁

直营连锁，也称正规连锁，是连锁经营的基本形态。它是由连锁公司全资或控股开设，在总部的直接控制下，开展统一经营的连锁经营形式，如美国的沃尔玛、法国的家乐福。其特征如下。

（1）同一资本开设门店。

直营连锁的各门店之间是以资本为主要连接纽带，即各门店从资本上同属于一个所有者，所有者可以是一个企业、一个联合组织，也可以是一个人。直营连锁的门店，由同一个投资主体开办，各门店一般不具备独立的法人资格。

（2）经营管理高度集中。

正由于资本的统一性，直营连锁的总部对各门店拥有全部的、绝对的所有权、经营权和监督权，对人、财、物与商流、物流、信息流和资金流等方面实施集中统一管理，门店的业务必须按总部的指令行事。

（3）统一的核算制度。

在人事关系上，直营连锁各门店的店长是连锁企业的雇员而不是所有者，所有门店的店长均由总部委派，报酬由总部确定。整个连锁企业实行统一的核算制度，各个门店的工资、奖金等均由总部根据连锁企业的薪酬制度来确定。

采取直营连锁的好处显而易见，它的高度集权管理可以统一调度资金，统一经营战略，统一人事管理，统一开发和利用企业整体资源，在新产品开发与推广、信息管理现代化等方面也能发挥出整体优势。但直营连锁也有难以克服的缺陷，由于直营连锁以单一资本向市场辐射，所以易受资金、人力、时间等方面的限制，影响其发展规模和速度。此外，各门店自主权较小，利益关系不紧密，所以主动性、积极性和创造性难以发挥。

2. 自由连锁

自由连锁，又称自愿连锁，是企业之间为了共同利益结合而成的事业合作体，各成员店是独立法人，具有较高的自主权，只是在部分业务范围内合作经营，以达到共享规模效益的目的。

自由连锁主要有两种形式：第一种是以几家中小企业联合为龙头，开办自由连锁的总店，然后吸收其他中小企业加盟，建立统一物流配送中心，所需资金可以通过在分店中集资解决；第二种是由某个批发企业发起，与一些具有长期稳定交易关系的零售企业在自愿的原则下结成连锁组织，批发企业作为总部承担配送中心和服务指导功能。自由连锁一般具有以下特征。

（1）成员店拥有独立的所有权、经营权和核算权。

一个自由连锁组织往往拥有众多分散的成员店，这些成员店一般是小型的、独立的，门店资产归门店经营者所有。各门店不仅独立核算、自负盈亏、人事自主，而且在经营品种、经营策略上也有很大的自主权，但每年必须上交一定费用给总部以获取合作带来的规模效应。

（2）总部与成员店之间的关系是协商与服务。

自由连锁总部与成员店之间不存在经营权的买卖关系，而是靠合同和商业信誉建立起一种互利互助的关系，以达到规模经营的目的。连锁总部则遵循共同利益原则，统一组织进货，协调各方关系，制定发展战略，收集信息并及时反馈给成员店。

（3）维系自由连锁经营的经济关系纽带是协商签订的合同。

总部与成员店是以合同为纽带联结在一起的，合同是由成员之间通过民主协商来签订的，而不是像特许连锁那样的格式合同。当然，合同的约束力比较松散，一般合同规定的加盟时间以 1 年为单位，加盟店可以随意退出自由连锁组织。

为了更好地认识连锁特许、直营连锁、自由连锁三种连锁形式的特点，下面列出比较思维导图，如图 1-1-2 所示，以便于掌握。

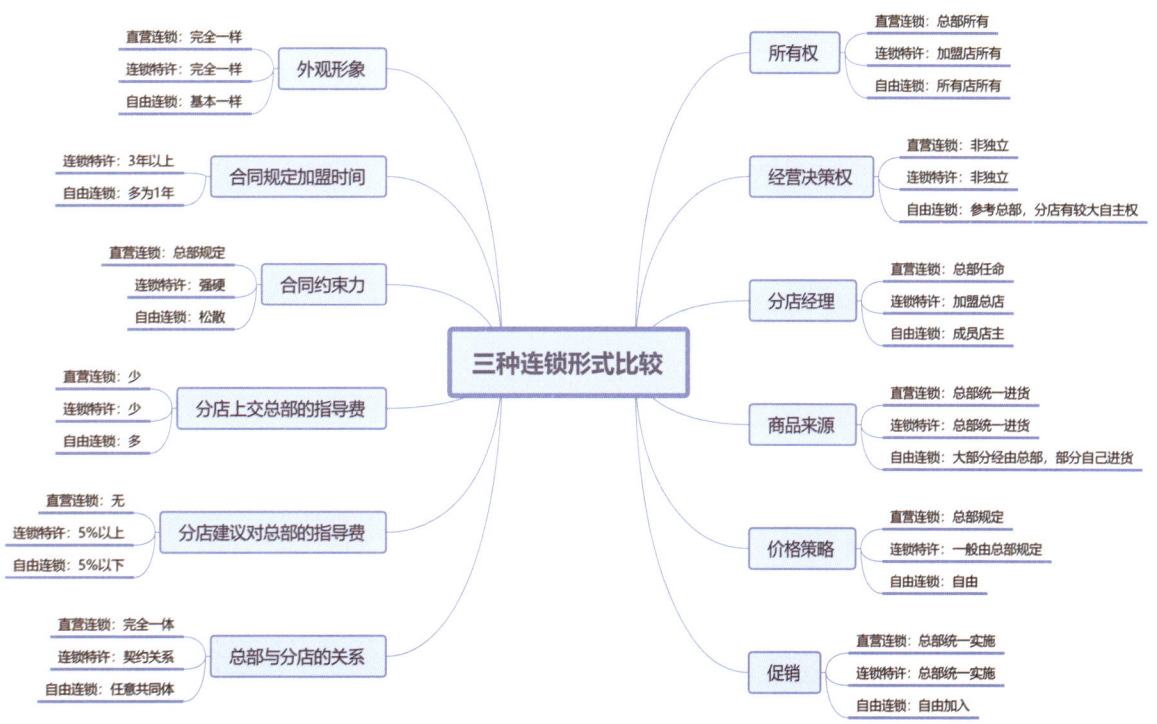

图 1-1-2　三种连锁形式的比较

实 训 任 务

百果园加盟创新——新加盟模式创新项目

任务背景

2018 年 8 月，为了充分响应国家"大众创业、万众创新"的号召，结合企业的实际情况和特性，经过多次模拟演算，百果园与各级管理层充分沟通，做出了自己独特的特许加盟体系，让加盟商和百果园成为共同的事业伙伴，共同盈利，共担风险。

百果园特许加盟新模式主要面向单店加盟商提供 A、B 两种加盟模式，让创业者可选择的加盟模式不再单一。新模式甲乙类门店的划分、租金平衡政策、资金支持政策、开放账户支持都更加全面地为加盟商解决了后顾之忧。另外，新加盟模式也严格控制了加盟商的准入标准。百果园寻求的加盟商是志同道合的事业合伙人，拥有共同的企业使命，从心出发，正心诚意。

任务描述

现以百果园的加盟模式作为调研背景，收集相关资料，对百果园的连锁形式进行调研，撰写 PPT 分析报告。

任务实施

第一步，分小组收集百果园的背景资料，整理成 Word 文档。

第二步，根据所学知识，以小组形式讨论百果园的连锁形式，分析总结成 Word 文档。

第三步，小组撰写 PPT 报告并分享。

第四步，小组评比，教师点评。

 任务评价

学生自评模块

序号	技能点	佐证	达标	未达标
1	收集材料	能够通过各种渠道收集材料		
		能够对收集到的材料进行甄别和筛选		

续表

序号	技能点	佐证	达标	未达标
2	分析连锁形式	能够区分不同连锁形式的特点		
		能够准确说出不同品牌或公司的连锁形式特征		
3	撰写报告	能够条理清晰地撰写 Word 或 PPT 报告		
		能够对 Word 文档和 PPT 报告进行优化		

序号	素质点	佐证	达标	未达标
1	法治意识	在经营过程中严格遵守《商业特许经营管理条例》的相关条款内容		
2	团队合作精神	能够和团队成员共同协商、共同完成实训任务		

教师评价表

序号	技能点	佐证	达标	未达标
1	收集材料	能够掌握收集信息的渠道		
		能够对收集到的材料进行甄别和筛选		
2	分析连锁形式	能够建立符合经营理念的连锁形式		
		能够明确说出不同连锁形式的特征		
3	撰写报告	能够条理清晰地撰写 Word 或 PPT 报告		
		能够对 Word 文档和 PPT 报告进行优化		

序号	素质点	佐证	达标	未达标
1	法治意识	在经营过程中严格遵守《商业特许经营管理条例》的相关条款		
2	团队合作精神	能够和团队成员共同协商、共同完成实训任务		

任务2 特许经营企业战略规划

 **主要概念**

战略、企业战略、战略分析、战略规划。

 **学习目标**

〔知识目标〕

★ 了解战略、企业战略的定义，熟悉战略规划流程，理解战略分析内容，掌握战略规划事项。

〔能力目标〕

★ 能根据企业所处环境进行战略分析；

★ 能根据企业产品和服务等因素的发展状况进行战略规划。

〔素养目标〕

★ 能够依据特许经营企业所处的环境变化，进行环境分析，制定特许经营战略，统筹特许经营企业发展；

★ 能够依据特许经营战略发展需求，建立特许经营企业全局观和大局观，自觉推动特许经营企业的发展；

★ 能够依据环境和战略发展，随时构建、运用特许经营企业常态战略思维推进特许经营企业的发展。

 **任务导入**

三会打通，构建加盟商一体化①

2005年4月15日，"绝味"第一家门店在湖南长沙最著名的小吃街——南门口，面世以来，就以口味独特、品种多样、贴近时尚的特点而备受广大消费者的青睐，迅速成为湖南休闲卤制食

---

① 中国连锁经营协会. 2021CCFA中国特许经营最佳实践案例集. （2021-09-02）. http://www.ccfa.org.cn/portal/cn/xiangxi.jsp?id = 442816.

品的代表性品牌。通过不断探索与大胆尝试，将连锁经营这一新型模式成功嫁接并运用，"绝味"品牌快速向周边省份发展。经过公司多年的开拓，公司已建立覆盖中国香港及大陆地区 31 个省、自治区和直辖市的直营和加盟连锁销售网络，海外市场覆盖新加坡等地。截至 2019 年末，绝味在全国共开设 10954 家门店，员工 4000 余人，其中 99% 为加盟店；不做区域特许，全部为单店加盟；加盟商 3000 余名。

绝味能够如此快速成长与其著名的"三会"制度分不开。

（1）加盟商委员会（以下简称"加委会"）：紧紧围绕生意发展、自检自查、经验交流、资源共享、沟通纽带、爱心互助、监督保障七大职能开展相关工作。

加委会于 2013 年建立，旨在加强公司与加盟商、加盟商与加盟商间的联系沟通，充分发挥资源优势，建立有效的厂商互动平台，推行绝味共同价值观和加盟商一体化建设，推动加盟商伙伴的生意发展。加委会由绝味加盟商代表组成，是加盟商行使权利和履行义务的保障机构，由全国加盟商大会选举产生，代表大多数加盟商的利益，代表加盟商的发言权，反映意见，在绝味品牌整体战略方针下，实现组织的自治管理。

（2）全国加盟商咨议会（以下简称"咨议会"）：以理事会及会员代表大会的机制开展工作。参与公司重大经营方针的制定，是加盟商管理策略、制度、政策和措施的审议机构。

为了让退役加委会成员能够有持续动力，为组织献计献策，推动公司与加盟商的共同发展，同时不影响现有加委会的自主管理权，在管理总部的指导下，"全国加盟商咨议会"应运而生。咨议会旨在让退役后的核心加盟商重回组织，打通各级加委会，完善加盟商组织系统的管理。正己助人，引导现任各级加委会成员在符合公司整体发展战略下，清晰工作内容和工作目标，充分发挥地区资源优势，紧紧围绕总部"深耕鸭脖主业，构建美食生态"的策略，持续推行绝味共同价值观和深度加盟商一体化建设；参与公司重大项目决策，推动广大加盟商伙伴的生意持续发展。

（3）校友会：培育优秀加盟商团队，凝聚核心加盟商，为校友终身发展提供持续动力。

绝味公司在 2009 年组建了企业大学"企业管理学院"，负责公司人才培训体系建设及企业文化建设等工作。此外，"绝味管理学院"携手中国企业大学管理者联盟等组织发起国内首个特许经营实战 MINI-EMBA 研修班，为公司加盟商等人员提供特许经营方面的实战学习和提升机会，现已开展 5 个 MINI-EMBA 研修班，培育 200 余位加盟商。绝味管理学院携手香港理工大学、香港城市大学定制化课程，系统提升加盟商事业格局与国际视野。校友会是发现、培训、孕育一批最有想法的家人的摇篮和舞台。所有从校友会、EMBA 班走出去的人才都有机会承担咨议会的使命与责任。校友会是情感的纽带，是让未来不散的平台。

2020 年 8 月 27—28 日，咨议会、校友会先后在三亚正式成立，预示着中国连锁经营领域的第一个"三会"体系（加委会、咨议会、校友会）正式成立，这不只是绝味的"三会"，而是整个连锁体系中第一个提出"三会"体系的加盟商一体化管理模式。这也将推动绝味在新的时代征程上走得更远，取得更辉煌的成绩。

任务解析

根据商务部数据信息显示，截至 2020 年 1 月 17 日，在商业特许经营信息管理系统完成备案并公告的企业总数为 5383 家。按照经营区域范围统计，省内企业 2049 家，跨省企业 3334 家。特许经营企业向社会提供就业岗位超过 1000 万个。

这充分说明我国市场广阔，特许经营发展具有无限美好的前景。结合上述案例，试对特许经营企业做出战略分析，并对其做出进一步的战略发展规划。

知 识 准 备

一、战略、企业战略相关概述

（一）战略的基本概念与内涵

战略（strategy）一词最早是军事方面的概念，是指导战争全局的计划和策略，泛指指导或决定全局的策略。在西方，"strategy"一词源于希腊语"strategos"，意为军事将领、地方行政长官。后来演变成军事术语，指军事将领指挥军队作战的谋略。因此，战略，是一种从全局考虑谋划实现全局目标的规划，是一种长远的规划，是远大的目标，实现战略目标的时间是比较长的。

（二）企业战略的基本概念与内涵

企业战略是对企业各种战略的统称，是指企业根据环境变化，依据本身资源和实力选择适合的经营领域和产品，形成自己的核心竞争力，并通过差异化等方式在竞争中取胜。

在实践中企业战略的种类繁多，但本质属性都是相同的，都是对企业的谋略，都是对企业整体性、长期性、基本性问题的谋划。企业营销战略是对企业营销的谋略，是对企业营销整体性、长期性、基本性问题的谋划；企业技术开发战略是对企业技术开发的谋略，是对企业技术开发整体性、长期性、基本性问题的谋划；企业人才战略是对企业人才开发的谋略，是对企业人才开发整体性、长期性、基本性问题的谋划。

一般来说战略发展包括两个阶段：企业战略分析和企业战略规划。本任务接下来将对这两个阶段逐一进行分析和研究。

二、企业战略分析

企业战略分析是指企业通过资料的收集和整理分析组织的内外环境，包括组织诊断和环境分析两个部分，并将诊断和分析结果撰写成报告，为企业战略决策和选择奠定基础。

组织诊断主要是分析企业内部环境中的物理环境、心理环境和文化环境，以及企业现有业务及其市场占有和发展状况，判别、诊断这些内部要素的存在对企业的发展究竟是优势还是劣势。

环境分析则主要是了解企业所处外部环境中的自然环境、社会环境（包括国际环境、经济环境、技术环境、社会文化环境以及政治法律环境）和任务环境（包括顾客、供应商、竞争者、监管者和社会特殊利益代表组织）的构成要素，并分析这些要素对企业发展的影响，以研究这些要素的存在对企业发展的机会还是威胁。

（一）企业生存环境概述

根据系统论观点，任何生命有机体都是环境这个大系统中的一个子系统。子系统和大系统之间、子系统和子系统之间存在着相互依赖、相互作用的复杂关系。只是这些关系有的是直接作用，有的是间接作用，有的是长久的，有的是瞬间的。企业作为自然环境和社会环境的一个有机组成部分，必须将自身的生存、发展和环境的发展、变化紧密结合起来，做到相互促进，协调发展。

任何企业都生存在一定的环境中，企业的管理也要在一定的环境中进行，这个环境被称为企业生存环境或者管理环境（本书中统称为管理环境）。管理环境中存在着影响企业业绩和生存的各种外部因素和内部因素。所以实践中，管理环境分为外部环境和内部环境，其中外部环境包括一般环境和任务环境。内部环境有物理环境、心理环境和文化环境。

这些环境因素之间的关系如图 1-2-1 所示。

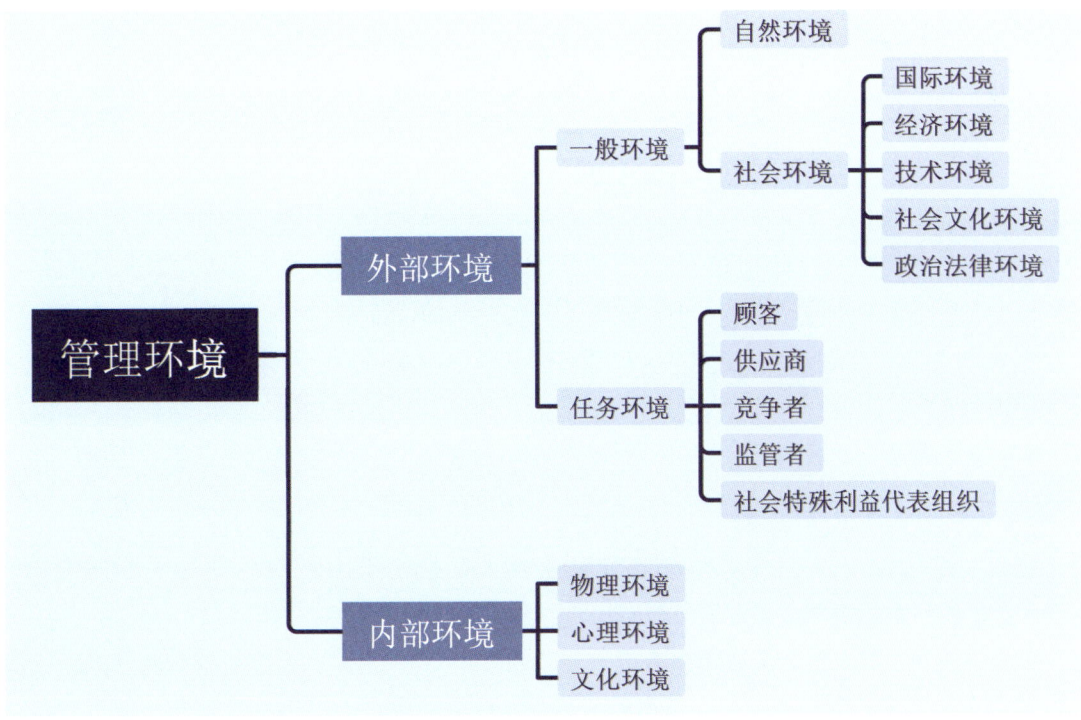

图 1-2-1 管理环境构成要素

1. 外部环境

外部环境也被称为组织环境，是指存在于企业外部，对企业产生各种影响的所有外部因素。这些因素对企业的影响有些是直接的，有些是间接的，有些是深远的，有些是微弱的。

（1）一般环境。

一般环境是企业生存和发展的外部环境，分布广泛。通常情况下，这一层面的环境因素对企业的影响是间接的。一般环境包括自然环境和社会环境。自然环境是一切环境因素的基础，是社会环境生存和发展的基础和保障，而社会环境是自然环境的推进和发展。

自然环境是人类社会生存和发展最基础的环境，它存在于一切有机生命的发展过程中，它包括了人们周围的一切自然因素，如空气、水、植物、动物、土壤、光等。在实践中，自然环境为人类社会的发展提供了物质基础，人类在利用自然资源，改造自然环境的过程中，推动了社会的发展与进步。

社会环境是指人类生存及活动范围内的社会物质、精神条件的总和。具体来说包括了国际环境、经济环境、技术环境、社会文化环境、政治法律环境等宏观环境因素。社会环境是人类在自然环境中通过长期有意识地发展、改造自然环境、创造物质财富和精神财富的结果。因此，社会环境是人类社会文明发展的结果。

国际环境是企业所在国家之外的其他国家以及国家与国家之间的发展状况和相关关系的态势。它既可以为企业的发展创造无限机会，为企业发展带来新的客户和供应商，带来更好、更先进的技术，也可能为企业带来某些威胁。

随着经济全球化的发展，国与国之间的合作和联系达到了前所未有的程度，当今社会，任何一个国家都无法关起门来自己闷头发大财，而是要不断地走出国门，寻找更多的国与国之间的合作，促进本国企业和经济的发展。

同时，我们也必须看到当前国际形势风云变幻，尤其是在疫情时期，以美国为首的国家为了自身利益不断挑起事端，制造混乱，一定程度上为企业的发展带来了不利的影响，但随着新兴经济的发展，多元化国际经济格局正不断形成和发展。

经济环境是指反映企业所在国家或地区经济状况、发展水平的经济发展因素的总和。经济环境通常包括企业所在国家或地区的经济制度、经济结构、物质资源状况、经济发展水平、国民消费水平等要素。利率、通货膨胀率、GDP 增长率等都是衡量一国经济发展水平的重要指标。

经济环境及其构成要素的发展状况会影响一个国家或地区的物价水平以及居民消费水平，影响到劳动力、原材料以及其他项目成本的变化，这既可以为企业发展带来机会，又可能为企业发展带来某些威胁，甚至造成企业的破产和灭亡。

技术环境是指一个国家和地区的技术水平、技术政策、新产品开发能力以及技术发展动向等。

技术对企业发展的影响是一把"双刃剑"，企业技术的进步会促进社会发展，使消费者对企业的产品或服务的需求产生新的变化，从而为企业创造了新的发展机会。但有时候技术的进步和发展也会造成一定的"破坏"，如静电印刷的发展，使复印机业得到迅速发展，但复写纸行业却因此而衰落。

一个国家的经济发展速度很大程度上与重大技术发明采用的数量及程度相关，一个企业的盈利状况与其研发费用的投入程度直接相关。一个企业特别是技术密集型企业想要发展，必须高度重视科技的进步和发展带来的影响。技术力量可以为企业提供解决问题的各种途径，包括专利的获取、中间试验以及各个方面的发明创造。

社会文化环境是指在一种社会形态下已形成的信念、价值观念、宗教信仰、道德规范、审美观念以及世代相传的风俗习惯等被社会所公认的各种行为规范。

任何企业都处于一定的社会文化环境中，企业的研发、生产和营销活动都必然受到所处社会文化环境的影响和制约。

一般来说企业的经营活动最常关注的社会文化环境主要有以下四个要素。

教育状况：受教育程度的高低，影响到消费者对商品功能、款式、包装和服务要求的差异性。因而企业在开展研发、生产以及营销活动时需要考虑消费者的受教育程度，进而采取不同的策略。

宗教信仰：宗教是构成社会文化的重要因素，宗教信仰会影响到人们的消费和购买决策。企业在经营过程中，应该注意到不同的宗教信仰，以避免由于宗教信仰所产生的矛盾冲突给企业带来损失。

价值观念：特指人们对社会生活中各种事物的态度和看法。不同价值观念的人对商品的色彩、标识、式样以及促销方式等都有自己独特的要求和态度。企业在经营中必须根据消费者不同的价值观念设计产品、提供服务。

消费习俗：指人们在长期经济与社会活动中所形成的一种消费方式与习惯。不同的消费习俗对商品的要求也不同。企业了解消费者的消费习俗，有利于组织好消费用品的生产和销售，也有利于企业正确、主动地引导消费者健康消费。

政治法律环境是指企业所在国的政治稳定性、政府对组织发展及其作用所持的具体态度以及由此制定的相关法律文件。它一般包括一个国家的政治制度、政治形势、政府政策、法制体系建设情况、国际关系等。

（2）任务环境。

任务环境也被称为特殊环境，它与企业的关系比一般环境更直接、更紧密。任务环境中的要素和群体会与企业进行日常交流和联系，他们会直接影响到企业的基本经营和日常发展。企业为了自身的生存和发展，也必须处理好其任务环境的每一个群体和要素。

一般认为，任务环境包括顾客、供应商、竞争者、监管者、社会特殊利益代表组织等。

顾客是指商业服务或产品的采购者。按接受产品的所有者情况分为内部顾客和外部顾客。前者主要是企业内部依次接受产品或服务的部门和人员，如股东、经营者、员工；而外部顾客是指企业外部接受产品或服务的组织和个人，如消费者、委托人、零售商和最终使用者。

顾客因为对产品或者服务有需求而成为顾客，而顾客的需求是十分复杂的，有的是显性的，有的需要企业通过市场调研、需求分析去挖掘顾客潜在的需求；顾客的需求也可能是多元的、变化的，这就要求企业必须时刻关注顾客的需求发展，与顾客保持紧密联系、互动，及时跟踪、掌握客户的需求变化，以便随时满足顾客不断变化的需求。

供应商是向企业及其竞争对手供应各种所需资源包括原材料、设备、能源、劳务和资金等的企业或个人。供应商的发展状况将对企业的营销活动产生巨大影响，如原材料价格的变动、短缺等都会影响到企业产品的价格、质量以及产品交货期。如果企业处理不好与其供应商的关系，则可能会削弱企业和客户之间的关系。因此，企业必须对供应商的情况有全面的了解和深刻的分析。供应商既是商业谈判的对手也是合作伙伴。

竞争者一般是指那些与本企业提供的产品或服务相似，并且所服务的目标顾客也相似的其他企业。从消费需求的角度看，竞争者主要有四种类型。

愿望竞争者：提供不同产品以满足不同需求的竞争。例如，消费者选择一种万元消费品，他所面临的选择就可能有电脑、摄影机、出国旅游等。此时，电脑、摄影机和出国旅游之间就存在着竞争关系，称为愿望竞争者。

属类竞争者：又称一般竞争者，指以不同的方法满足消费者同一需要的竞争者，如航运和客运之间的竞争。

产品形式竞争者：这类竞争者也被称为行业竞争者，是指生产同种产品，但提供不同规格、型号、款式的竞争者。由于这些形式不同的产品对同一种需要在具体满足上存在着差异，购买者有所偏好和选择，因此这些产品的生产经营者之间便形成了竞争关系，即互为产品形式竞争者。

品牌竞争者：是指满足相同需求的、规格和型号等相同的同类产品的不同品牌之间在质量、特色、服务、外观等方面所展开的竞争。　因此，当其他企业以相似的价格向同一顾客群提供类似产品或服务时，营销者将其视为竞争者。

监管者在我们国家主要是国务院、各部委及地方政府的相应机构，如市场监管局、税务局、卫健委、物价局、公安局。这些监管者可以通过实施自己的权利，制定各种规章制度和法律法规，对违反政策法规的个人、群体或组织给予惩罚，规范社会发展。

社会特殊利益代表组织是指代表社会上某一群体的特殊利益的群众性组织，如妇女联合会、消费者协会、动物保护协会。这些组织虽然权力没有政府等组织强大和有力，但同样也会对社会、企业等产生不可小视的作用和影响。这些组织可以直接向政府部门反映情况，也可以利用各种工具制造舆论影响力进而引起政府、社会大众的广泛关注，最终实现其诉求目标。

在社会发展过程中，任何组织、企业都不是孤立存在的，任何组织都与环境中的其他组织有着千丝万缕的联系和关系，所以企业应该关注社会特殊利益群体的动向，并做出企业应有的反应。

2. 内部环境

内部环境是指企业的内部物质、文化环境的总和，是包括企业资源、企业文化等在内的一体化共享机制和体系。内部环境是企业发展的根基，是企业战略制定的基础、依据和条件，能对企业战略发展产生直接、根本的影响和作用。

企业内部环境主要包括物理环境、心理环境和文化环境三部分。

（1）物理环境。

物理环境主要是指企业内部的空气、光线、照明、声音、色彩等。这些因素对企业员工的身心健康有着直接、重要影响。企业建设完善的物理环境有助于企业员工在一个身心舒适的环境中全身心投入工作，提高工作效率，也有助于提高员工的积极性和创造力。物理环境因素对组织设计提出了人本化的要求，防止物理环境中的消极性和破坏性因素，创造适应员工生理和心理要求的工作环境，是实施有序而高效管理的基本保证。

（2）心理环境。

心理环境是企业内部的精神环境，对组织管理有着直接的影响。心理环境制约着企业员工的士气和合作程度的高低，影响着组织成员的积极性和创造性，进而影响企业战略目标的实现。心理环境包括组织内部和睦融洽的人际关系，员工在企业内部的归属感、认同感，员工在工作中表现出的奉献精神和合作精神等。

（3）文化环境。

文化环境是指影响企业正常经营的、与文化相关的内部因素，如企业文化、企业价值观、行为准则、企业符号等。

企业文化环境至少包括两个层面的内容，一是组织的制度文化，包括企业员工工作操作规范和工作流程、规章制度、考核制度等；二是组织的精神文化，包括组织的价值观念、组织信仰、经营管理哲学以及组织的精神风貌等。

良好的组织文化是一个组织生存和发展的基础和动力。

（二）现有业务与市场分析

现有业务分析包括企业的业务内容、业务所处领域、业务发展现状、业务市场目标、业务发展存在的优势和劣势、渠道方式、成本和费用、发展速度和效率、竞争者、核心竞争力、团队建设、未来规划、当前业务发展所处的生命周期阶段等。

市场分析是指对企业业务所处行业发展整体状况的分析，具体包括行业宏观发展情况、本企业业务所处行业的需求满足程度、本企业业务所处行业的市场容量、评估企业资源水平与行业中的竞争环境的匹配性等。通过分析宏观经济和产业政策走势，结合行业现行发展、竞争格局等，研判行业发展趋势，把握市场动向。

（三）产品与服务

产品与服务在实践中主要表现为企业提供的产品或服务的类型、名称、产量、质量、价格、质地、规格、功能、利润、发展历程等要素。一般来说，产品或服务的这些要素构成了企业的优势或者劣势。这些要素对特许加盟店来说非常重要，因为，加盟店单店成功与否在很大程度就是这些要素综合作用的结果。

我们常用管理学中的相关理论，如生命周期理论、波特矩阵理论等分析和研究企业的产品和服务。本书将用波士顿矩阵理论对产品和服务进行分析，帮助企业明晰其产品或服务的战略地位和未来发展战略措施。

1. 产品或服务的战略地位

波士顿矩阵（BCG Matrix）是由美国著名的管理学家、波士顿咨询集团创始人布鲁斯·亨德森于1970年首创并推广。

波士顿矩阵认为，一般决定产品结构的基本因素有两个：市场引力与企业实力。市场引力包括销售增长率、竞争对手强弱及利润高低等。其中最主要的是反映市场引力的综合指标——销售增长率，这是决定企业产品结构是否合理的外在因素。企业实力包括市场占有率、技术、设备、资金利用能力等，其中市场占有率是决定企业产品结构的内在要素，它直接显示出企业的竞争实力。销售增长率与市场占有率相互影响，互为条件：市场引力大，市场占有率高，可以显示产品发展的良好前景，企业也具备相应的适应能力，实力较强；如果市场引力大，但产品的市场占有率不高，说明企业实力不足，则该种产品也无法顺利发展。反之，企业实力强，而市场引力较小，则说明企业产品的市场前景不佳。

通过上述两个因素的相互作用，会出现4种不同性质的产品类型，形成不同的产品发展前景（图1-2-2）。

图1-2-2　波士顿矩阵

波士顿矩阵将企业所有产品从销售增长率和市场占有率角度进行再组合。其目的是通过产品所处不同象限的划分，使企业采取不同决策，以保证其不断淘汰无发展前景的产品，保持"问题""明星""金牛"产品的合理组合，实现产品及资源分配结构的良性循环。

（1）明星产品（stars）。

明星产品是处于高销售增长率、高市场占有率象限内的产品群，这类产品可能成为企业的金牛产品，需要加大投资以支持其迅速发展。企业在这种情况下常用的发展战略是积极扩大经济规模和市场机会，以长远利益为目标，提高市场占有率，加强竞争地位。发展战略以及明星产品的管理与组织最好采用事业部形式，由对生产技术和销售两方面都很内行的经营者负责。

（2）问题产品（question marks）。

问题产品是处于高销售增长率、低市场占有率象限内的产品群。高销售增长率说明市场机会大，前景好，而低市场占有率则说明在市场营销上存在问题。其财务特点是利润率较低，所需资金不足，负债率高。例如，产品生命周期处于引进期，因种种原因未能开拓市场局面的新产品即属于此类问题的产品。对问题产品应采取选择性投资战略。为此，对问题产品的改进与扶持方案一般应列入企业长期计划中。对问题产品的管理组织，最好采取智囊团或项目组织等形式，选拔有规划能力、敢冒风险、有才华的人负责。

（3）金牛产品（cash cow）。

这类产品又被称为厚利产品。它是指处于低销售增长率、高市场占有率象限内的产品群，已进入成熟期。其财务特点是销售量大、产品利润率高、负债比率低。由于金牛产品市场已经成熟，企业不必大量投资来扩展市场规模，同时作为市场中的领导者，该业务享有规模经济和高边际利润的优势，因而给企业带来大量财源。企业往往用金牛业务提供的资金来支付账款并支持其他三种需要大量现金的产品，尤其是明星产品。

对这类产品的对策通常有两种：企业尽量压缩对其的设备投资和其他投资；采取榨油式方法，争取在短时间内获取更多利润，为其他产品提供资金。对这一象限内销售增长率仍有增长的产品，应进一步进行市场细分，维持现存市场增长率或延缓其下降速度。对于金牛产品，适合用事业部制进行管理，其经营者最好是市场营销型人物。

（4）瘦狗产品（dogs）。

瘦狗也称为衰退类产品。它是处于低销售增长率、低市场占有率象限内的产品群。其财务特点是利润率低，处于保本甚至亏损状况，负债比率高，无法为企业带来收益，对这类产品应采取撤退战略。首先，应减少批量，逐渐撤退，对那些销售增长率和市场占有率均极低的产品应立即淘汰。其次，是将剩余资源向其他产品转移。最后，是整顿产品系列，最好将瘦狗产品与其他事业部并合，统一管理。

2. 产品或服务的战略目标

在明确了各项产品单元在企业中的不同地位后，就需要进一步明确战略目标。通常有 4 种不同的战略目标，分别适用于不同的产品。

发展：继续大量投资，目的是扩大战略产品的市场份额，主要是针对有发展前途的问题产品和明星产品。

维持：投资维持现状，目标是保持现有的市场份额，主要针对强大稳定的金牛产品。

收获：实质上是一种榨取，目标是在短期内尽可能地得到最大限度的现金收入，主要是针对处境不佳的金牛产品及没有发展前途的问题产品和瘦狗产品。

放弃：目标在于出售和清理某些产品，将资源转移到更有利的领域，这种目标适用于无利可图的瘦狗产品和问题产品。

在波士顿矩阵理论运用中，市场占有率可以用相对市场占有率或绝对市场占有率，但必须是最新资料。而销售增长率可以用一年或者三年内企业产品销售额或者销售量增长率。其中产品市场占有率的具体计算公式如下。

本企业某产品绝对市场占有率＝该产品本企业销售量／该产品市场销售总量

本企业某产品相对市场占有率＝该产品本企业市场占有率／该产品市场占有份额最大者（或特定的竞争对手）的市场占有率

（四）企业内外 SWOT 分析

SWOT 分析法，又称强弱危机分析、优劣分析法等，是一种企业竞争态势分析方法，是市场营销的基础分析方法之一，通过评价企业自身的优势（Strengths）、劣势（Weaknesses）、外部竞争上的机会（Opportunities）和威胁（Threats），用以在制定发展战略前对企业自身进行深入全面的分析以及竞争优势的定位。

SWOT 分析是将企业内外部条件的各个方面进行综合和概括的一种方法。优劣势分析（SW）主要是组织自身的实力及其与竞争对手的比较；机会威胁分析（OT）则主要是对企业环境的变化及其对企业产生的影响进行预测。但是，外部环境的变化对具有不同资源和能力的企业带来的影响可能是完全不同的，因此，OT 分析与 SW 分析两者之间有紧密的联系。

1. 企业内部优势、劣势分析

所谓优势，是指特许经营企业在行业地位、品牌、产品、服务、商业模式、资金、人力资源、管理、技术等某一方面或者某些方面超过竞争对手。劣势则是指企业自身在生产经营过程中所形成的、对企业生产经营活动具有制约作用的因素。例如，企业领导缺乏远见、生产设备落后、管理制度不健全等。

2. 企业外部机会、威胁分析

任何一个企业都有其自身特殊的生存和发展的商业环境。商业环境中能够促进特许经营发展的因素被称为机会，而不利于、甚至威胁到特许经营发展的因素则被称为威胁。这些因素包括政策法规、市场供求关系、市场竞争关系、社会消费习惯、技术发展与变迁等（表1-2-1）。

表 1-2-1   SWOT 分析需要考虑的常见因素

	潜在内部优势（S）	潜在内部劣势（W）
内部环境	产品技术； 成本优势； 竞争优势； 特殊能力； 产品创新； 具有规模经济； 良好的财务资源； 高素质的管理团队； 公认的行业领先者； 买主的良好印象； 适应力强的竞争战略； 其他	竞争劣势； 设备老化； 战略方向不同； 竞争地位恶化； 产品线范围太窄； 技术开发滞后； 营销水平低于同行业其他企业； 管理不善； 战略实施的力量记录不佳； 不明原因导致的利润率下降； 资金匮乏； 相对于竞争对手的高成本； 其他
	潜在外部机会（O）	潜在外部威胁（T）
外部环境	纵向一体化； 市场增长迅速； 可以增加互补产品； 能争取到新的用户群； 有能力进入更好的企业集团； 在同行业中竞争业绩优良； 扩展产品线满足用户需要； 其他	市场增长较慢； 竞争压力增大； 不利的政府政策； 新的竞争者进入该行业； 替代产品销售额正在逐步上升； 用户讨价还价能力增强； 用户需要与爱好逐步转变； 通货膨胀递增； 其他

3. SWOT 的综合分析与结果应用

企业运用 SWOT 分析能够清楚地了解、识别企业开展特许经营所面临的外部环境状况，以及企业内部的优势和劣势，进而确定企业开展特许经营是否适合企业发展的方向。通过 SWOT 分析，企业高层管理者应在确定内外部各种变量的基础上，采取扩展型战略、集中化战略、防御型战略或收缩性战略（表 1-2-2）。

表1-2-2 四种企业战略

	内部优势——S	内部劣势——W
外部机会——O	SO 战略（扩展型战略） 发挥内部优势 利用外部机会	WO 战略（防御型战略） 利用外部机会 克服内部劣势
外部威胁——T	ST 战略（集中化战略） 依靠内部优势 回避外部威胁	WT 战略（收缩性战略） 减少内部劣势 回避外部威胁

（1）扩展型战略。

当外部环境存在诸多发展机会，同时企业内部优势明显、突出时，企业可以采取扩展型战略。在这种情形下，企业可以用内部优势撬动外部机会，使机会与优势充分结合起来，以寻求更大的发展机会。在实践中，扩展型战略类型具体有市场渗透战略、多元化经营战略、联合经营战略。

（2）集中化战略。

当外部环境存在不利于企业发展的因素，较少存在或者不存在有利于企业发展的机会时，企业可以首先确定自身发展的目标市场，根据目标市场客户需要，集中发挥自身的优势、实力，提供满足目标客户需求的产品和服务。

（3）防御型战略。

当外部环境宏观经济不景气、消费者购买力较弱，或者企业受到强有力的竞争对手挑战，难以抵挡等不利因素时，企业出于长期考虑，在较长一段时间内，采取保持现状或对可能损害企业竞争优势和盈利能力的事件的发生做出反应的战略。

（4）收缩性战略。

当外部环境发展存在不利于企业发展的机会，企业内部部分或全部产品处于竞争劣势，以至于出现销售额下降、亏损等状况时，企业所采取的收缩或撤退措施。

 案·例·分·享

百年老店恒源祥 SWOT 分析及应用

1. 恒源祥老字号发展简介

恒源祥集团是一家专注于品牌经营的高新技术企业和现代服务业企业，创立于1927年，

总部位于上海市黄浦区浙江南路 100 号。

恒源祥从一家毛线商店发展至今已经经过了五次大规模的转型。

第一次转型发生在 1935 年，恒源祥从零售走向制造。1935 年，恒源祥创始人沈莱舟与人合资创办了第一家毛纺厂——裕民毛纺厂，生产地球牌、双洋牌粗细绒线，恒源祥的业务和资本规模得到了迅速拓展。到 1949 年，恒源祥已经拥有了 7 家工厂、3 家店铺，并在 25 个行业中参股，成为上海滩赫赫有名的"绒线大王"。

第二次转型发生在 1956 年，恒源祥从私营走向国有。国家公私合营的政策让恒源祥从私营企业转型为国有企业。

第三次转型发生在 1991 年，恒源祥从字号走向品牌。恒源祥原本是商店的字号，1987 年，恒源祥第二任"掌门人"刘瑞旗出任恒源祥绒线商店总经理。1988 年，"恒源祥"这三个字的店招被刘瑞旗依法注册成为商标。在大张旗鼓地开展一系列以广告为核心的品牌重塑活动的同时，以"恒源祥"的品牌吸引全国毛线加工厂加盟，用老字号品牌的无形资产撬动有形资产，在全国串起一个恒源祥特许经营战略联盟。

第四次转型发生在 1998 年，恒源祥从单品发展走向多品。1998 年，恒源祥从单一品牌向多品牌布局，向针织、服饰、家纺、绒线等领域拓展，确立了恒源祥集团的产业框架。

第五次转型发生在 2001 年，实现了从品牌策略走向品牌战略。恒源祥完成管理层收购（MBO），开始现代企业品牌经营之路。2005 年，恒源祥制定了全国化、差异化的品牌发展战略，并明确了从品牌经营策略到文化战略转型的方向，取得了预期的成效。2008 年，恒源祥根据品牌发展的规律和多年积累的经验，总结出了"品牌价值创造和实现的循环法则"，并在品牌经营活动中加以广泛应用。

这五次品牌转型，让恒源祥脱胎换骨，各项产业步入国内前茅。目前，恒源祥集团拥有 10 多家产业公司，产品涵盖绒线、针织、服饰、家纺等大类，旗下有"恒源祥""彩羊""小囡"等品牌，省级市场销售网点实现 100% 覆盖，地、市级市场网点覆盖率超过 94%，县级市市场网点覆盖率超过 60%。①

2. 选择特许经营的 SWOT 分析

恒源祥作为拥有近百年历史的中华老字号，它选择特许经营是由当时所处的环境决定的。

（1）优势。

恒源祥历史悠久、文化底蕴深厚，这是现代品牌无法比拟的优势。在其长期的历史发展过程中，恒源祥形成了独特的企业文化氛围，其经营方式、店铺店训、商店格局、字号招牌等都反映出鲜明的品牌特征色彩。如今，提起羊毛制品，大家基本上都能第一时间想到恒源祥。

---

① 恒源祥官网：http://www.hyx1927.com/content_711_678.htm.

在新的时代背景下，市场和消费者都呼唤企业诚信和产品质量，恒源祥作为老字号能够体现出其特有的企业诚信和高产品质量，增加新顾客的认可和接受度。

（2）劣势。

绝大多数的老字号都存在产品单一、对产品的改良创新力度小、缺乏对产品整体概念的理解和重视，不能推陈出新等问题。恒源祥作为知名老字号也同样存在这样的问题，这会使其原有客户资源不断流失。

此外，没有改革发展前的恒源祥缺乏现代营销观念，在品牌传播上过于依赖一些老顾客的口碑，而现代化的市场营销需要对品牌进行持续宣传，不断更新换代的品牌需要与消费者建立持续的情感关联。

（3）机会。

随着经济全球化的发展，我国的经济面临着巨大的转型调整，越来越多的人意识到振兴老字号对于促进市场发展、维护中国传统文化、帮助中国走向世界有着重要的作用，老字号重归消费者视野面临着前所未有的机遇。在我国，服务业在国内生产总值中的比重不断攀升，这对以商业、服务业为主的老字号来说，无疑是发展机会。老字号可以利用自己的品牌优势，加快与国外资本的合作与发展。2006年，商务部振兴老字号的工程启动。一些政策措施缓解了老字号企业发展运营中资金不足的问题，改善了企业的经营环境，为老字号企业提供了更大的生存空间。

疫情时期，在习近平总书记领导下，中国人民更加团结，爱国情感倍增。以鸿星尔克为首的民族企业在2021年郑州暴雨后表现出的民族情感更是感动千万中国人！热爱国货、支持国货成为新时代全体中国人的心声！这类爱国事件也为我国老字号品牌进一步繁荣发展产生极大的推动作用。

（4）威胁。

信息化时代，市场的开放让越来越多的企业有机会进入市场，参与公平竞争，竞争对手的剧增冲击了老字号企业的传统市场。同时，以大规模、连锁化、高科技形式出现的洋品牌，依靠一流的生产、经营、销售方式在我国各地快速占有市场，同样威胁着老字号企业的生存。另外，消费观念的转变改变也着老字号企业的目标市场。这些因素同样对恒源祥这个老字号企业有着不利的影响。

3. 特许经营是恒源祥的正确选择

（1）恒源祥特许经营的展望。

21世纪是竞合的时代。恒源祥特许经营战略是特许人与受许人在共同的理念下实现双赢的战略：恒源祥特许经营通过"连品牌、连形象、连投入、连特色、连管理、连锁经营理念"五连一锁的形式，实现"设计市场、策划市场、管理市场、拥有市场"的整合效应，使加盟企业在恒源祥品牌的旗帜下，形成强大的市场竞争力。

（2）恒源祥特许经营的前提条件。

根据特许人和受许人双方签订的协议书，特许人——恒源祥公司必须提供一项独特的商业特权，即将恒源祥的商标、商品、服务等足以代表公司经营象征的标志，供许人使用，并提供人员培训、商品供销、经营管理、营销策划等方面的指导和协调；受许人除享有恒源祥公司赋予的权利外，同时也需要支付加盟费和协议规定的保证金，并遵守恒源祥公司所制定的相关规定。

恒源祥具备特许经营的前提条件如下。

① 成熟的品牌——"恒源祥"——中国驰名商标。

② 良好的企业形象——恒源祥品牌广泛的美誉度。

③ 强大的生产联盟——三大工业园区及加盟工厂。

④ 创新的管理营销体系——拥有近百年的工商业营销经验和先进的市场营销思想。

⑤ 先进科技手段的利用——销售网络运作与电子商务技术的有效结合。

（3）恒源祥特许经营的优势。

① 受许人可以享用"恒源祥"这一著名品牌及其建立的广泛商誉。

② 恒源祥创新的营销体系，恒源祥特许经营的指导可使受许人避免业务展开时的投入风险。

③ 受许人在指定区域内的专卖经营权。

④ 特许人提供的优惠价格政策、系统培训、促销活动方案及全国性和重点销售区域的广告宣传等支持与服务。

⑤ 受许人可以集中进货，降低成本，货源有保证。

⑥ 特许人在管理上、法律上、财务上对受许人提供服务。

4. 恒源祥的特许经营基本框架

允许厂方以恒源祥品牌共享双方的销售渠道，双方各销售 50% 的产品。这样，既让厂方赚足了应得利润，又使恒源祥在没有投资的情况下仍然获利 35%。当然，作为特许人的恒源祥并非仅坐收渔利，它需要保有金字招牌，保持其品牌的活力和竞争力，因而需要增加品牌的含金量，研发新产品，提升产品质量，大胆创新，挖掘老字号背后的文化内涵，维护和提升品牌竞争力。

5. 恒源祥特许经营的运作方式

恒源祥特许经营网络是现有独立经销商、零售商与恒源祥公司之间的横向或纵向经济联合。它可以大大增强各个独立经济实体的市场竞争力，突出规模效应。更重要的是可以借助恒源祥这个著名品牌，化零为整。

① 由特许人统一向各地配货中心（或承担相应职能的代理商、经销商）派货。再由配货中心向下派货至各受许人。

② 各受许人必须向指定的配货中心或公司进货。

③ 特许人需严格控制派货的地区所需货品均匀分布，各受许人（或承担相应职能的代理商、经销商）之间不可互相派货（窜货），以防止销售通路、货品价格混乱。

④ 承担物流和组织功能的受许人可向指定的专卖店、厅、柜派货，但需向公司申报类别及数量；受许人不可向非指定的专卖店、厅、柜派货；达到商品开发、配送效率、广告促销、经营管理的横向一体化、纵向一体化。从而实现恒源祥特许经营的规范运作，达到恒源祥品牌的规模经济效应。

（五）特许经营可行性分析报告的撰写

经过上述特许经营企业内外环境分析，产品、市场及 SWOT 分析，接下来企业就可以依据上述分析结果，撰写特许经营可行性分析报告了。由于特许经营可行性报告在《连锁特许经营管理》（中级）已详细介绍，故关于本部分内容，本书不再赘述。

 知·识·链·接

某少儿体育特长培训机构特许经营可行性分析报告目录

前言
一、摘要
二、少儿体育特长培训教育宏观环境分析
1. 政策环境分析
2. 经济环境分析
3. 社会文化环境分析
4. 技术环境分析
三、少儿体育特长培训行业与市场分析
1. 少儿体育特长培训行业竞争分析
2. 少儿体育特长教育培训的竞争状况（包括主要竞争对手分析）
3. 幼儿家长对少儿体育特长培训消费心理分析

四、某少儿体育特长培训机构内部分析

1. 某少儿体育特长培训机构的发展背景分析

2. 某少儿体育特长培训机构的愿景目标

3. 某少儿体育特长培训机构的经营现状

4. 某少儿体育特长培训机构的资源状况

五、SWOT 综合分析

1. 某少儿体育特长培训机构的优势与劣势

2. 某少儿体育特长培训机构面临的机会与威胁

3. 某少儿体育特长培训机构的发展战略思路

六、某少儿体育特长培训机构的特许经营发展必要性与重要性分析

1. 特许经营是某少儿体育特长培训机构实现战略目标的手段

2. 特许经营是某少儿体育特长培训机构提升竞争能力的有效途径

3. 特许经营是某少儿体育特长培训机构进行品牌扩张和管理优化的重要方法

七、某少儿体育特长培训机构特许经营项目的基本构想

1. 单店模式的设计与提炼思想

2. 特许经营权的基本设计思路

3. 运营管控模式的基本框架

4. 市场布局与发展步骤设想

八、开展特许经营的风险及其应对策略

1. 某少儿体育特长培训机构开展特许经营的财务风险分析与对策

2. 某少儿体育特长培训机构开展特许经营的品牌风险分析与对策

3. 某少儿体育特长培训机构开展特许经营的市场风险分析与对策

九、某少儿体育特长培训特许经营系统构建计划

1. 项目组织

2. 项目整体时间计划表

十、附录

1. 某少儿体育特长培训机构商标注册表及商标注册证复印件

2. 《中华人民共和国民办教育促进法》全文

3. 主要竞争对手发展情况表

4. 行业专家访谈纪要

5. "少儿家长对少儿体育特长培训的观念与消费"市场调查分析报告

6. 《商业特许经营管理条例》全文

三、特许经营战略规划

（一）企业战略规划的概念

企业战略规划是指依据企业分析结果来制定和实施战略，并根据对实施过程与结果的评价和反馈来调整，制定新战略的过程。一个完整的战略规划必须是可执行的，它包括两项基本内容：企业发展方向和企业资源配置策略。随着竞争环境的快速演变，企业战略规划从曾经的五年规划、十年规划，逐渐演变成需要企业高层拥有的一种常态意识，需要随着新技术的进步、新模式的发展对企业战略进行同步调整。

（二）特许经营战略规划的基本内涵与意义

特许经营战略规划是指特许经营企业通过对其生存的外部环境和内部资源因素进行调查分析，了解企业的优势和劣势，面临的机遇和威胁，进而制定特许经营战略发展目标，以及企业为实现其战略目标所采用的手段、措施、方法等。

特许经营战略规划具有以下三个方面的意义。

第一，制定特许经营战略规划的过程有助于企业审视其全局发展状况，审视企业目前和未来发展的经营环境和经营能力，促使企业经营者将企业内部资源和外部环境因素有机结合，全方位思考关系到企业全局性、基础性、长期性的问题，确定企业发展的战略目标、战略措施等。

第二，特许经营企业总部在特许经营体系中居主导地位。为了提高特许经营企业的整体业绩，特许经营总部就必须在加盟过程及市场策划管理中，重视战略管理和规划，做好企业长远发展规划、营造整个特许经营体系共同努力的长远方向。因此，科学合理的战略规划有助于特许经营体系从总部到加盟店，从最高决策者到基层员工整体协调发展。

第三，科学的战略规划和发展能够有效地分析企业内外环境，确定适合特许经营企业发展目标的策略，使特许经营企业获得长久的竞争优势。

需要说明的是，尽管战略涉及企业整体性、长期性、基本性发展问题，但战略在本质上是企业为适应内外环境变化而制定的，成功的企业战略是企业适应环境发展变化的结果。因此，企业战略不是一成不变的，要随着环境的变化而不断优化和调整，使其在保持稳定性的基础上，不断变革、创新和发展。

企业不能没有战略规划，特别是特许经营企业，没有战略规划，就如同一支没有了航标的舰队，最终会迷失前进的方向，甚至葬身茫茫大海。

（三）制定企业发展战略规划的流程

1. 企业战略规划的特点

战略规划的有效性包括两个方面：一方面是战略正确与否，正确的战略应当做到组织资源和环境的良好匹配；另一方面是战略是否适合于该组织的管理过程，也就是和组织活动匹配与否。

一个有效的战略一般具有以下特点：

目标明确——战略规划的目标应当是明确的。其内容应当是使人得到振奋和鼓舞的，其描述的语言应当是坚定和简练的，目标要先进，但经过努力可以达到。

可执行性良好——优秀的战略说明应当是通俗的、明确的和可执行的，它应当是各级领导的向导，使各级领导能确切地了解它，执行它，并使自己的战略和它保持一致。

组织人事落实——制定战略的人往往也是执行战略的人，一个好的战略计划只有落实才能实现。战略计划要求逐级落实，直到个人。高层领导制定的战略一般应以方向和约束的形式告诉下级，下级接受任务，并以同样的方式告诉再下级，这样逐步细化，做到深入人心，人人皆知，战略计划也就个人化了。

个人化的战略计划明确了每一个人的责任，可以充分调动每一个人的积极性。这样一方面可以激励大家动脑筋想办法，另一方面也增加了组织的生命力和创造性。在一个复杂的组织中，只靠高层领导一个人是难以识别所有机会的。

灵活性好——一个组织的目标可能不随时间而变，但它的活动范围和组织计划的形式无时无刻不在改变。所制订的战略计划只是一个暂时文件，应当进行周期性的校核和评审，使之容易适应变革的需要。

2. 制定企业战略规划的步骤

结合企业战略规划的特点，企业战略规划的制定一般需要遵循以下步骤。

第一步，提出企业的初步目标、决策和任务。企业及其管理层应考虑在今后一段时期内应该完成什么样的任务，达到怎样的目标。

第二步，分析企业资源。应对资源的有利方面和不利方面做一个实事求是的估价，分析时既要重视生产和财务方面的资源，也要重视人力资源，尤其是人的能力和技术。

第三步，估价企业的潜力。这一环节主要涉及两个方面：一是分析企业的技术能力；二是分析竞争者的情况。把本企业的产品与竞争者的产品做比较，分析其长处和短处。

第四步，调研国内外市场，包括对顾客的调研和市场的调研。

第五步，评价和选择进入市场的报告。企业进入市场要重视研究其所拥有的顾客、供应商、批发商、零售商等利益相关者的具体发展状况，包括这些利益相关者在销售渠道中的分布情况以及企业怎样才能得到他们的帮助并与之合作。

第六步，制定企业发展战略规划。企业发展战略的内容应包括企业发展形势分析、企业要达到的具体目标、企业为实现战略目标所要进行的活动日程安排及财政预算等。

（四）特许经营战略规划的主要内容

结合企业战略规划的体系构成（图1-2-3）及特许经营战略自身的特征，在实践中编制特许经营战略规划，至少应包括以下几点。

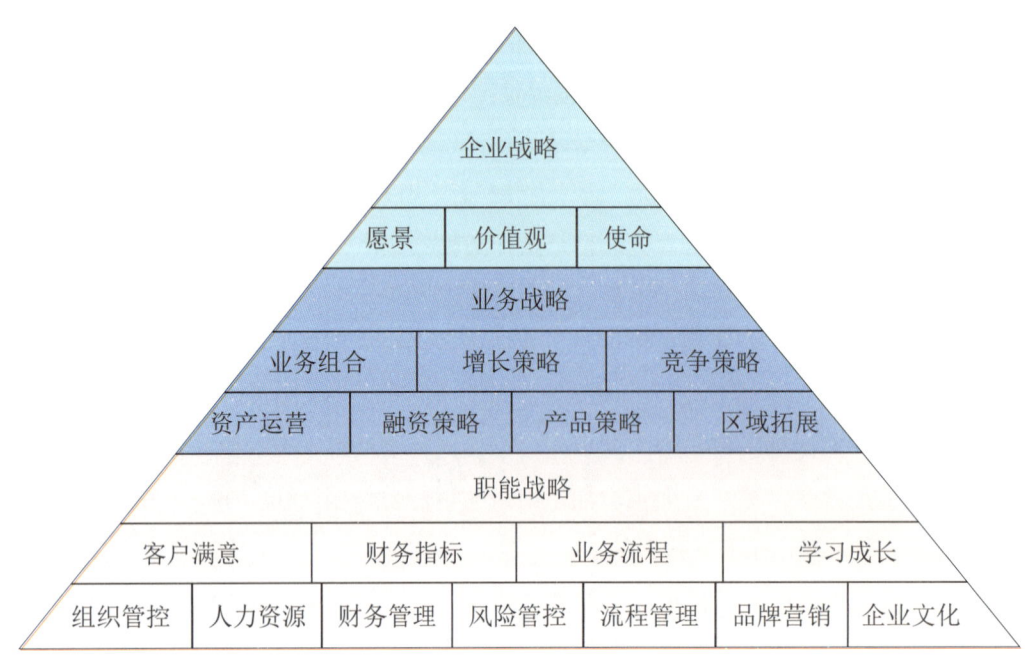

图 1-2-3　企业战略规划体系构成

1. 特许经营战略目标制定

战略目标是指特许经营企业经过一段时间的战略实施，预期在未来某段时间内所要实现的总体经营成果指标。这是特许经营企业战略的出发点和归结点，在特许经营战略体系中处于主导地位。战略目标往往都是由多个目标组成的目标体系，如某特许经营企业的战略目标是未来 3～5 年在全国范围内以特许经营方式发展 2 万家连锁门店，年销售额达到 1 个亿，成为行业内最大的特许经营企业。

制定特许经营战略目标，首先，要基于连锁企业的整体战略目标进行设计。不少连锁经营企业既有特许经营，也有直营连锁，企业通常会根据自身发展阶段考虑特许经营和直营连锁的比例。

其次，要充分考虑市场竞争状况。战略目标的制定决定了企业的发展速度。有很多行业竞争比较激烈，发展门槛不高，企业为了快速占领市场，需要在尽可能短的时间内开设更多的运营网点。

最后，必须有效考虑企业自身的资源实力、控制能力等综合因素。结合实践来看，相当一部分的特许经营企业发展速度非常快，但企业自身的综合实力、控制能力达不到发展速度的要求，最终可能只是"昙花一现"。

2. 特许经营发展市场选择

特许经营的市场目标是全国性还是区域性的，是特许经营企业发展市场时必须考虑的重要问题。实践显示，绝大多数成功的特许经营企业，如 7-ELEVEN、麦当劳等都是先立足区域性发展，等企业在特定区域发展强大后，再向其他区域扩张，而不是只要有人想加盟，就立刻签约授权。

实践中，特许经营企业选择市场时，要充分考虑并处理好以下三个方面的因素：

第一，市场需求和市场成熟度。特许经营企业选择市场时，必须认真考虑所选择市场的成熟度，即当地的消费需求、消费能力是否与本特许经营产品和行业相匹配。例如，麦当劳、肯德基等国际特许经营企业在早期进入中国市场时，都是首选北京、上海这样的大城市，而不选择租金成本较低的二线、三线城市。

第二，市场竞争状况。选择不同的市场，意味着选择了不同的市场竞争对手。如果特许经营企业自身的竞争实力达不到市场竞争的需求，企业就可能乘兴而来、败兴而归。同样是经营西餐的德克士，早在 1996—1998 年就曾一度欲在北京、上海、广州等一线城市与麦当劳和肯德基相抗衡，抢占市场发展空间，但终因品牌影响力不够、运营成本高等问题而连连亏损，在市场竞争中处于劣势。之后，德克士进行战略调整，关闭北京、上海、广州等地的分店，转而进军我国二线、三线城市，开拓了麦当劳、肯德基无暇顾及的市场空间，最终大获成功。

第三，资源配置与运营效率。特许经营的成功离不开特许经营企业总部的强大支持，如物流配送、培训督导等。实践中，成功的特许经营企业一般都是先采取区域市场集中经营的方式，以获得资源配置和运营效率的优势。

3. 特许经营授权模式选择

特许经营是连锁经营模式的一种，特许经营企业需要结合企业外部环境因素和内部资源发展状况进行选择。实践中，很多企业都采取直营与特许混合发展的策略，这时，企业需要明确直营与特许经营各自的比重，二者不同的市场范围和领域，以及发展速度和节奏。

不同的特许经营授权模式，是特许经营的重大战略性决策。特许经营主要有单店授权、区域授权两种最基本的模式。一般而言，单店授权模式容易控制，但发展速度通常都比较慢；区域授权模式能借助区域加盟商的资源和力量，发展速度比较快，但这要求特许人有较强的控制能力。因此，当特许经营体系处于早期发展阶段时，最好采取单店授权模式，当特许经营体系达到一定的规模时，再采取区域授权模式。

确定基本授权模式后，特许人还需要进一步确定具体的授权方式。比如，确定了单店授权的基本模式后，还要结合实际状况，进一步确定是普通单店授权，还是熟店转让，抑或是托管特许；如果是区域授权，则需要进一步确认是区域开发模式，还是二级特许模式，或是复合特许模式。

（五）特许经营战略支撑体系

综合前述内容，我们可以看到特许经营的运作是一个系统工程，包括产品、市场调查，产品设计，企业自我管理，良好的企业发展愿景和战略目标等。这些内容构成了特许经营成熟、稳定的支撑体系，实践中缺一不可。

特许经营的战略支撑体系，即特许经营的运营管理体系，是特许经营战略体系得以实施的管理保障体系，一般包括单店运营体系、特许加盟模式、特许经营总部管理系统三大模块。

1. 单店运营体系的设计与规划

成功的单店是特许经营成功的基础。单店运营体系的设计与规划主要涉及两个层面：一是单店的赢利模式，即单店作为一个利润中心是如何获取利润的；二是单店的运营模式，即单店的日常经营管理操作流程。单店运营体系的设计需要严格遵循特许经营的3S原则，既要使加盟者容易掌握和操作，又要体现特许经营的专业性。很多特许人在开展特许经营前，就经营了自己的直营店或者样板店，基于这种基础开展特许经营，就只需要在已有单店经营的基础上进行经验的总结和提炼即可。

2. 特许加盟模式的设计与规划

特许加盟模式的设计与规划主要体现在以下三个方面：一是采取单店加盟还是区域加盟，是直接特许还是熟店转让，即具体的加盟模式；二是特许经营授权的具体内容，如商标、商号、经营模式、经营诀窍的使用，特许授权的期限、地域限制等；三是加盟者需要交纳的费用，如加盟费、保证金、特许经营权使用费、广告基金等。

3. 特许经营总部管理系统的设计与规划

特许经营总部是特许经营战略实施的根本保障力量和核心组织。一般来说，特许经营总部管理系统需要设计和规划好特许经营总部的组织结构，主要的业务流程，物理、信息等支持系统，还应包括推广招商、培训、督导等具体职能系统的设计和规划。

全聚德 SWOT 分析[①]

任务背景

全聚德，中华著名老字号，创建于1864年，菜品经过不断创新发展，形成了以独具特色的全聚德烤鸭为龙头，集"全鸭席"和400多道特色菜品于一体的全聚德菜系，备受各国元首、政府官员、社会各界人士及国内外游客的喜爱，被誉为"中华第一吃"。

全聚德拥有完备的产业链，横向拥有70余家全聚德品牌企业，如丰泽园、仿膳等，有多个连锁店；纵向拥有自己的食品配送中心——北京全聚德仿膳食品公司，有自己的养鸭场——北京全聚德三元金星食品公司。北京全聚德三元金星生产的鸭坯及系列鸭产品，一方面供应全聚德各直营店、连锁企业；另一方面供应北京市中高档烤鸭店和外埠经销商，熟制品面向北京众多超市、商场、旅游区和娱乐场所。

---

① 李璐，赵德慧，陈丝雨. 全聚德集团战略分析 [J]. 现代商贸工业，2014（07）：72-73.

　　一路走来，不同时期的国家政策对全聚德的经营产生了不同的影响。2008 年国务院提出了一系列对中华老字号的优惠政策，如扶持中华老字号企业发展、制定中华老字号经营等领域的税收优惠政策；2012 年受中央八项规定等因素影响，高端餐饮营业额下降，餐饮业内部经营成本上升，利润大幅下降，供求结构性失衡。全聚德作为一家老字号餐饮店，一方面受到政府大力扶持，同时又因为政府八项规定的出台，受到了极大冲击。全聚德是如何充分利用政府的优惠政策来促进发展，同时又是如何发挥优势，减小弱点、回避威胁实现持续发展的呢？

　　首先，全聚德与德国合作，研究了运用现代 IT 技术模拟人工烤制过程的智能烤炉，把人工积累的经验通过电脑进行控制，既保证了连锁经营的标准化，也保护了全聚德的专利；全聚德为鸭坯编制识别身份的电子码标签，消费者可以根据条形码的编号到网上查询所购买的烤鸭从养殖到成品的所有信息；全聚德成功开发并推广了全聚德餐饮管理计算机内控系统，实现了前台从点菜到收银结算和客户消费统计，后厨从原材料切配到领用、菜品烹制、质量验收和每一份菜品单项成本控制的信息化管理；全聚德还开通了网上商城，推出网上订餐业务，方便消费者购买。

　　其次，全聚德在北京市场上生存发展了上百年，已经积淀了深厚的品牌优势。全聚德集团成立以来先后获得了 300 多项荣誉，深厚的历史文化底蕴是全聚德文化的精髓，"全而无缺、聚而不散、仁德至上"，这是全聚德企业文化理念的核心概况，也是企业内部精神文化发展的源泉。

　　最后，全聚德的核心产品是挂炉烤鸭，核心竞争力是烤鸭的技术和品牌优势，具有完备的产业链。

任务描述

　　学生阅读任务背景资料，并查阅其他相关资料，分析全聚德发展中存在的优势、劣势、机会和威胁，制定全聚德未来五年的战略发展目标，并撰写全聚德企业发展战略规划书。

任务实施

第一步，全聚德内部环境分析。

根据任务背景资料和自己所查资料，分析全聚德内部环境存在的优势和劣势。

第二步，全聚德外部环境分析。

根据任务背景资料和自己所查资料，分析全聚德外部环境存在的机会和威胁。

第三步，根据上述分析内容，进行总结。

根据分析内容，总结全聚德的优劣势，以及机会和威胁，并进一步分析是优势大于劣势，还是劣势大于优势；是机会大于威胁，还是威胁大于机会。

第四步，依据上述分析内容，制定全聚德未来五年战略发展目标。

第五步，制定全聚德企业战略发展规划书。

综合上述全聚德 SWOT 分析结果，以及全聚德战略发展目标，撰写全聚德战略发展规划书。

 任务评价

学生自评模块

序号	技能点	佐证	达标	未达标
1	收集材料	能够收集并甄选所需要的材料		
2	运用 SWOT 分析	能够根据收集到的内容准确分析全聚德面临的外部机会和威胁		
3	撰写战略规划书	能撰写内容完整的战略发展规划书		
		编写战略规划分析，要具有可行性		
		能够对 Word 文档和 PPT 报告进行优化		

序号	素质点	佐证	达标	未达标
1	全局思维观	能够建立特许经营企业全局观和大局观，自觉推动特许经营企业发展		
2	团队合作精神	能够和团队成员共同协商、共同完成实训任务		

教师评价表

序号	技能点	佐证	达标	未达标
1	收集材料	能够掌握收集信息的渠道		
		能够对收集到的材料进行甄别和筛选		
2	运用 SWOT 分析	能够根据收集到的内容准确分析全聚德的优势和劣势		
		能够根据收集到的内容准确分析全聚德面临的外部机会和威胁		
3	撰写战略规划书	能撰写内容完整的战略发展规划书		
		能编写战略规划分析，要具有可行性		

序号	素质点	佐证	达标	未达标
1	全局思维观	能够建立特许经营企业全局观和大局观，自觉推动特许经营企业发展		
2	团队合作精神	能够和团队成员共同协商、共同完成实训任务		

任务 3 总部经营体系设计

 主要概念

总部经营模式、总部客户定位设计、总部业务组合设计。

 学习目标

〔知识目标〕

★ 掌握企业总部经营模式设计的相关内容；

★ 熟悉总部客户定位设计的概念和定位方法；

★ 掌握连锁企业总部的业务组合、基本职能及管理岗位职责。

〔能力目标〕

★ 能使学生掌握企业总部经营模式设计的内容、客户定位设计的操作步骤。

〔素养目标〕

★ 掌握连锁企业总部的基本职能及管理岗位职责，具备相应的职业素养。

 **任务导入**

十城百店·联动巨惠 ①

2021 年，博世车联在全国 10 个城市的近百家线下门店举行"十城百店·联动巨惠"活动。活动已经在石家庄、保定、深圳 3 个城市的 15 家线下门店举行，为车主提供服务套餐超过 2055 套，收获了广大车主的一致好评。

目前，我国汽车服务产业的发展现状呈现三大发展趋势。一是品牌经营化管理，建立完善的服务链满足汽车消费者各式各样的需求。二是汽车服务产业主体将由修理转换成保养，保养将变成汽车服务产业的工作重点。三是科技化发展，需要更新产业的科技内容，与汽车的电子化发展相匹配。

① 中国连锁经营协会. 2021CCFA 生活服务业优秀实践案例集 [EB/OL]. （2021-06-22）. http://www.ccfa.org.cn/portal/cn/xiangxi.jsp?id = 442687.

1921年，博世在德国汉堡开设第一家汽车维修站。100年后，博世汽车服务网络在全球拥有15000多家维修站。100年的沉淀树立了博世的信心与质量，作为全世界最大的汽车售后服务品牌之一，博世车联迎合汽车服务行业的三大发展趋势，依托博世集团专业的汽车技术实力和优质的服务理念，致力于向每一位车主提供优质的一站式汽车维保服务。

"十城百店·联动互惠"活动，旨在通过线上和线下相结合的方式，回馈客户，与全国车主分享博世维修服务网络的百年成果。

博士车联的成功离不开以下几点。

（1）市场营销和门店设计统一标准，综合体现企业实力。

博世车联为门店的市场营销提供统一标准的模板。不仅将博世车联的市场营销和活动模式推广标准化，而且门店的挂旗、海报、展架、各功能区使用的物料等均已标准化，门店可在统一的下载专区获得所有素材。与此同时，从建店开始，博世车联就给出全系列的店面设计方案，门头形象、前台接待背景墙、各功能区吊牌、玻璃腰线、车间挂旗等都按博世车联的官方标准制作，整体形象明亮简洁，直接把门店的品质服务从店面形象上体现出来。

（2）店面数字化管理系统，集多种功能于一身。

博世车联的门店数字化管理系统，功能版块分类清晰，并不断更新换代，更新方便及时。同时，博世车联定期提供直播培训来帮助门店的员工用好系统，操作精准。博世车联认为，只有更好地使用系统，才能更好地对车主数据进行分析、归类，从而做到精准营销。高效的系统还可以方便财务和管理人员更快地查阅历史数据，进行店面之间的数据对比，分析总结营销活动的效果。

（3）建设在线培训系统，改善人才梯队。

各门店团队人员的素质是企业的竞争力，博世车联精心打造了在线E-learning培训平台，帮助门店进行人才梯队建设。门店的所有团队成员都可以在E-learning培训系统中找到合适的课程，从店长一直到收银员、实习生，每月都有相应的学习计划，要做到每天打卡，必学必考，以完成各自的学习地图。同时，E-learning中的学时、学分都是博世车联技师认证的重要参考指标。各门店每年以学分的高低评选内部学习之星，通过这种机制，营造门店的学习氛围。目前，博世车联还向门店推出每周两次的直播培训，其中的产品和盈利项目培训营，要求门店严格按照学习地图监督全员参加学习，定期评比。博世车联相信只有人员的综合能力提升了，标准流程执行到位了，客户满意度才能有保障。人员成长速度决定着公司的发展速度。

（4）统一平台采购，实现品优价低好口碑。

为了让门店省心放心，把更多精力放在门店运营和服务品质的提升上，博世车联为门店提供了高品质的博世配件和机油，打造了统一的采购平台，为美容、养护等高频产品提供统一直采，让品质更有保障，价格更有优势。还精选了一些经销商为车联门店提供服务，对于这些经销商的常备库存和配送时间都有严格的要求。

 任务解析

　　汽车后市场的重要性一直广受业界认知与关注，特别是电动汽车兴起、大数据和 AI 技术的发展，使其重要性日益突出，越来越多的汽车服务企业正在通过跨区域、多元化的连锁经营发展，以及 O2O 模式创新形成品牌竞争优势。博世车联充分体现了汽车服务行业连锁模式对产品资源高效配置的优势，统一采购平台、配送和技术支持，除具备价格优势外，也让消费者体验更加愉悦。服务简单化、专业化、标准化，给连锁的重要性及品牌形象带来了认知感和号召力。此外，利用数字化技术，实现了 O2O 模式创新，提升了客户服务体验，而店面数字化管理、人员在线培训等模式，能保证其与外界的合作环节实时、紧密、快速、高效。

知 识 准 备

一、总部经营模式设计

（一）总部经营模式的概念

　　连锁总部作为门店的服务和管理机构，直接对门店进行管理。总部经营模式下门店之间是以资本为主要纽带的。资本属于同一个所有者，归属于一个企业、一个联合组织或个人，由同一个投资主体投资开办门店，各门店不具备独立的法人资格。其组织的定位是人们为实现一定目标、互相协作结合而组成的集体或团体，如各种社团、企事业单位。组织结构是组织内的全体成员为实现组织目标，在管理工作中进行分工合作，在职务范围、责任、权利方面所形成的结构体系。连锁经营组织结构是指连锁企业各组成部分及其相互之间的关系。连锁企业组织结构是否合理，直接关系到连锁经营企业的生存与发展。

（二）组织结构设计的程序

1. 明确组织目标

　　连锁企业进行组织结构设计时，应收集数据，分析宏观环境和微观环境，进行市场细分，市场定位，合理地确定企业的总体战略目标和各项具体目标。

2. 明确企业任务

一般连锁企业的主要工作内容有商品采购、运输、验收、配送，库存管理，商品定价、陈列，门店维护，客户关系管理等。

3. 确定与供应链上的企业任务分工

确定与上游企业的任务分工，在供应链上提高整体效能，达到各方利益最大化，保持可持续发展。但连锁企业必须注意，相关任务由他方提供会减弱连锁店的经营管理控制权，不过同时也会带来成本的转移和效率的提高。

4. 将任务分解为具体的工作

根据上述专业化工作的原则，连锁企业所涉及的具体工作内容如下。

① 制定商品策略。

② 制定价格策略。

③ 制定采购制度。

④ 制定配送制度。

⑤ 规划业务流程。

⑥ 建立业务标准。

⑦ 规范人事制度。

⑧ 完善设备管理制度。

⑨ 建立保安制度。

⑩ 开店调查，开店工作。

⑪ 检查指导门店工作。

⑫ 商品采购、配送、运输工作。

⑬ 验收商品，检查核对运输单据，商品标价，存货控制工作。

⑭ 商品陈列，顾客接洽，商品包装，顾客追踪服务工作。

⑮ 与顾客结算，处理现金收据。

⑯ 促销计划、促销设计等工作。

⑰ 橱窗装饰、内部展示、流动广告等工作。

5. 工作分类

可以按照功能、产品、地理或综合运用上述条件来划分。

① 按功能划分，是将工作按不同业务领域，如管理、促销、采购、营运门店等进行分类；

② 按产品划分，是以商品或服务的不同为基础对工作进行划分；

③ 按地理划分，是以不同的地理区域或商圈对工作进行划分。

一般大型连锁企业对工作进行分类时，会综合运用上述方法。

6. 将工作落实到总部、配送中心或门店

企业将分类的工作落实到连锁企业相应的组成部分，从而形成总部职能、配送中心职能和门店职能。例如，管理类工作由总部完成；促销类工作由总部统筹，门店负责执行；运营类工作由总店具体完成；采购类工作则由门店和配送中心配合完成等。

7. 设计职能部门

根据工作职能分别设计总部、配送中心、门店的职能部门，来完成相应的任务和工作。

8. 组织定型

连锁企业组织必须采取整合与协调的方式，将不同的工作区分开来，并描述清楚。同时，工作之间的关系也要明确，从而形成一个分工明确、紧密相连的有机组织。

9. 确定各岗位人员

组织结构设计的落脚点是为各部门和各岗位配备相适应的人员。连锁企业要根据各部门的工作性质和各岗位的工作内容，确定任职人员的素养和能力要求。通过内部招聘和外部招聘等多种方式，聘用相应的人员，明确其职务和职责，并通过培训、考核、激励等人力资源管理工作，使其充分发挥作用，达到满意的工作效果。

二、总部客户定位设计

总部客户指的是受许人和单店，总部客户定位设计指的是受许人的定位和单店的定位。

受许人的定位主要是确定与特许经营体系匹配度最高的受许人的条件，受投资动机、文化认同度、商业诚信度、心理素质、身体素质、家庭关系、社会关系、管理能力、教育背景、资金实力、行业经验等因素的影响。可以应用目标受许人模型来完成受许人的定位问题。操作步骤如下。

第一，根据一定的假设对上述影响因素设定若干个等级，并对每一个等级进行赋值。

第二，确定目标受许人的每一项赋值。

第三，根据以上分值制作一个雷达图，就是目标受许人模型。

单店客户定位设计是指选择单店的目标客户群，并锁定其心理偏好，用以指导单店经营模式其他要素的设计以及单店其他子系统的设计。单店客户定位设计是其他要素设计的基础，每个单店都要分析其目标客户群，从而有针对性地确定产品组合，进行产品定价等一系列战略控制。根据客户的画像，如性别、年龄、收入、受教育程度等划分、分析和选择企业的目标客户群，评估目标顾客群的潜在购买力，掌握目标群体的消费行为习惯，进行精准营销。

三、总部组织结构设计

连锁体系的类型、连锁体系的规模大小、连锁体系的创建人及合伙人都会影响连锁总部的经营体系设计。本文介绍的是一般情况下的连锁总部组织结构设计。

连锁总部最高管理层次的组织结构如图 1-3-1 所示。

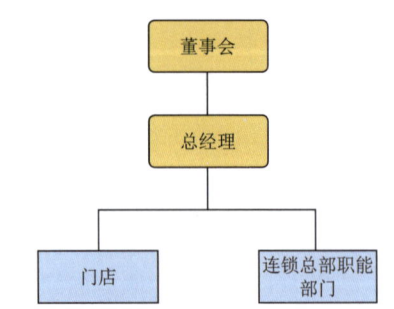

图 1-3-1　连锁总部最高管理层次的组织结构

1. 连锁企业总部的组织结构设置

连锁企业总部组织结构如图 1-3-2 所示。

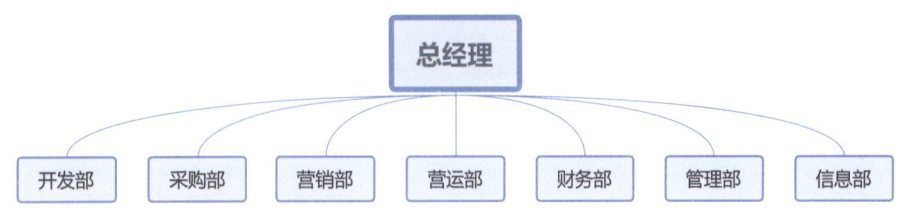

图 1-3-2　连锁企业总部组织结构

2. 连锁企业总部各部门的职责

（1）开发部的主要职责（图 1-3-3）。

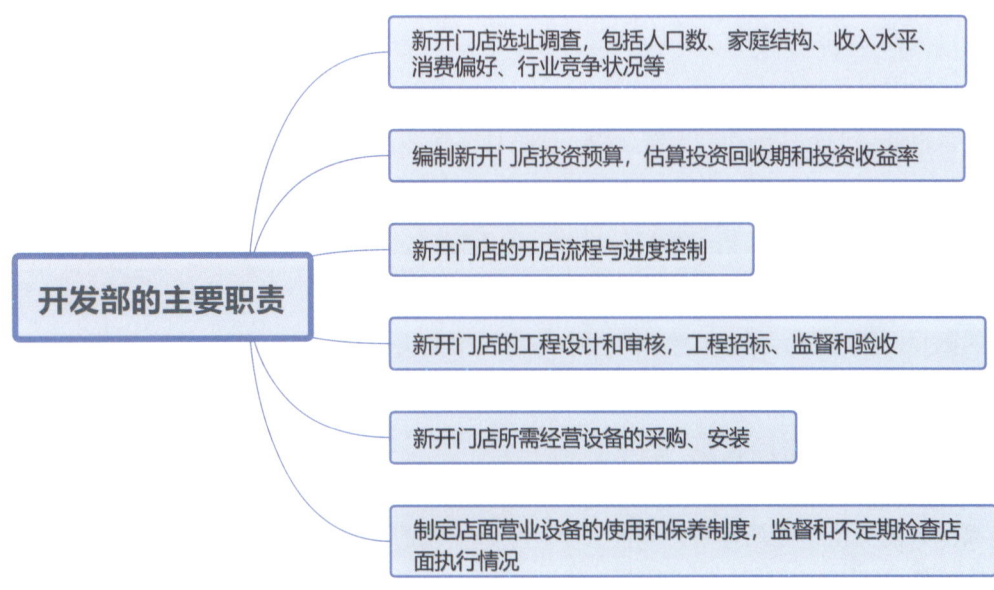

图 1-3-3　开发部的主要职责

（2）采购部的主要职责（图 1-3-4）。

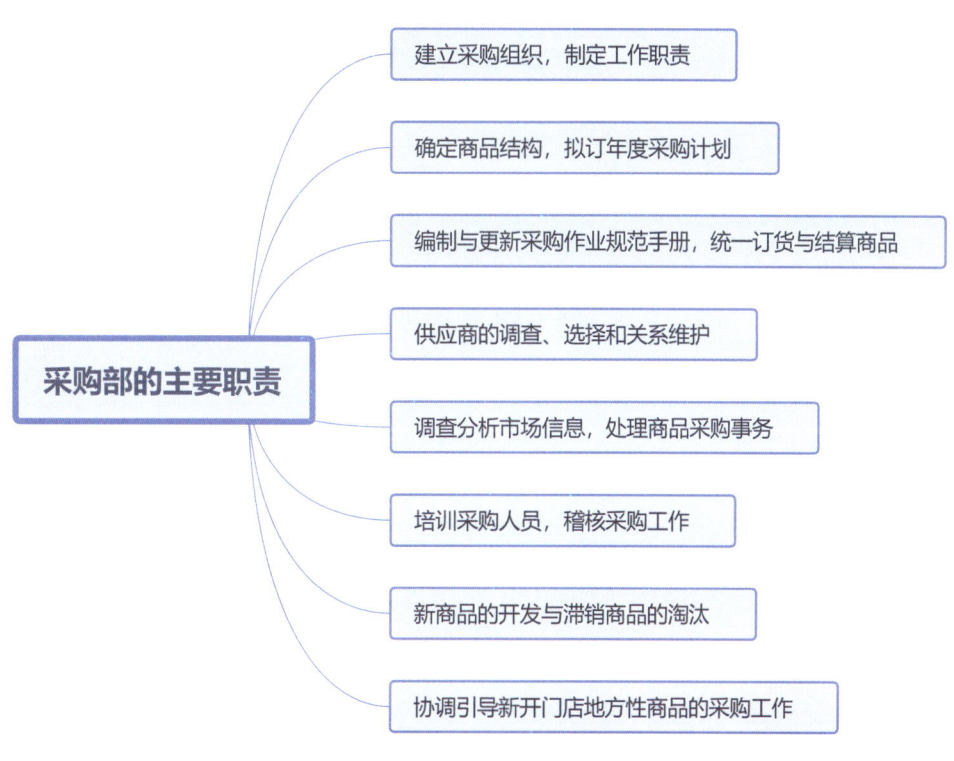

图 1-3-4　采购部的主要职责

（3）营销部的主要职责（图 1-3-5）。

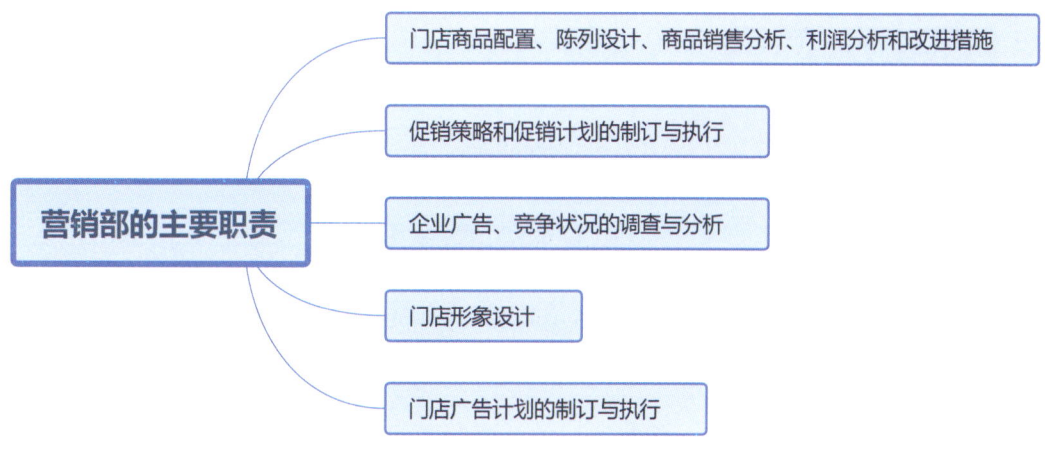

图 1-3-5　营销部的主要职责

（4）营运部的主要职责（图1-3-6）。

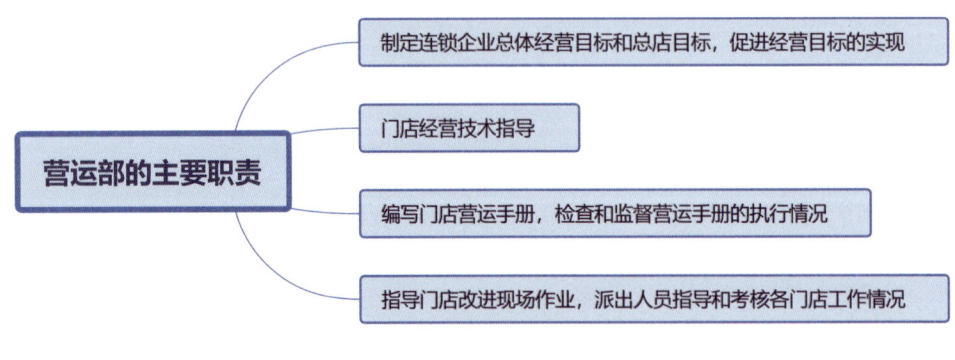

图1-3-6 营运部的主要职责

（5）财务部的主要职责（图1-3-7）。

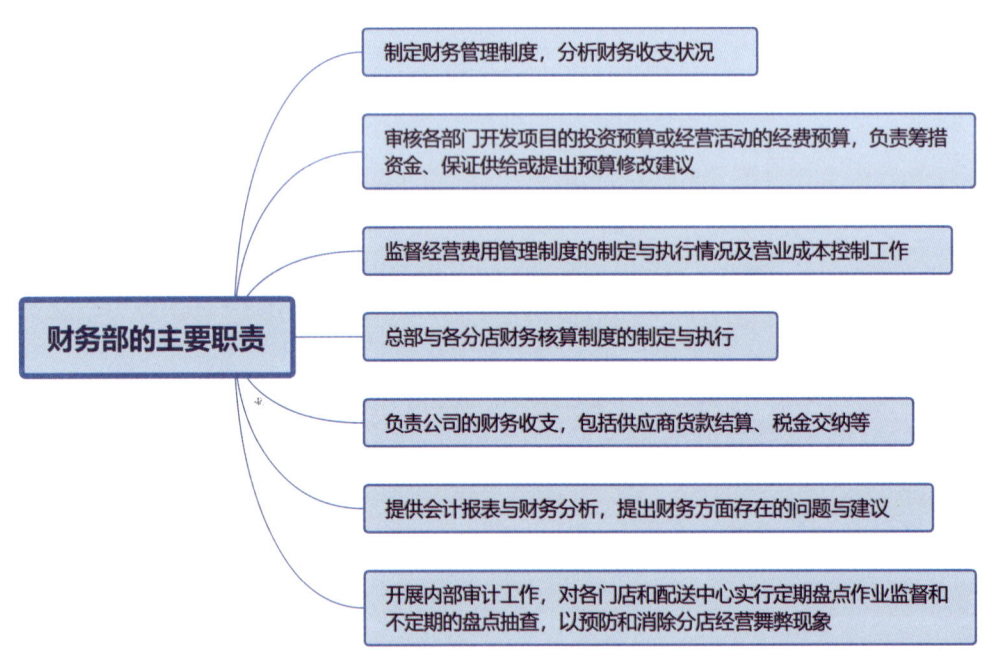

图1-3-7 财务部的主要职责

（6）管理部的主要职责（图1-3-8）。

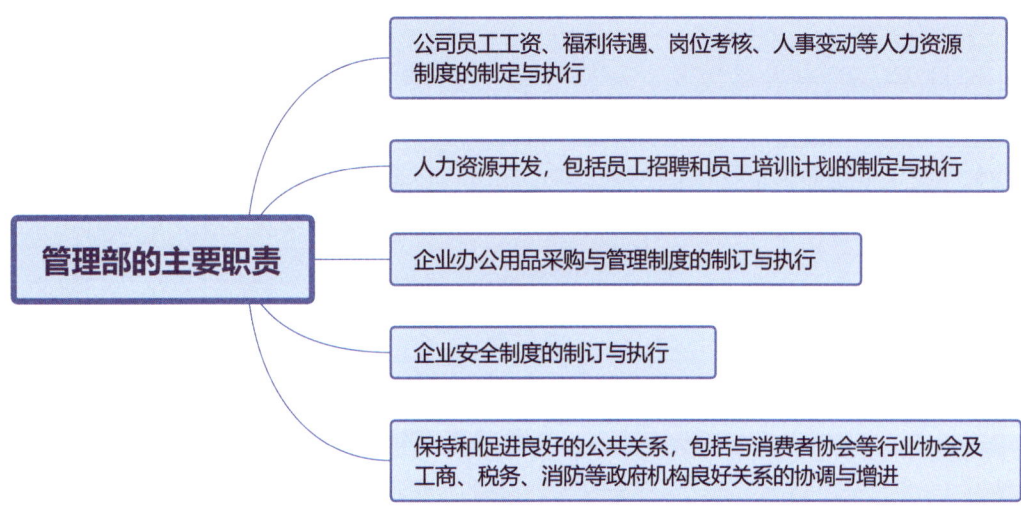

图1-3-8 管理部的主要职责

（7）信息部的主要职责（图1-3-9）。

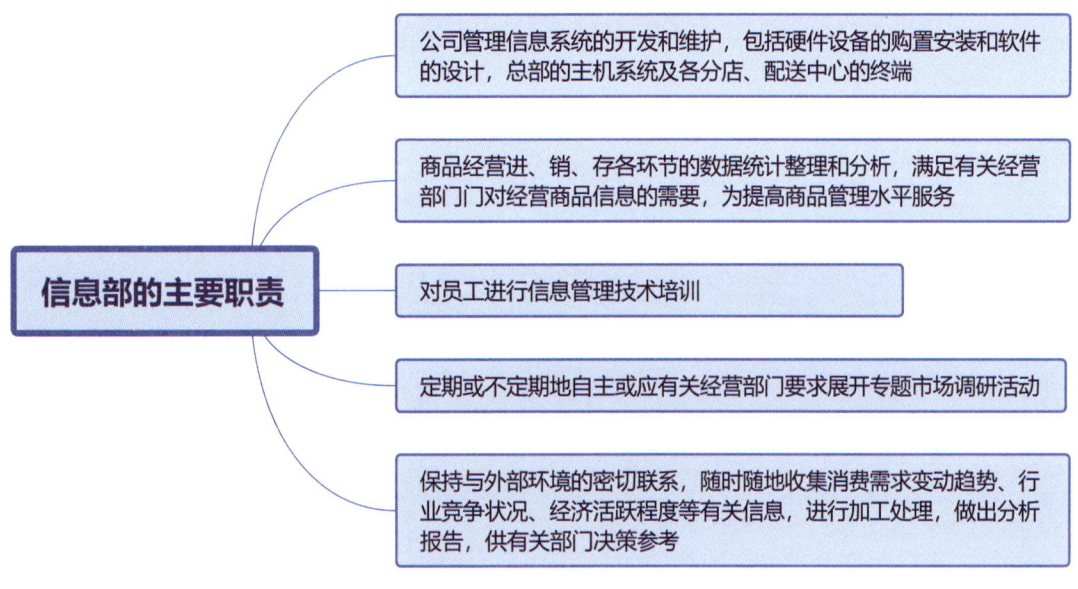

图1-3-9 信息部的主要职责

3. 连锁企业总部的基本功能

连锁企业经营管理的核心是连锁企业总部，主要承担整体经营的设计功能，其基本功能有政策制定、展店和指导、采购管理、教育培训、营销管理、研发、财务管理和信息管理等。

（1）政策制定功能。

连锁企业总部负责企业各种经营政策和规章制度的制定，以便指导各连锁门店开展业务，提高经济利润，主要包含战略规划、组织结构形式选择、商品采购和配送模式、商品销售、人力资源管理等政策的制定。

（2）展店和指导功能。

连锁企业实现规模经济效益主要源于连锁门店的开发。连锁企业总部需制定一套合理的门店操作规划，其内容主要有展店计划、市场潜力分析、商圈调查与评估、开店流程制定与执行、开店投资回报率评估等，还涉及开店作业流程，以提高经济效益。连锁企业总部会对门店运营进行指导，一般来说，总部会委派专员指导门店贯彻执行企业的战略规划和各项措施，协助门店解决经营过程中的各种问题。

（3）采购管理功能。

采购管理是连锁企业提高经营效益和竞争优势的重要手段。因此，连锁企业总部会根据企业发展战略，制定统一采购制度，规范采购行为，提高采购人员的工作能力和责任心，处理好与供应商的关系，降低采购成本，争取更多的经济利益。

（4）教育培训功能。

连锁企业的总部要负责企业管理者和员工的教育培训工作，培训内容主要有法律法规、职业道德、操作规范、文化知识等，力求让管理者和员工熟悉与掌握，从而提高工作能力。企业一般会建立专门的培训机构，让每一位员工都能接受相应的培训。

（5）营销管理功能。

连锁企业的营销管理包括商品营销计划制订、商品定价、商品陈列、广告宣传、客户服务等内容。连锁企业通过加强营销管理，可实现门店商品销售量和客流量的提高。

（6）研发功能。

连锁企业的研发功能主要包括连锁经营技术开发、自有品牌产品开发和门店开发等内容，对连锁企业的发展壮大非常关键。当企业的发展上了一个新台阶，或者目标市场的顾客需求发生变化之后，如何提升企业管理水平，适应顾客消费需求，就成了企业持续发展的重要课题。只有持续不断地进行研发，研发出适合顾客需要的产品和服务，研发出更有效率的运作体系，才能保持企业发展的活力。

（7）财务管理功能。

财务管理功能包括连锁企业资金的筹集与有效使用，如果该功能发挥正常，能有效避免企业出现营运危机，甚至会因为资金的灵活调度而增加非营业方面的收入。

（8）信息管理功能。

信息管理功能主要集中在顾客消费信息、经营环境变化、国内外行业发展趋势、新观念和新技术及企业内部信息的收集和整理上。及时有效的信息收集与整理，对企业制定科学的经营决策具有重要作用。

四、总部业务组合的设计

总部的业务组合从特许经营总部的基本功能进行划分，主要包含：

1. 市场拓展

市场拓展，包括加盟商招募、授权以及对加盟商的开店支持。

总部市场拓展业务板块的设计包括三个方面的内容：设计加盟商招募的基本方式；设计并撰写加盟商招募工作所需的基础文件；设计对加盟店开业支持的所有工作内容。

2. 对现有单店网络的运营管理

对现有单店网络的运营管理，包括管理信息系统、物流配送、培训督导、市场支持和技术支持。

（1）管理信息系统。

管理信息系统是指总部、单店和供应商三者共享的一个信息平台，这个信息平台把单店客户的信息、产品／服务销售的信息、供应商提供的商品／物料信息汇集到总部，总部根据汇集来的信息做出相应的经营决策。

（2）物流配送。

物流配送系统是指总部、单店和供应商三者共享的一个物流平台，这个物流平台把单店所需的商品／物料在总部统一调度下从供应商发送到单店。

（3）培训督导。

培训督导是指总部将特许人的经营理念以及知识、技术、标准、规范与加盟商、单店、供应商分享。

（4）市场支持。

市场支持是指总部对单店的运营在品牌推广、新产品研发以及商品／服务促销方面的整体策划、组织和执行。

（5）技术支持。

技术支持是指总部对单店的运营在管理技术、生产操作技术、服务技术等方面提供现场岗位人员支持。

3. 对企业外部资源的整合

企业资源整合是一个为实现长远利益而制定的战略决策，随着市场的变化与发展，企业的各种资源必须随之整合与优化，这需要极强的战略协调能力。企业必须设立动态战略综合指标，及时调控企业的资源能力，从而完善企业的战略。

因此，总部业务组合的设计指的是设计满足总部客户需求的三大业务板块以及制定总部对每个业务板块付出成本的补偿模式。

实 训 任 务

新佳宜运用平台思维，发展强加盟人才体系[①]

任务背景

新佳宜连锁便利店一直秉承诚信务实、追求卓越的企业价值观，从 2014 年起开放特许加盟、内部加盟模式，截至 2018 年，新佳宜门店数量已达 1000 多家，加盟店数量占比达 90%。如何创新加盟店经营模式、提升门店盈利成为企业的重要发展战略。2020 年新佳宜在原有的加盟模式上进行了升级，启动强加盟模式，提高加盟准入条件，强化强加盟培训标准，统一直营店管理模式，统一采购配送，实施 24 小时经营模式。

运用平台思维，聚集整合信息、人才、培训等资源，互信互助、平等合作、开放共赢，推动强加盟体系发展。整合企业资源，总部统一招募，解决强加盟店人员问题；统一培训合格后上岗，解决人员胜任力、人才发展、良性流转等问题。

任务描述

阅读任务背景资料，并查阅新佳宜连锁经营企业其他相关资料，分析其企业组织管理结构和连锁企业组织结构设计特点，并重新设计一份符合新佳宜连锁经营企业实际情况的组织结构，将分析结果写在下面。

任务实施

第一步，收集材料。

查阅新佳宜连锁经营企业官方网站和其他各渠道网站，了解新佳宜连锁经营企业的企业经营情况，收集新佳宜连锁经营企业组织结构的相关资料，在下表中做好记录。

① 中国连锁经营协会. 2021 便利店创新案例集 [EB/OL]. （2021-07-23）. http://www.ccfa.org.cn/portal/cn/xiangxi.jsp?id = 442767.

第二步，根据上述分析内容，分析其连锁企业组织结构设计，在下表中做好记录。

第三步，小组分析讨论新佳宜连锁经营企业组织结构的特点，在下表中做好记录。

第四步，小组重新设计一份符合新佳宜连锁经营企业实际情况的组织结构，在下表中做好记录。

 任务评价

学生自评模块

序号	技能点	佐证	达标	未达标
1	收集材料	能够通过各种渠道收集材料		
		能够对收集的材料进行甄别和筛选		
2	连锁总部组织结构设计	能了解连锁企业总部组织结构的设置		
		能够准确说出连锁企业总部各部门的职责		

序号	素质点	佐证	达标	未达标
1	表达能力	能够准确表达总部经营体系设计的内容		
2	团队合作精神	能够和团队成员共同协商、共同完成实训任务		

教师评价表

序号	技能点	佐证	达标	未达标
1	收集材料	能够掌握收集信息的渠道		
		能够对收集的资料进行判断和甄别		
2	连锁总部组织结构设计	能了解连锁企业总部组织机构的设置		
		能够准确说出连锁企业总部各部门的职责		

序号	素质点	佐证	达标	未达标
1	表达能力	能够准确表达总部经营体系设计的内容		
2	团队合作精神	能够和团队成员共同协商、共同完成实训任务		

项目2 连锁特许经营授权管理

项目导学

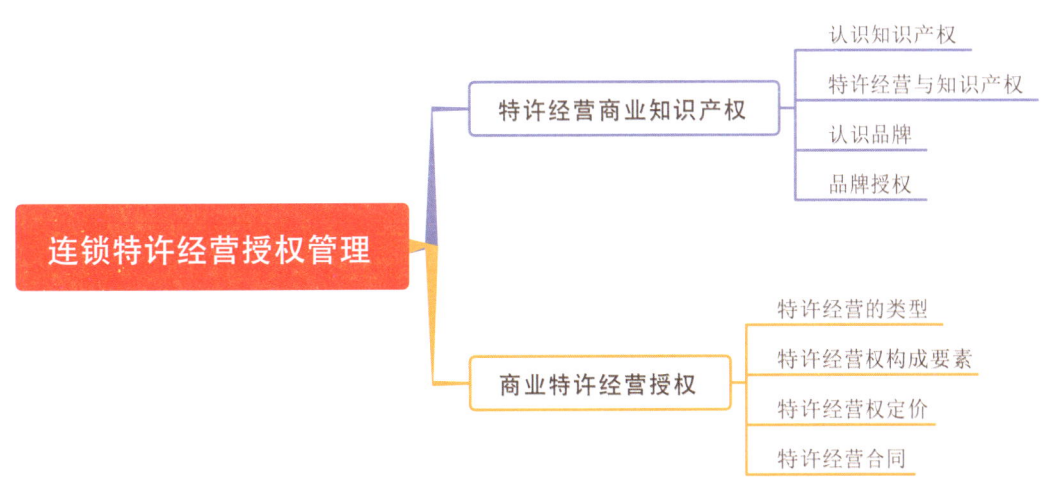

任务1 特许经营商业知识产权

主要概念

知识产权、著作权、工业产权、商标权、专利权、经营手册、店面设计、广告宣传、许可使用、特许人信息披露、品牌、品牌名称、品牌标识、品牌广告、品牌理念、品牌目标、品牌文化、品牌承诺、品牌体验、品牌授权、授权商、被授权商、品牌代理商。

 **学习目标**

〔知识目标〕

★ 掌握知识产权的定义；

★ 熟悉知识产权的类型及其分类依据；

★ 掌握知识产权的特征；

★ 了解特许经营中著作权的表现形式并举例；

★ 了解特许经营中有关著作权许可使用的主要内容；

★ 了解受许人关于著作权的侵权行为；

★ 熟悉特许人和受许人在商标许可使用中的权利和义务；

★ 了解特许经营商标权法律关系中对受许人的法律保护；

★ 熟悉在特许经营专利权法律关系中受许人的义务；

★ 了解专利权在特许经营协议中的特殊性；

★ 掌握品牌的定义和构成要素；

★ 掌握品牌授权的定义并列举其主要类别；

★ 熟悉品牌授权与特许经营的主要区别。

〔能力目标〕

★ 能够依据相关法律辨别出侵犯知识产权的行为；

★ 能够结合企业的实际情况分析品牌在企业发展中的功能与作用。

〔素养目标〕

★ 能够基于《中华人民共和国著作权法》《中华人民共和国商标法》《中华人民共和国专利法》
等相关法律，明确特许经营中特许人与受许人的权利与义务，树立法治意识；

★ 能够领会知识产权的重要价值，增强知识产权的保护意识。

 任务导入

陆某在网上看到"武汉卤起源企业管理有限公司"的加盟广告，觉得这个行业不错，便立即
联系该公司，第二天，公司就来人与他签订了《鸭脖特许经营店协议》，授权他经营该公司"武
汉绝味"品牌鸭脖。随后，陆某交了 1 万元加盟费，支付了 3000 元保证金，花 5000 元拿到了商
品展示柜，预付了 5000 元鸭脖货款。经过培训学习后，陆某在临桂步行街租了门面，5 月 30 日，
他的鸭脖店正式开业了。

然而，陆某的创业才刚起步，就有人将他告到了工商局。湖南绝味食品有限公司向临桂工商
局投诉称，陆某经营的绝味店未经湖南绝味食品有限公司授权，擅自使用该公司"绝味"文字及"卡

通鸭"图案商标，以及该公司特有的招牌、装潢，是侵权行为。得知自己涉嫌商标侵权，陆某大呼冤枉。他说，自己一直以为获得了"武汉绝味"商标的使用权，招牌、装潢也是按照该公司要求做的，围裙和帽子也是该公司提供的，40 元钱一套。

经过调查取证，工商局认定陆某的行为已经构成商标侵权，责令其立即撤除侵权商标标志。为此，陆某只得停业。因为涉嫌违法，步行街将收回场地，1 万元履约金不退。加盟费等 2 万多元也等于打了水漂。面对这样的结果，陆某欲哭无泪。①

 任务解析

商标侵权行为，是指违反法律的规定，在相同或者类似商品或者服务上未经商标权人的同意擅自使用与注册商标相同或者近似的标识，损害商标权人合法权益的行为。其中，未经商标注册人的许可，在同一种商品或类似商品上使用与注册商标相同或相近的商标的行为，又称使用侵权。

在加入特许经营之前，受许人应充分了解特许人的知识产权情况，受许人有权要求特许人提供商标权利无瑕疵的保证；特许人应真实、准确、完整地进行信息披露，受许人在获得充分信息的基础上，对投资行为做出准确的判断，切实保护自身合法权益，防止特许人欺诈行为的发生；特许经营监管机关则通过对特许人披露的信息进行监督审查，防止违法行为，维护受许人利益。

知 识 准 备

一、认识知识产权

（一）知识产权的概念

关于知识产权的概念，有"定义概括式"和"完全列举式"两种表达方式。"定义概括式"主要是通过总结知识产权的共有特征来对其下定义，如有学者认为，知识产权是人们就其智力创造的成果依法享有的专有权利，是国家赋予创造者对其智力成果在一定时期内享有的专有权或独占权。"完全列举式"是通过将知识产权的保护对象一一列出来对知识产权进行界定，如传统知识产权包括著作权、专利权、商标权；又如，《建立世界知识产权组织公约》第 2 条列举了属于知识产权的项目：文学、艺术和科学作品；表演艺术家的演出、录音制品和广播节目；人类一切活动领域内的发明；科学发现；工业品外观设计；商标、服务标记、商号名称和标记；禁止不正当竞争；在工业、科学、文学或艺术领域内其他一切来自知识活动的权利。

---

① https://mp.weixin.qq.com/s/5rVgmAWRBSwwGKBSknzG7Q.

（二）知识产权的类型

知识产权的分类主要有两种：一种是把知识产权分为著作权和工业产权；另一种是把知识产权分为创造成果权和工商业标记权。本书主要介绍第一种分类，这种分类的依据主要是著作权和工业产权的功能和应用领域的不同，如图 2-1-1 所示。

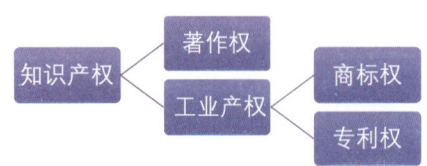

图 2-1-1　知识产权的类型

1. 著作权

著作权又称版权，是民事主体依法对文学、艺术和科学领域的作品所享有的专有权利，它同时包括人身权利（精神权利）和财产权利（经济权利）。著作权有广义和狭义之分，狭义的著作权仅指作品作者依法享有的专有权利，它需基于作品；广义的著作权还包括了基于传播活动而产生的权利，即著作邻接权。整体来看，著作权保护的对象主要是文学艺术作品，其保护对象的主要功能是给人带来美感和精神享受，满足人类的审美需求，而不是进行生产活动。

2. 工业产权

工业产权主要是指著作权以外的知识产权，包括商标权和专利权。工业产权保护对象的功能不同于著作权，其作用主要是在工业产品的生产和商业流通领域有实际效果。这里所说的"工业"不仅指传统意义上的工业，凡是以实现人类的衣、食、住、行等生活生产功能，满足以物质消费为目的的知识类型，都属于工业产权的范围。概括来说，工业产权保护对象的功能是物质上的实用功能。

（三）知识产权的特征

财产权由物权、债权和知识产权组成，三者相互区别、相互关联、相互依存。知识产权作为财产权的一部分，其特征主要是相对于物权和债权而言的。知识产权主要有以下四个方面的特征。

首先，知识产权的客体具有非物质性。物权的客体是有形有体的"物"，通常表现为动产和不动产，债权产生的前提是以作为或不作为方式存在的"行为"，而知识产权的客体则是非物质性的作品、发明创造、外观设计和商标标识等。

其次，知识产权具有专有性，也称排他性，非经知识产权人许可或法律特别规定，他人不得使用知识产权所保护的客体，否则构成侵权。

再次，知识产权具有地域性，除非有国际条约、双边或多边协定的特别规定，否则知识产权的效力只限于本国境内。

最后，知识产权具有时间性，多数种类知识产权的保护期都是有限的，一旦超过法律规定的保护期限就不再受到保护。

二、特许经营与知识产权

特许经营是以知识产权为核心的特许权的许可使用，实质是受许人用特许经营方式来行使知识产权，并在知识产权的不断复制传播中获取收益。因此，知识产权是商业特许经营的基础与核心，是该商业模式得以正常、顺利运行的关键。

（一）特许经营与著作权

1. 特许经营中的著作权表现形式

特许经营中受《中华人民共和国著作权法》保护的对象主要是经营手册、店面设计、广告宣传、模型、图表等。

（1）经营手册。

经营手册是特许经营协议的概括和总结，一般会详细记载特许经营中商标的使用方式、生产管理的操作程序、质量控制、雇员要求、服务及标准、店堂陈设、管理制度甚至专有技术和商业秘密等诸多内容。一个成功的特许经营体系一定有一套完整的经营手册，这也是特许经营与其他经营方式相区别的地方，经营手册对整个特许经营体系至关重要。

（2）店面设计。

店堂设计是指经营场所中包括的对经营服务起到美化和识别作用的色彩、装帧、装修风格的总和。标准化是特许经营的一大经营特点，主要体现在作业的标准化和企业整体形象的标准化，如店铺中必须要有特许人规定的统一外立面装修、招牌、内部装饰，包括家具、书画、灯光布局、色调安排，甚至盆景款式、背景音乐、店员的服装、菜单、标价签、餐具样式、卡通形象等。这种统一、标准的企业形象给予消费者的心理暗示是，相同的行业形象代表着相同的消费品质，从而增强消费者对品牌的信任。

（3）广告宣传。

广告宣传对特许经营而言是不可或缺的。广告作品主要包括企业统一标识、口号标语以及用于宣传的各种图片、视频和文字资料（如海报、宣传单，甚至名片）等。

2. 特许经营中的著作权许可使用

特许经营中的著作权许可使用，是指特许人许可受许人行使其著作权中的一项或数项财产权利，如许可使用特许人的店铺设计图装修店铺。著作权的许可使用应当订立许可使用协议，对于许可使用协议中特许人未明确许可的权利，未经特许人同意，受许人不得行使。特许经营中有关著作权的许可使用一般应当包括下列主要内容。

（1）许可使用作品的范围及权利内容。

特许人应当明确签订合同时许可使用的现有作品和特许经营期限内特许人创作完成并许可使用的作品的具体范围。同时，特许人应对受许人使用权利的具体内容加以明确规定。

（2）许可使用的区域。

许可使用区域应与特许经营的授权区域相适应。

（3）许可使用的形式及方式。

特许人应当对该种许可是普通使用许可、排他使用许可或独占使用许可做出明确规定，并应在协议中写入是否允许受许人与他人再签订许可条款。考虑到著作权作品使用方式不当将很可能有损特许经营体系的形象，特许人应对作品使用方式做出具体要求。

（4）违约责任。

特许经营协议中的违约部分，特许人应对受许人违反著作权许可使用协议的事项约定具体的违约责任，以便对受许人的违约行为采取有针对性的处理。

3. 受许人对特许人著作权的侵权行为

一般来说，对特许人著作权的侵权行为包括非营利性质的侵权行为和营利性质的侵权行为。

（1）对特许人非营利性质的侵权行为。

未经特许人许可，发表其作品；

未经特许人许可，将与特许人合作创作的作品当作自己单独创作的作品发表；

剽窃特许人作品。

（2）对特许人营利性质的侵权行为。

未经特许人许可，复制、发行、汇编、通过信息网络向公众传播其作品；

未经特许人许可，故意避开或破坏特许人为其作品采取的保护著作权或与著作权有关权利的技术措施；

未经特许人许可，故意删除或者改变作品相关内容；

制作出售假冒特许人署名的作品。

（二）特许经营与商标权

商标权是特许经营中的核心要素之一，这是因为特许经营是由统一的商标维系的一个经营系统，特许人和受许人的利益都与该商标息息相关。商标许可使用，是指商标所有权人依据一定的法律程序将注册商标许可他人使用，并可就给予的使用权取得报偿的制度。特许经营商标权法律关系是指在商标的许可使用过程中形成的一种权利义务关系。作为特许人和受许人，必须要明白双方在特许经营商标权法律关系中的权利和义务。

1. 特许人在商标许可使用中的权利和义务

特许人在商标许可中享受诸多权利，如有权规定受许人使用该商标的权限和范围，有权监督受许人使用商标的情况，以及收取商标许可使用费等。特许人在商标许可中的义务如下。

（1）商标权利瑕疵担保义务。

在特许经营中，特许人应是该商标的真正所有人，才能许可受许人使用自己的商标，特许人必须向受许人保证不会有第三人对该商标提出任何权利主张。

（2）商标注册义务。

根据《商业特许经营管理条例》的相关规定，特许人必须"拥有注册商标、企业标志、专利、专有技术等经营资源"，通常来说，特许人授权许可人使用的商标应当是注册商标。

（3）商标保护义务。

在整个特许经营过程中，作为商标所有人，特许人自始至终都负有商标保护义务，这不仅关系到其自身利益，而且关系到所有受许人的经营状况。具体来说，特许人应该及时制止商标被他人误用或冒用的情况；应当注意在商标专有权期限届满前及时办理续展手续，保持商标的有效性。

2. 受许人在商标许可使用中的权利和义务

受许人根据特许经营合同有权在特许经营的商品或服务上使用受许商标；有权要求特许人维护特许商标的良好商誉；有权要求特许人给予必要的广告支持；有权要求特许人提供商标权利无瑕疵的保证，等等。当然，在受许人使用特许人商标时，特许人还将对其规定如下义务。

① 受许人在特许经营过程中，自始至终只能使用特许人授权其使用的商标，未经特许人许可不得使用其他任何商标，不论其是否为特许人所有。

② 受许人在使用该商标时应符合特许人经营手册中所规定的标准、规格，并按经营手册的要求保证产品或服务的质量，同时有义务接受特许人的监督和检查。

③ 受许人使用特许人的商标，一般应限于特许经营业务。除此之外不得将受许商标用于与特许业务无关的商品或服务。

④ 受许人必须在侵权诉讼中给予特许人全力协助，包括发现侵权时及时向特许人报告，积极帮助特许人收集侵权证据，以保障整个特许网络的共同利益。

3. 特许经营商标权法律关系中对受许人的法律保护

根据特许经营关系的本质，特许人和受许人应该是平等主体之间的民商事关系，双方通过自愿平等协商进行交易，实现双方利益最大化。但是，很多时候平等关系变成了从属关系，受许人可能处于弱势地位。第一，在信息不对称的情况下，特许人可能垄断相关信息，延迟提供、隐瞒或篡改对受许人有利的信息，使得受许人存在被欺骗的风险；第二，因为在经营过程中特许人会对受许人进行持续控制，过度控制可能带来日常经营损失。以上两点都是受许人在商标权使用的法律关系中可能遇到的风险。

《商业特许经营管理条例》规定了特许人的信息披露制度。要求特许人应当在订立特许经营合同之日前至少 30 日，以书面形式向受许人披露条例规定的信息，这是在受许人保护制度中存在核心地位的内容。特许人真实、准确、完整地进行信息披露，有利于受许人在获得充分信息的基础上，对其投资行为做出准确的判断，切实保护其合法权益，避免被特许人欺诈。商务主管部门则通过对特许人披露的信息进行监督审查，防止违法行为，维护受许人利益。因此，信息披露制度是防止特许人欺诈的主要手段，是保护受许人合法权益的有效途径，是进行特许经营监管的重要方式，也是促进特许经营自身发展的关键力量。

（三）特许经营与专利权

专利权是国家专利机构依照法律规定的条件和程序，授予申请人在一定期限内对某项发明创造享有的独占权。专利法的保护对象包括发明、实用新型和外观设计三种。开展特许经营的连锁企业如果享有自己的专有技术就可以以合法方式申请到专利权，特许人可以将专利授权受许人使用。与注册商标不同的是，专利权到期后是不可续展的。

1. 特许经营专利权法律关系中受许人的义务

在特许经营过程中，受许人应增强法律意识，严格遵守协议，不得擅自做出违约或侵权行为。常见的受许人违约和侵权行为有如下几种。

第一，通过伪造、假冒或编造特许人的专利证书或文件，假冒特许人的专利。

第二，未经特许人许可，在其制造或销售的产品上、广告宣传资料中使用特许人的专利号。

第三，未经特许人许可，以生产经营为目的，制造、使用、许诺销售、销售、进口其专利产品。

第四，擅自将专利再次许可给他人使用，有擅自扩大专利使用范围、期限、领域等违反特许专利许可协议的行为。

受许人在经营过程中如若发现第三方有以上侵权行为的，也有义务和特许人共同合作，通过诉讼或仲裁方式，维护自身的正当权益。

2. 专利权在特许经营协议中的特殊性

第一，特许经营协议期限不应大于专利权的有效期限。

第二，特许经营的地域限制应在专利权保护的有限范围内。专利权具有地域性的特点，特许人无权在其专利有效范围以外的区域对受许人施加限制。

第三，特许经营中产生的专利权的归属问题必须在特许协议中详细规定。尤其是对于新的专利权的归属问题，是特许人和受许人必须考虑的问题。

三、认识品牌

（一）品牌的定义

品牌是一个发展演变中的概念，并非一成不变。人们对品牌概念的认知从最初"标识"与"符号"的理解扩大到"产品竞争"和"消费者关系"的层面，再发展至"资产"与"经济"的价值。综合起来，可以将品牌定义为：品牌是能给拥有者带来溢价、产生增值的一种无形资产，它的载体是用以和其他竞争者的产品或劳务相区别的名称、图案、标记、标志及其组合等，增值的源泉是消费者心目中形成的有关产品特色、利益和服务的质量承诺与保证的印象。

（二）品牌的构成要素

完整的产品品牌不仅包括品牌名称、标识、广告等有形的要素，还包括品牌的理念、目标、文化、承诺和体验等无形的要素，是众多与品牌相关信息的有机整合，如图2-1-2所示。

品牌	
有形要素:	**无形要素:**
·品牌名称	·品牌理念
·品牌标识	·品牌目标
·品牌广告	·品牌文化
	·品牌承诺
	·品牌体验

图 2-1-2　品牌的构成要素

1. 品牌的有形构成要素

品牌的外在构成要素是品牌外在的、标志性的内容，能够给消费者留下视觉或听觉印象。

（1）品牌名称。

品牌名称是指品牌中可以用语言称呼的部分，不仅要能够简洁地反映产品的功能和内容，还要把组织的经营理念、目标市场、价值观念和文化等信息涵盖其中。品牌名称是品牌最重要的符号，是品牌成功的关键要素。一般来说，品牌的名称在 2～5 个字不等，要短促有力、朗朗上口、容易传播。例如，比较成功的品牌名称有"联想""高露洁""蒙牛""王老吉"等。

（2）品牌标识。

品牌标识即品牌中可以通过视觉辨别，能用语言描述，但不能用语言直接称呼的部分，它可以使消费者更为具体形象地识别和记忆品牌。品牌标识包括品牌的图标、标志物、色彩、包装等。

品牌图标包括文字和图案的标识。文字标识是用独特的形式书写的，标示公司的名称或商标。例如，可口可乐独特的具有飘逸感的字体，如图 2-1-3 所示。图案标识是指品牌标识的图形部分，如奔驰的三叉星徽、华为的扇形图标，如图 2-1-4 所示。

品牌标志物是品牌图案标识的一种特殊类型，它不但具象，而且往往取材于现实生活，如花花公子的兔子、酷儿果汁饮料的酷儿精灵、麦当劳大叔等。标志物形象生动，色彩丰富，充满想象力和趣味性，它能使品牌形象变得饱满、鲜活，并且使品牌个性得以具体化，拉近品牌与消费者之间的距离。因此，标志物在广告和包装设计中起着非常重要的作用。

图 2-1-3　文字标识

图 2-1-4　图案标识

品牌色彩是指品牌图标的主打色，用以体现品牌个性和文化。品牌的色彩往往是鲜艳的，它通过强烈的视觉效果所形成的色彩冲击，能让消费者产生强烈的心理反应和联想，进而使品牌的主题以及整体形象得到强化，如柯达的黄色代表浪漫、可口可乐的红色代表激情、百事可乐的蓝白相间代表欢乐，等等。

品牌包装包括产品包装物的大小、形状、材料、色彩、文字说明等具体内容，如"可口可乐"的瓶子，喜之郎"水晶之恋"果冻的心形外壳，等等。具有创意的包装能为消费者带来惊喜和便利，促进产品销量的增长。

（3）品牌广告。

品牌广告是品牌推广和传播的重要方式，许多产品品牌都是通过广告深入人心的。富有特色的广告语、代言人、广告歌曲都有助于品牌信息的迅速传播，加深消费者对品牌的印象。

2. 品牌的无形构成要素

品牌的无形构成要素包括品牌的内涵要素以及与品牌相关的延伸内容，这些要素不会被消费者直接感知，但在品牌的形成与传播过程中具有重要意义。

（1）品牌理念。

品牌理念由企业使命、经营思想、行为准则三个部分组成，对企业的发展具有导向、激励、凝聚和稳定功能。

（2）品牌目标。

品牌目标是品牌管理者打造品牌时期望达到的理想状态，是品牌战略方向的具体化与定量化，包括品牌质量、市场影响力以及品牌美誉度等。

（3）品牌文化。

品牌文化是指品牌所代表的国家文化或民族文化等，是企业文化的集中体现。例如，奔驰汽车代表德国文化：高度组织、高效率和高质量。

（4）品牌承诺。

品牌承诺是指在品牌产品不断的更新换代中，产品经营理念与产品品质将始终满足消费者对品牌的期望。好的品牌承诺会提升消费者的品牌忠诚度。

（5）品牌体验。

品牌体验是指在品牌形成过程中，消费者对品牌的情感因素，包括顾客在使用品牌产品的过程中积累的正面和负面的情绪体验。

（三）企业品牌的核心功能

品牌是企业获得竞争优势的主要源泉和富有价值的战略财富，其作为一种无形资产越来越受到企业的重视。

1. 品牌是特有的标志，具有排他功能

品牌的名称、标识、包装等要素可以通过向国家品牌管理部门申请注册而受到法律的保护，

构成企业具有专用权、所有权和转让权并区别于其他厂商的商标。品牌拥有者有权要求其他企业或个人不能仿冒、伪造其品牌。

知·识·链·接

品牌与商标的区别与联系

商标是一个法律概念，受商标法保护，而品牌是一个经济概念。商标权人一旦注册商标，就享有商标专用权，其他人未经允许是不可以再注册使用的。对企业而言，品牌通常只有少数几个，但可以选择注册一系列商标。商标的功能是使商品与企业关联起来起到识别的作用，而品牌则关系到企业的整体形象。

商标和品牌的关系也非常密切，企业通常将品牌注册为一系列商标之一。事实证明，将品牌作为一个商标进行注册，用商标法来保护，是方便有效、强有力地保护企业商誉的一种方式。从某种意义上说，一个企业的品牌和商标可以相同，所以人们才常常把品牌和商标等同起来，事实上品牌外延比商标更宽泛。

2. 品牌是一种无形资产，具有溢价功能

品牌无形资产包括品牌知名度、品牌联想与品牌忠诚度等，它本身可以作为商品被买卖，为企业带来巨大的经济效益。随着品牌知名度、美誉度的提高，品牌本身的价值也会逐年上升。例如，在全球最大传播集团 WPP 和凯度华通明略（Kantar）发布的"2019 年 BrandZ 全球品牌价值 100 强"排名中，可口可乐 2019 年品牌价值为 808.25 亿美元，较上年增长 1%，位列第 14 名。对企业而言，品牌带给企业的价值并不局限于产品本身的价值，更多的是品牌文化、品质、价值等所带来的高额附加利润。同样质量的产品，名牌产品的价格要比非名牌产品高出许多，这些高出的利润就是品牌给企业带来的超额附加利润。例如，一双普通的运动鞋可能只需几十元，如果贴上"耐克"的品牌，售价可能达到几百上千元。

四、品牌授权

（一）品牌授权的定义

品牌授权又称品牌许可，是指授权者将自己所拥有或代理的商标或品牌等以合同的形式授予被授权者使用；被授权者按合同规定从事经营活动（通常是生产、销售某种产品或者提供某种服务），并向授权者支付相应的费用；同时授权者给予人员培训、组织设计、经营管理等方面的指导与协助。

（二）品牌授权的相关术语

在品牌授权的语境下，将自己所拥有的知识产权授予他人使用的一方通常被称为"品牌主"（property owner）或者"授权商"（licensor），而获准在产品上使用对方知识产权的一方则被称为"被授权商"（licensee）。品牌授权商即拥有授权品牌版权的公司，如迪士尼公司。品牌被授权商即获得品牌授权商授权使用其品牌在合同约定范围内的公司，如美盛文化公司，其 IP 衍生品的主要形象授权来源是迪士尼公司，并在上海设立有 JAKKS 美盛，专门在国内直接销售迪士尼授权的玩具等产品。

品牌授权商也可以委托其他公司在某一特定地区进行品牌授权，这类公司称为"品牌代理商"，即由品牌授权商指定的，全权代理某一地区授权业务的公司。

用于授权的知识产权通常被称为"品牌"，或"授权品牌"（licensed property），而使用该授权的产品形态通常被称为"授权产品"或"授权品项"。如果品牌被授权的领域不是产品而是某种服务，如广告服务，这些服务可以被称为"授权服务"。

（三）品牌授权的类型

很多不同类型的知识产权都可以进行商品授权，其中绝大多数是通过大众媒体的曝光获得了广泛知名度的文字、名称、标题、符号、设计图案、角色或人物的图像或肖像。品牌授权可以分为若干不同的类别，最常见的两类是企业授权和娱乐业授权。

1. 企业授权

企业授权是对自己的品牌名称和相关产品进行营销推广的绝佳途径，同时还能产生额外的收入。当今，越来越多的著名企业品牌和商标都进入了授权领域。

案·例·分·享

可口可乐的品牌授权

可口可乐公司进入授权领域的目的是强化其潜在的商标权。可口可乐公司在听取其商标律师们的建议后决定拓展授权机会。因为这些律师发现，市面上有各种与软饮料毫不相关的品类的商品顶着"Coke"（"可口可乐"的习惯简称）的名号，他们担心可口可乐公司无法在这些厂商面前主张自己价值巨大的商标权。于是可口可乐公司开始拓展品牌授权业务。

如今"可口可乐"已经成为世界上最成功的授权项目之一，拥有超过 300 个被授权商和数以千计的授权产品，如沙滩巾、平角短裤、婴儿服装、珠宝，甚至鱼饵。公司在世界各地设立了分销授权产品的专卖店，其中有许多产品反映了早年可口可乐广告的怀旧主题。

更重要的是，可口可乐授权项目的最终成功远远超出人们的想象，版税直接成为公司的收入来源。据统计，可口可乐的授权项目至少创造了 7000 万美元的年度利润，约为公司 0.3% 的净营销收入，与此同时，也在强化着可口可乐公司的商标价值。当然，还应该看到，可口可乐授权产品的广泛销售和分发，也为可口可乐饮料本身持续提供促销广告。①

2. 娱乐业授权

娱乐品牌在所有授权品牌里的曝光率是最高的，且能够在行业中创造最大的版税收入。娱乐业授权包括所有与娱乐相关的智慧产品授权，涵盖影视、动画、游戏等，其中尤为突出的是卡通形象授权。例如，1994 年出现在尼克频道热门电视节目中的"海绵宝宝"动画形象，已经成为儿童领域品牌授权的主要力量，以其为主题的促销项目，几乎涵盖了北美主要的零售商和快餐连锁店。

除了上述两个品牌授权的主要类别，品牌授权还包括艺术、名人、高校、时尚、音乐、非营利组织、出版和体育授权等。

（四）品牌授权和特许经营的联系与区别

品牌授权和特许经营两者的组织形式和经营理念虽然相似，但本质上还是有很大的区别。著名品牌专家杨焱认为，品牌授权和特许经营的核心都在于要先建立品牌，这个品牌必须具备独特的产品、服务、经营模式或者独特的可被消费者识别的品牌形象。品牌授权和特许经营的主要区别在于授权的产品不同，以及授权后对被授权企业的服务和拓展方式不同。

品牌授权强调授权商与被授权商之间的纽带是品牌，授权商给予被授权商的自由度较大、可适应的行业较广。授权商将自己的品牌授权给被授权商，由被授权商按约定的条件开发、生产、销售授权品牌的产品，且品牌授权商不一定要有品牌商品的生产制造实体。比如，米老鼠、加菲猫等卡通形象被众多被授权商应用于产品设计中，与这些卡通形象相关的产品已经成为人们生活的一部分。

特许经营特许人与被特许人之间的纽带是一种统一的、标准化的经营模式或服务。特许经营成功的关键在于一致性与标准化，即特许人和被特许人都在用同样的模式从事同样产品或服务的经营活动。特许经营强调严格规范化的管理原则，要求加盟店的经营管理模式与特许人相同，而且产品或服务的质量标准也必须统一。因此，统一性和可复制性是特许经营区别于品牌授权的最大特征。在特许经营模式下，特许人授权给被特许人的产品包括其品牌或商标，此时品牌授权则是特许经营的一个组成部分。

---

① 〔美〕赛丹杰（Danny Simon），〔美〕格里高利·巴特斯比（Gregory J. Battersby）. 品牌授权原理（国际版）[M]. 吴尘，朱晓梅，译注. 北京：清华大学出版社，2016.

知·识·链·接

品牌授权协议概述

　　任何品牌授权项目成功的基石，都是授权商和被授权商之间所签署的品牌授权协议，它保障着双方的最终合作关系。品牌授权协议通常由授权商负责起草，原因在于授权商需要在协议里与不同被授权商保持一定程度的一致性。如果授权商允许每个被授权商各自起草一份协议，会导致在同一个授权项目中，每个协议的条款操作起来有差异，从而对授权商的品牌管理造成困扰。

　　品牌授权协议可以有多种形式和格式，两个不同的授权商极少采用相同的协议格式。除此之外，尽管品牌主或授权商通常以"标准"的协议开始进入正式谈判，但在双方的协商过程中会产生一系列变化。因此，最终签署的协议很有可能在不同的被授权商之间发生明显的变化。但是，授权商的协议范本中要保证其核心条款在各份授权协议中相对一致。

实 训 任 务

"无印良品"商标侵权案案例分析

任务背景

　　国产无印良品商标于 2001 年 4 月 28 日被核准注册，核定使用在第 24 类"棉织品、毛巾、毛巾被、浴巾、枕巾、地巾、床单、枕套、被子、被罩、盖垫、坐垫罩"商品上，经续展，有效期至 2021 年 4 月 27 日。2004 年 7 月，该商标经核准转让至棉田公司。北京无印良品公司成立于 2011 年 6 月，棉田公司为其投资人之一。2005 年 5 月，日本企业株式会社良品计划作为一方投资人，成立无印良品上海公司，后来在各大商场开设"無印良品"专卖店。

　　棉田公司、北京无印良品公司认为，株式会社良品计划、无印良品上海公司生产、销售的腈纶毛毯、麻平织床罩、无印良品 MUJI 羊毛可洗床褥、无印良品 MUJI 棉天竺床罩等商品侵害其对涉案商标享有的专用权，遂诉至北京知识产权法院。

任务描述

请根据该案例背景通过网络进行资料调研，并记录调研结果，思考在经营中应汲取的经验。

任务实施

第一步，分析品牌资产的价值，分析品牌与商标注册之间的关系。

第二步，本案例中，法院批判无印良品上海公司败诉，从该案例判决来看，企业在进行品牌运营过程中可以吸取哪些经验？

 **任务评价**

学生自评模块

序号	技能点	佐证	达标	未达标
1	品牌资产价值	能够准确分析品牌资产价值的主要内容		
2	商标注册	能够准确分析商标注册人的法律义务		
		能够准确分析商标侵权人应负的法律责任		
3	品牌运营	能够以无印良品商标侵权案例为例准确表达企业在品牌运营过程中应如何进行品牌保护和维权		

序号	素质点	佐证	达标	未达标
1	法治意识	能够基于知识产权相关条款内容进行招商推广准备工作		
2	团队合作精神	能够和团队成员共同协商、共同完成实训任务		

教师评价表

序号	技能点	佐证	达标	未达标
1	品牌资产价值	能够准确分析品牌资产价值的主要内容		
2	商标注册	能够准确分析商标注册人的法律义务		
		能够准确分析商标侵权人应负的法律责任		
3	品牌运营	能够以无印良品商标侵权案例为例准确表达企业在品牌运营过程中应如何进行品牌保护和维权		

序号	素质点	佐证	达标	未达标
1	法治意识	能够基于知识产权相关条款内容进行招商推广准备工作		
2	团队合作精神	能够和团队成员共同协商、共同完成实训任务		

任务 2 商业特许经营授权

 主要概念

特许经营权、传统特许经营、商业模式特许经营、政府特许经营、商业特许经营、单店特许经营、区域特许经营、主级特许经营、有形资产要素、无形资产要素、基础性权益要素、限制性权益要素、特许经营权定价、加盟费、权益金、保证金、特许经营权定价目标、特许经营权成本导向定价方法、特许经营权需求导向定价方法、特许经营合同、合同主体、合同客体、信息披露、冷静期、商业秘密、竞业禁止。

 学习目标

〔知识目标〕

★ 了解传统特许经营和商业模式特许经营的差别；

★ 了解政府特许经营和商业特许经营的差别；

★ 掌握商业模式特许经营不同类型的特点；

★ 掌握特许经营权的不同要素；

★ 掌握特许经营权的定价内容；

★ 掌握特许经营权的定价方法；

★ 熟悉特许经营合同的主要内容；

★ 熟悉特许人及被特许人的权利和义务；

★ 了解特许经营合同的特点；

★ 掌握信息披露、冷静期、商业秘密及竞业禁止的概念。

〔能力目标〕

★ 能够根据企业经营目标及被特许人的需求，选择合适的商业特许经营模式；

★ 能够根据企业特许经营权定价目标，选择合适的定价方法；

★ 能够基于特许经营法律规范的要求，撰写特许经营合同。

〔素养目标〕

★ 能够基于《中华人民共和国价格法》的相关条款内容，合理进行特许经营权定价，树立正确的法治意识；

★ 能够基于《中华人民共和国民法典》《商业特许经营管理条例》的相关条款内容撰写特许经营合同，树立正确的法治意识。

任务导入

永和大王是一家有着 20 多年经营历史的餐饮连锁企业，其直营餐厅在全国已经有了很高的市场覆盖率。为了构建公司长期发展战略，自 2015 年开始全面开放特许加盟授权业务，大力拓展特许经营网络体系。企业将工作重点放在了发展全国新渠道和新业务上，成立了特许经营中心，专门负责维护和拓展特许加盟。在地域上，永和大王特许经营授权的范围涵盖了全国主要省会城市、地级市、县级市，另外，还拓展了边远地区，如新疆乌鲁木齐、云南西双版纳的经营版图；在特许经营授权类型方面，除了单店授权之外，还增加了区域授权、机构授权、区域独家代理等多种形式；在特许经营授权方式上，被特许人可以用自己已有的门店加盟特许经营，永和大王也会推荐店铺或者直接将直营门店转让给被特许人；在特许经营授权期限限定方面，永和大王规定被特许人首次特许授权期限需要与餐厅房屋的租期一致，期满后，根据被特许人的表现确定是否续约，10 年内续约免费；在特许经营权定价方面，永和大王的定价包括了被特许人初期固定人民币 100 万起的投资，主要用在餐厅的设备、装修、桌椅、招牌、装饰、消防安全及环保等投资上，初始特许经营费 25 万、保证金 25 万及其他的一些费用定价则需要以特许经营合同上的具体要求和条款为主。

面对多种形式的加盟商，永和大王秉承"统一系统"原则，为加盟商提供强大的系统性支持，帮助加盟商提升营运绩效。在加盟管理方面，通过不断尝试，永和大王修订了全新的加盟运营手册和加盟管理框架，奠定了今后加盟运营管理的基础。

现如今，永和大王特许经营授权占比不断提升，已经成为其重要的业务版图之一。[①]

任务解析

特许经营授权形式的多样化对特许人的长期经营发展是有益的，但同时也带来了很多挑战。比如，特许经营授权范围选择、特许经营权授权方式选择、特许经营权定价、特许经营权后期管理和维护以及特许经营权法律上对特许人和被特许人双方的约束与保障等。

---

① 永和大王官网：http://www.yonghe.com.cn/index.php/Index/brand.

知 识 准 备

特许经营权是指特许人拥有或有权授予他人使用的注册商标、企业标志、专利、专有技术等经营资源的权利。特许经营活动中，特许人将自己的商标、商号、产品、专利、技术秘密、配方、经营管理模式等无形资产以特许经营合同的形式授予被特许人使用，被特许人需要按照特许人统一的经营模式从事经营活动，并向特许人支付相应费用。

一、特许经营的类型

（一）美国商务部（Department of Commerce, DOC）对特许经营的分类

特许经营权的内容是由特许经营合同和特许经营手册等来说明和规定的，其具体组成与特许经营的分类有关。美国商务部从 20 世纪 70 年代开始对美国特许经营活动进行官方统计，并将特许经营分为传统特许经营和商业模式特许经营。

1. 传统特许经营（traditional franchising）

传统特许经营也被称为产品和商标特许经营（product and trade name franchising），是特许人将产品分销权利授权于被特许人并获取产品及附加产品的销售利润，被特许人支付特许经营费用的特许经营模式。传统特许经营主要分布在汽车经销、汽油零售（加油站）和饮料罐装等行业，特许人对于被特许人在商业模式上有较大的支持，但是通常也提出了很多排他性条款。

2. 商业模式特许经营（business format franchising）

商业模式特许经营，除了产品、服务、商标的授权以外，还包括整个商业模式的授权，如营销策划与计划、运营手册与标准、质量控制以及双方持续的沟通与交流等。特许人的赢利模式包括了加盟费、特许经营权使用费、附加产品的销售利润及其他服务性利润。美国商务部（DOC）将商业模式特许经营分布在 17 个部门：汽车产品与服务、商业辅助与服务、建筑家具维护与保洁、便利店、教育产品与服务、酒店、汽车旅馆、营地、洗衣与干洗服务、游艺、娱乐与旅行、汽车出租服务、设备与装备出租服务、餐馆、食品零售、非食品零售、其他。[①]

（二）我国学者对特许经营的分类

我国有学者将特许经营分为政府特许经营和商业特许经营。

1. 政府特许经营（concession）

政府特许经营是政府准许特定企业使用公共财产，或在一定地区享有经营某种特许业务的权利，强调事物和资源的授予，具有独占性质，经营者获得优厚的利益。

---

① 王晓民. 特许经营体系管理 [M]. 2 版. 北京：中国人民大学出版社，2017.

2. 商业特许经营（franchise）

一般而言，商业特许经营涵盖的范围较大。国务院 2007 年发布的《商业特许经营管理条例》第三条规定，商业特许经营是指拥有注册商标、企业标志、专利、专有技术等经营资源的企业（特许人），以合同形式将其拥有的经营资源许可其他经营者（被特许人）使用，被特许人按照合同约定在统一的经营模式下开展经营，并向特许人支付特许经营费用的经营活动。

按照被特许人经营范围的大小及商业模式的基本特征，商业特许经营可以分为如下几种。

（1）单店特许经营（single unit or direct unit franchise）。

单店特许经营指特许人将特许经营模式授权给指定被特许人经营一家特许经营门店的方式（图2-2-1）。单店特许经营具有对被特许人资金要求不高，且经营业务简单、易于管理的优势，便于招募被特许人。但是特许人后期对单店的支持、管理投入较大，同时由于被特许人自身的一些特殊需求，特许经营体系扩张速度会比较慢。

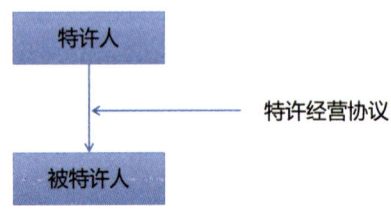

图 2-2-1 单店特许经营

（2）区域特许经营（area development franchise）。

区域特许经营是指特许人指定被特许人在特定地区及规定时间开设多个门店，且不能再授权给其他人的授权方式（图2-2-2）。

区域特许经营的优势是可以利用被特许人快速扩张特许经营体系，同时管理的被特许人比较少，管理成本较低，提高了管理效率。但是，在特许经营体系开发的过程中可能会受到某些实力雄厚的被特许人的牵制。

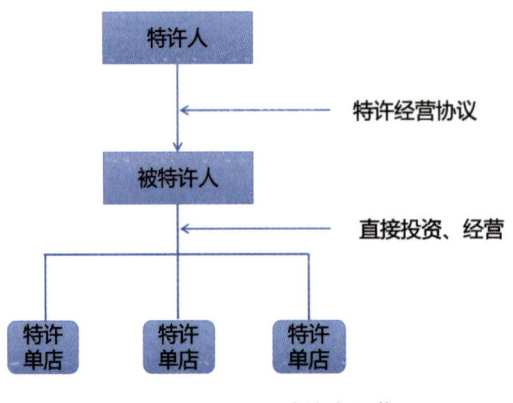

图 2-2-2 区域特许经营

（3）主级特许经营（master franchise）。

主级特许经营是指被特许人在特定地区及规定时间内既自营开设多家门店又享有将特许经营权再授予下一级被特许人，收取特许经营费权利的模式（图2-2-3）。该模式的特许经营对于提升特许经营体系的扩张速度也是有益的，往往在国际特许经营体系构建中比较常用，在国内市场中很少运用这类方式，主要是因为特许人对于再授权的被特许人不享有管理权利，较难全面控制特许经营体系。

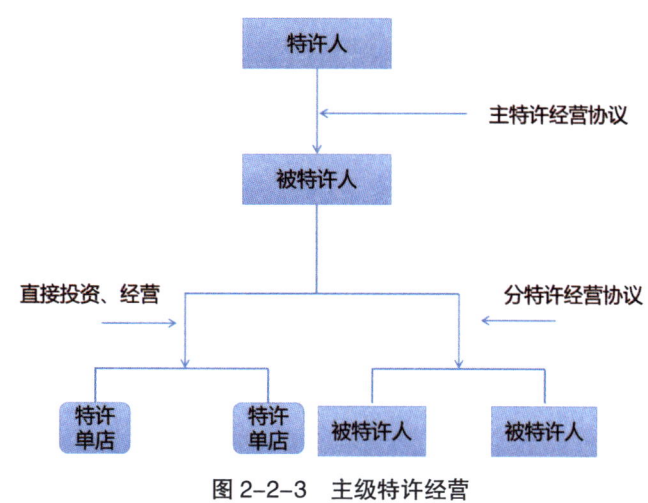

图 2-2-3　主级特许经营

案·例·分·享

嘉和一品：加盟模式创新

嘉和一品自 2012 年起依托强大的中央厨房生产能力及配送能力构建了强大的特许经营体系。企业一改传统的单店加盟及区域加盟模式，自 2016 年起开创了"合作联营"模式，即特许总部与被特许人共同出资，以有限合伙的合作模式开设并经营嘉和一品餐厅。

"合作联营"的运营方式是由特许总部作为普通合伙人，出资占股不低于 51%，全面负责店面的筹备和运营；被特许人作为有限合伙人出资占股不超过 49%，只负责出资，承担有限责任，定期对店面财务进行监督，对经营管理提出合理建议，享有分红收益。

二、特许经营权构成要素

特许经营权的构成要素可以从两个维度进行分析，一方面，可以从特许经营权中资产是否存在实物形态，分为有形资产要素和无形资产要素；另一方面，可以从特许人和被特许人的角度进行分类，分为基础性权益要素和限制性权益要素。

（一）有形资产要素和无形资产要素

1. 有形资产要素

特许经营权的有形资产要素是指与单店经营有关的一系列以具体物质产品形态为特征存在的资产要素，如指定被特许人店铺布局形态、设备、机器、原材料、辅料、产品生产的质量要求等。

2. 无形资产要素

特许经营权的无形资产要素是指没有实物形态可辨认的非货币性资产，包括企业文化和知识产权两项内容。

（1）企业文化。

企业文化又称组织文化，是一个组织由其价值观、信念、仪式、符号、处事方式等组成的特有的文化形象。企业文化包含三个层次，第一层次是最外显的物质文化，包括了商标、商号、产品外观、连锁企业门店形象等；第二层次为制度文化，包括特许经营企业的制度和流程、店铺赢利模式、店铺运营模式、加盟模式等相关内容；第三层次是精神文化层次，包括了企业精神、企业道德、管理制度和团体意识等相关内容（图2-2-4）。

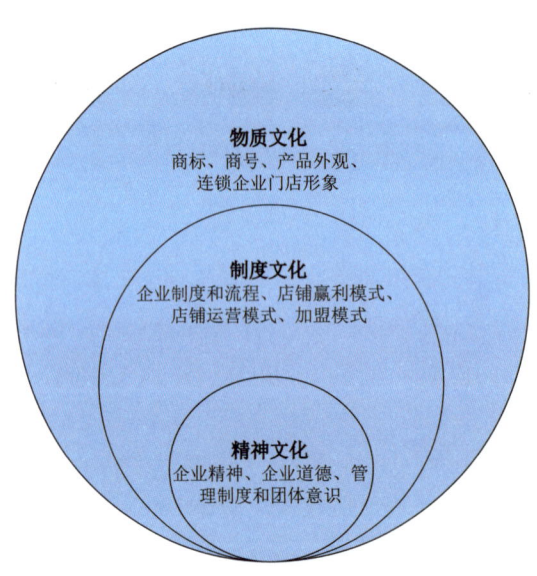

图 2-2-4　企业文化的层次

（2）与特许经营权相关的知识产权。

在特许经营合同中，特许人通常会对被特许人提出商标、专利、专有技术及著作权等相关知识产权的授权与使用的原则。

商标权是特许经营权的核心内容，指在商标的申请、许可使用过程中形成的一种权利义务关系。在特许经营的营销模式下，许可被特许人使用自己的注册商标，即"商标许可使用"。据《商业特许经营管理条例》第三条可知，企业拥有注册商标是合法开展特许经营合同的法律要件之一；第二十二条也规定了特许人应该对商标注册的情况予以披露。

专利权是对发明人合法权益的保护，专利保护的客体一般分为发明、实用新型和外观设计。在商业特许经营关系中会涉及专利权商业化运作中的专利许可，被特许人按照许可合同要求合法实施该专利技术，但是并不拥有该专利技术。

我国《中华人民共和国著作权法》规定，作品创作完成后就自动获得了著作权，著作权人可以自愿登记，以保护自身的知识产权。在商业特许经营关系中著作权的表现形式有店堂装饰、广告作品、讲义作品、软件、数据库及特许经营中涉及的如合同文本、经营手册、活动策划文案、维修指南、产品说明书、产品包装、网站资源以及赠品等。

（二）基础性权益要素和限制性权益要素

1. 基础性权益要素

基础性权益要素是针对特许人而言的，是指特许人在特许经营体系构建过程中特许经营体系的形象识别系统（商标、商号、品牌形象系统等）、商品及服务组合、单店运营模式、专利技术以及设施设备等。

2. 限制性权益要素

限制性权益要素是针对被特许人而言的，是指对被特许人在特许经营授权过程中在时间、开店区域、开店数量等方面的各类限制性要素。

三、特许经营权定价

（一）特许经营权定价的内容

特许人对被特许人收取的费用是特许经营权定价的直接表现，是特许人经济利润的主要来源，主要包括加盟费、权益金和保证金。

1. 加盟费

加盟费是被特许人为获得特许人的经营模式、注册商标、企业标志、专利、专有技术等经营资源的使用权而向特许人支付的一次性费用。

2. 权益金

由于特许人会对被特许人提供持续的服务和指导，被特许人需要根据特许经营合同的规定支付相应的特许经营权使用费及品牌使用费，即权益金。权益金的多少由特许经营关系管理中特许人提供服务和指导的质量、内容而定。一般有如下几种计算方法：

（1）比率计算法。

特许人按照被特许人每个月营业额收入的比例收取的权益金。为了避免被特许人恶意隐瞒实际营业额，特许人需要利用信息技术构建强大的财务系统，以此了解被特许人的经营情况。

（2）定额计算法。

特许人在特许经营合同中向被特许人要求的定额权益金。

3. 保证金

为确保被特许人履行特许经营合同，特许人或经特许人授权的企业向被特许人收取的履行保证款项。合同到期后，按合同约定退还被特许人。

（二）特许经营权定价目标

特许经营权定价目标如图 2-2-5 所示。

扩张目标	利润目标	销售目标	竞争目标	社会目标
维持生存 扩大规模 多品种经营	最大利润 满意利润 预期利润率	增加被特许人数量 保持和扩大市场占有率	稳定价格 应付竞争 质量领先	社会责任 社会营销 政策法规

图 2-2-5　特许经营权定价目标

1. 扩张目标

特许经营权定价过程中由于追求特许经营体系扩张，定价要体现规模经济效应，具体包括以维持企业生存为定价目标，以扩大企业规模为定价目标，以多品种经营为定价目标。

2. 利润目标

在定价决策中，利润目标是重要的依据和决定性因素之一，主要有如下几种类型。

（1）以获取最大利润为目标。

企业利润最大化有两种标准，第一是总量标准，即总收益与总成本之差最大的标准；第二是边际量标准，即边际收入等于边际成本时利润最大。企业实现利润最大化时价格是其中一个重要因素，它直接决定着总收益和边际收入，但价格要与成本相适应。因此，企业追求利润最大化为定价目标，并不等于价格越高，利润就会越大。

（2）以满意利润为最大目标。

满意利润是相对于最大利润而言的。实际中特许人将最大化利润作为一个理想标准，再以各种制约因素和约束条件进行修改，以使特许人感到满意的盈利水平作为具体的定价目标。

（3）以预期利润率为目标。

这是一种注重长期经济效益的定价目标，多为本行业中实力雄厚、竞争力强的企业采用。在以预期利润率为定价目标时，要全面考虑环境变化、市场竞争、通货膨胀和其他相关因素。

3. 销售目标

企业营销中不仅要以销定产，也要以销定价。

（1）以增加被特许人数量为定价目标。

一般而言，特许人为了增加被特许人数量，在定价时多采用降低市场价格的方法，以达到薄利多销的效果。

（2）以保持和扩大市场占有率为定价目标。

以价格手段来保持和扩大企业产品在同类市场中的份额和优势，为企业普遍采用，是一种常见的定价目标。

4. 竞争目标

特许人可以根据竞争对手产品的价格来决定和调整自己产品的价格，竞争目标常见的有三种：以保持和稳定价格为定价目标、以应付竞争为定价目标、以质量领先为定价目标。

5. 社会目标

社会目标也是企业定价目标的重要内容。社会目标具体包括以发展社会公共事业为定价目标、以社会营销观念为定价目标、以价格伦理和社会责任为定价目标。特许经营权的定价必须遵守国家的政策法令，在追求经济利益时，还要兼顾社会整体利益和广大消费者的需求。

　　需求价格弹性是指市场商品需求量对于价格变动做出反应的敏感程度。通常用需求量变动的百分比对价格变动的百分比比值，即以需求价格弹性系数来表示。基于需求价格弹性理论，针对特许经营权的特点，谈谈特许经营权需求价格弹性系数的取值范围。

（三）特许经营权定价方法

1. 成本导向定价法

以成本为中心的定价因素最为简单，也是企业最常用的定价方法。

（1）成本加成法。

成本加成定价即在估计的平均成本基础上加上一定比例的预期利润的一种定价方法，该方法适合于容易预估和计算成本的费用项目，如加盟费、设备、原材料等相关的费用。

比如，加盟金计算需要考虑特许人开发特许经营权的成本、特许人期望的利润，同时可以考虑一定的加盟费调节系数。

$$IF = f(C, P, \alpha)$$

式中，IF——加盟金；

　　　C——特许人开发特许经营权的成本；

　　　P——特许人期望的利润；

　　　α——加盟费调节系数。

（2）目标定价法。

目标定价法是根据预估的收入或者分摊的数量来进行定价的一种方法，如广告费用就属于比较容易进行价格分摊的项目。

2. 需求导向定价法

（1）理解价值定价法。

"理解价值"，也称"感受价值"或"认知价值"，是由潜在被特许人对某种特许经营权价值的主观评判来定的。由于理解价值是一种主观意识，所以当特许人较难确定特许经营权开发成本的时候可以采用这种定价方法。

（2）需求差异定价法。

需求差异定价法是指价格的确定以需求为依据，在同一市场上制定两个或两个以上的价格。

根据需求特性的不同，通常有以下几种形式。

以用户为基础的差别定价。对同一产品针对不同的用户或顾客，制定不同的价格。比如，针对该地区的第一个被特许人和其他被特许人、单店被特许人和区域被特许人制定不同的价格。

以地点为基础的差别定价。在特许经营战略扩张的过程中，为了平衡不同市场，特许人可以根据区域的重要程度，如一线、二线城市和三线、四线城市的不同，制定不同的价格。

以时间为基础的差别定价。特许人在不同时期制定不同的价格，如在品牌知名度不是很高的情况下，可以制定较低的特许经营费用，在品牌成熟后再提高特许经营费用。

 知·识·链·接

利用维华对角差值均等算法计算加盟费

维华对角差值均等算法是指在确定了最高和最低的特许加盟费之后，补充完整不同市场以及不同店铺规模的所有加盟费的方法。具体计算步骤如下：

第一步，建立两维度费用表，一个维度为特许加盟店所在的城市，一个维度为特许加盟店的规模，同时确定最高价和最低价（表2-2-1）。

表 2-2-1　两维度费用表

店铺规模（m²）	一线城市	二线城市	三线城市	四线城市
200 以上	20			
100～200				
100 以下				5

第二步，确立表格中左下角和右上角的值，该值为最大值和最小值的均值，即（20＋5）/2＝12.5（表2-2-2）。

表 2-2-2　两维度费用表（计算过程 1）

店铺规模（m²）	一线城市	二线城市	三线城市	四线城市
200 以上	20			12.5
100～200				
100 以下	12.5			5

第三步，确立第一行和第三行的横向值（表 2-2-3）。

（1）确立差值，差值＝（最大值－最小值）/（列数－1）。

（2）确立横向中相关加盟费，下一级加盟费＝上一级加盟费－差值。

从上述案例来看，差值＝（20－12.5）/（4－1）＝2.5，

200m² 以上规模二线城市加盟费＝20－2.5＝17.5，

200m² 以上规模三线城市加盟费＝17.5－2.5＝15。

100m² 以下规模二线、三线城市加盟费计算同理。

表 2-2-3　两维度费用表（计算过程 2）

店铺规模（m²）	一线城市	二线城市	三线城市	四线城市
200 以上	20	17.5	15	12.5
100～200				
100 以下	12.5	10	7.5	5

第四步，确立第一列和第四列中间值（表 2-2-4）。

第一列中间值＝（第一列最大值＋第一列最小值）/2＝（20＋12.5）/2＝16.25，

第四列中间值＝（第四列最大值＋第四列最小值）/2＝（12.5＋5）/2＝8.75。

表 2-2-4　两维度费用表（计算过程 3）

店铺规模（m²）	一线城市	二线城市	三线城市	四线城市
200 以上	20	17.5	15	12.5
100～200	16.25			8.75
100 以下	12.5	10	7.5	5

第五步，确立中间行的横向值，剩余最后一行的加盟费计算步骤与第三步一致（表 2-2-5）。

从本案例来看，

100～200m² 二线城市加盟费＝16.25－［（16.25－8.75）/（4－1）］＝13.75，

100～200m² 三线城市加盟费＝13.75－［（16.25－8.75）/（4－1）］＝11.25。

表 2-2-5　两维度费用表（计算过程 4）

店铺规模（m²）	一线城市	二线城市	三线城市	四线城市
200 以上	20	17.5	15	12.5
100～200	16.25	13.75	11.25	8.75
100 以下	12.5	10	7.5	5

（3）反向定价法。

反向定价是指特许人根据被特许人能接受的价格，计算自己从事对应经营的成本和利润，逆向推算出分摊到每一个被特许人身上的费用，这类定价比较适用于如广告基金的定价。

3. 竞争导向定价法

竞争导向定价法是以市场同行业竞争对手的价格为主要依据，根据应对竞争或避免竞争的要求来制定价格的方法。特许人在定价过程中可以参照竞争对手的价格水平及行业平均价格水平，根据自身的品牌影响力、特许经营权开发成本等情况确定一个高于、等于或者低于竞争对手或行业平均水平的价格。

四、特许经营合同

（一）特许经营合同的概念

根据《中华人民共和国民法典》相关规定，合同是在民事主体之间设立、变更、终止民事法律关系的协议。特许经营合同也称为特许经营合约、特许合约，是加盟双方为明确各自在特许经营过程中的权利和义务，确定双方特许经营关系而签订的一种法律契约。

1. 特许经营合同的主体

特许经营合同的主体是指特许经营合同中的特许人和被特许人，他们是相互独立的法律主体。特许经营合同明确了特许经营活动中特许人与被特许人在自愿、公平、诚实信用的原则下双方的义务及权利。

2. 特许经营合同的客体

特许经营合同的客体是指特许经营权的授权内容。主要包括了特许经营权的授权范围、授权内容及授权标的。

（1）授权范围。

时间范围。特许经营授权期限指特许经营合同的有效期限，特许合同期限短则一年两年，长则十年八年，最长可达二十年，通常为三至五年。合同期限的长短与行业特点、加盟店的投资额、投资回收期等因素有关，在合同中应明确是否自动续约、续约时的相关费用及约束条件。

地域范围。特许经营合同通常会明确规定特许经营权的地域范围，明确被特许人在该授权地域的权利，负责任的特许人还会将某些地域范围设定为该加盟商的商圈保护范围，即规定不可在该地域范围发展其他加盟商或限制发展加盟商的数量。商圈保护范围的设定方式通常有以店址为圆心某半径内的区域、按行政区域划分、在地图上直接标明、指定某卖场等。商圈保护条款限制了特许人在一个地域内随意发展加盟店，避免造成同一体系内店铺间的恶性竞争。

权属范围。权属范围指特许人授权被特许人在规定的时间和地域内开设网点的数量、是否可以再授权和转让。

（2）授权内容。

授权内容是指通过特许经营合同明确特许人授权的经营业务及限制的经营业务，是对特许人拥有的注册商标、企业标志、专利、专有技术等经营资源的法律保护。

（3）授权标的。

授权标的是合同的必要条款，是合同当事人权利义务共同指向的对象。特许经营合同中明确了特许人与被特许人在商标权、著作权、专利权、专有技术等内容的时间、地域及权属范围。

（二）特许经营合同的主要内容

特许经营活动是以合同形式将其拥有的经营资源许可其他经营者使用。根据《商业特许经营管理条例》第十一条规定，特许经营合同应当包括下列主要内容。

① 特许人、被特许人的基本情况。

② 特许经营的内容、期限。

③ 特许经营费用的种类、金额及其支付方式。

④ 经营指导、技术支持以及业务培训等服务的具体内容和提供方式。

⑤ 产品或者服务的质量、标准要求和保证措施。

⑥ 产品或者服务的促销与广告宣传。

⑦ 特许经营中的消费者权益保护和赔偿责任的承担。

⑧ 特许经营合同的变更、解除和终止。

⑨ 违约责任。

⑩ 争议的解决方式。

⑪ 特许人与被特许人约定的其他事项。

1. 特许人的权利

① 为确保特许经营体系的统一性和产品、服务质量的一致性，按照合同约定对被特许人的经营活动进行监督。

② 对违反特许经营合同规定，侵犯特许人合法权益，破坏特许经营体系的被特许人，按照合同约定终止其特许经营资格。

③ 按照合同约定收取特许经营费用和保证金。

④ 合同约定的其他权利。

2. 特许人的义务

① 按照《商业特许经营管理条例》有关规定及时披露信息。

② 将特许经营权授予被特许人使用并提供代表该特许经营体系的营业象征及经营手册。

③ 为被特许人持续提供经营指导、技术支持、业务培训等服务的具体内容、提供方式和实施计划。

④ 按照合同约定以合理价格及时为被特许人提供货物供应。除专卖商品及为保证特许经营品质必须由特许人或者特许人指定的供应商提供的货物外，特许人可以规定其应当达到的质量标准，提出若干供应商供被特许人选择，但特许人不得强行要求被特许人接受其货物供应。

⑤ 特许人对其指定供应商的产品质量应当承担保证责任。

⑥ 合同约定的促销及广告宣传。

⑦ 合同约定的其他义务。

3. 被特许人的权利

① 获得特许人授予的注册商标、商号、专利、专有技术、著作权、经营模式等经营资源。

② 获得特许人提供的培训和指导。

③ 按照合同约定的公平价格，及时获得由特许人提供或安排的货物供应。

④ 获得特许人统一开展的促销支持。

⑤ 合同约定的其他权利。

4. 被特许人的义务

① 按照合同的约定开展营业活动。

② 支付特许经营费用、保证金。

③ 维护特许经营体系的统一性，未经特许人许可不得转让特许经营权。

④ 向特许人及时提供真实的经营情况、财务状况等合同约定的信息。

⑤ 接受特许人的指导和监督。

⑥ 保守特许人的商业秘密。

⑦ 合同约定的其他义务。

（三）特许经营合同的法律约束

1. 信息披露

为维护特许人与被特许人双方的合法权益，《商业特许经营管理条例》第二十条、第二十一条和第二十二条对特许人提出了需要进行信息披露的要求及披露的内容。第二十三条规定：特许人向被特许人提供的信息应当真实、准确、完整，不得隐瞒有关信息，或者提供虚假信息。特许人向被特许人提供的信息发生重大变更的，应当及时通知被特许人。特许人隐瞒有关信息或者提供虚假信息的，被特许人可以解除特许经营合同。商务部于 2012 年 2 月 23 日公布了《商业特许经营信息披露管理办法》，其中第六条指出：特许人在推广、宣传活动中，不得有欺骗、误导的行为，发布的广告中不得含有宣传单个被特许人从事商业特许经营活动收益的内容。

特许经营授权过程中的信息隐瞒①

钱立刚申请注册了"神炖局"商标，并授权给了二恒大众赢公司使用，后二恒大众赢公司授权上海百索餐饮有限公司（以下简称"百索餐饮"）在上海使用"神炖局"商标，百索餐饮又授权陈施弘在舟山开设一家"神炖局"的餐饮门店。

2018 年 5 月二恒大众赢公司通知陈施弘，称其无权使用"神炖局"商标。于是陈施弘将百索餐饮告上法庭。法院认为按照《商业特许经营管理条例》第二十三条中提到了特许人向被特许人提供的信息应当真实、准确、完整，不得隐瞒有关信息，或者提供虚假信息。百索餐饮不享有"神炖局"商标在上海以外的使用、许可和权利，不完全享有特许经营活动所必需的经营资源。因此，百索餐饮授权陈施弘的品牌使用合同为无效合同，需要返还加盟费和押金，并予以赔偿。

2. 冷静期

《商业特许经营管理条例》第十二条规定：特许人和被特许人应当在特许经营合同中约定，被特许人在特许经营合同订立后一定期限内，可以单方解除合同。《北京市高级人民法院关于审理商业特许经营合同纠纷案件适用法律若干问题的指导意见》第十八条进一步提出，"特许人和被特许人在特许经营合同中约定或者通过其他形式约定被特许人在特许经营合同订立后一定期限内可以单方解除合同的，从其约定。特许人和被特许人未约定被特许人在特许经营合同订立后一定期限内可以单方解除合同的，被特许人在特许经营合同订立后的合理期限内仍可以单方解除合同，但被特许人已经实际利用经营资源的除外。"两个法律制度中提出的"特许经营合同订立后一定期限内"即为"冷静期"。"冷静期"仅仅指初次签订特许经营合同阶段，由于客观上特许人与被特许人不平等，"冷静期"的法定要求是对被特许人的保护。

陈文君与上海燊博生物科技有限公司特许经营合同纠纷②

原告陈文君与被告上海燊博生物科技有限公司（简称"燊博公司"）签订了特许经营合同，授权获得"茶里茶里"的商标使用权，合同为格式条款，在该合同中提到陈文君可以在签订合

---

① 案例出处：（2018）浙 0903 民初 3180 号。
② 案例出处：（2018）沪 0104 民初 8537 号。

同后的 1 日内单方面解除合同。之后，陈文君发现被告不享有该商标的所有权且没有相关商业运营管理的经验和资质。特许经营合同签订后，上海燊博生物科技有限公司并未向陈文君提供实际的奶茶制作技术及运营管理方面的培训。因此原告陈文君认为合同中约定提供的经营资源未被使用，可以依法在一定时期内单方面解除合同。

上海燊博生物科技有限公司不同意解除涉案合同，要求继续履行。陈文君有权在签订合同后的 1 日内单方面解除合同，但是涉案合同约定的期限内，陈文君未向燊博公司提出单方解除合同的要求，故陈文君于本案中提出的单方解除合同主张应不予支持。若法院判决解除合同，燊博公司已经向陈文君提供了选址服务，不应退还全部的费用。

本案中，双方在协议中约定陈文君有权在签订合同后的 1 日内单方面解除合同，而该协议采用的是燊博公司的格式条款订立的合同。燊博公司在格式条款中约定了 1 日"冷静期"，但其未能证明该条款系经双方协商，陈文君自愿接受该期限的限制，亦未能证明其就该限制性约定对陈文君进行了合理的提醒，且该条款限制了陈文君作为被特许人所享有的单方解除权的行使，故"1 日""冷静期"对陈文君不产生约束力，陈文君仍可在合理期限内提出单方解除权。

3. 商业秘密

商业秘密，是指不为公众所知悉、具有商业价值并经权利人采取相应保密措施的技术信息、经营信息等商业信息。特许经营合同的核心是无形资产的许可使用，其中特许人的经营诀窍、专有技术、专利等均涉及商业秘密。

为此，《商业特许经营信息披露管理办法》第七条要求特许人向被特许人披露信息前，有权要求被特许人签署保密协议。也就是说，被特许人须在签署保密协议的前提下，才可以获得特许人的相关商业秘密信息。《商业特许经营管理条例》第十八条规定：被特许人不得向他人泄露或者允许他人使用其所掌握的特许人的商业秘密。

4. 竞业禁止

为了有效保护特许人的权益，特许经营合同对被特许人规定了竞业禁止条款，要求被特许人在特许经营合同终止之后的一定时期和地域范围内不得从事相同或类似的经营业务。

商业特许经营授权调研

任务背景

上海泰奇食品有限公司是一家经营食品生产、食品研发及烘焙技术的咨询服务公司，现想向社会提供特许经营授权。请同学在对同类品牌授权企业进行调研的基础上为该品牌设计合适的特许经营权授权方案。

任务描述

以该企业为调研对象，了解其商业特许经营授权类型、商业特许经营构成要素、商业特许经营权定价信息。同时，进行课堂模拟，拟定商业特许经营合同，提出在特许经营授权过程中的法律保护。

任务实施

第一步，画出该特许人商业特许经营权的授权类型。

第二步，写出商业特许经营授权过程中的构成要素，可以从有形资产要素和无形资产要素角度进行分析，也可以从基础性权益要素和限制性权益要素角度进行分析。

第三步，通过调研，梳理商业特许经营授权定价的逻辑及方法。

第四步，模拟合同签订，并讨论合同签订的要点。

 任务评价

学生自评模块

序号	技能点	佐证	达标	未达标
1	熟悉商业特许经营权授权类型	能够通过调研准确画出商业特许经营权的授权类型		
		能够通过调研准确用文字说明商业特许经营权的授权类型		
2	了解商业特许经营授权过程中的构成要素	能够通过调研准确写出无形资产要素		
		能够通过调研准确写出有形资产要素		
		能够通过调研准确写出基础性权益要素		
		能够通过调研准确写出限制性权益要素		

续表

序号	技能点	佐证	达标	未达标
3	掌握商业特许经营权的定价方法	能够通过调研准确描述企业商业特许经营权的定价思路		
		能够通过调研准确描述企业商业特许经营权的定价方法		
4	撰写商业特许经营合同	能够通过调研，模拟商业特许经营合同签订		
		能够准确说出商业特许经营合同的法律约束及规范要点		

序号	素质点	佐证	达标	未达标
1	法治意识	能够基于《中华人民共和国价格法》《中华人民共和国民法典》《商业特许经营管理条例》的相关条款内容进行商业特许经营权调研		
2	团队合作精神	能够和团队成员共同协商、共同完成实训任务		

教师评价表

序号	技能点	佐证	达标	未达标
1	熟悉商业特许经营权授权类型	能够通过调研准确画出商业特许经营权的授权类型		
		能够通过调研准确用文字说明商业特许经营权的授权类型		
2	了解商业特许经营授权过程中的构成要素	能够通过调研准确写出无形资产要素		
		能够通过调研准确写出有形资产要素		
		能够通过调研准确写出基础性权益要素		
		能够通过调研准确写出限制性权益要素		
3	掌握商业特许经营权的定价方法	能够通过调研准确描述企业商业特许经营权的定价思路		
		能够通过调研准确描述企业商业特许经营权的定价方法		
4	撰写商业特许经营合同	能够通过调研，模拟商业特许经营合同签订		
		能够准确说出商业特许经营合同的法律约束及规范要点		

序号	素质点	佐证	达标	未达标
1	法治意识	能够基于《中华人民共和国价格法》《中华人民共和国合同法》《商业特许经营管理条例》的相关条款内容进行商业特许经营权调研		
2	团队合作精神	能够和团队成员共同协商、共同完成实训任务		

项目3 特许经营门店经营体系设计

项目导学

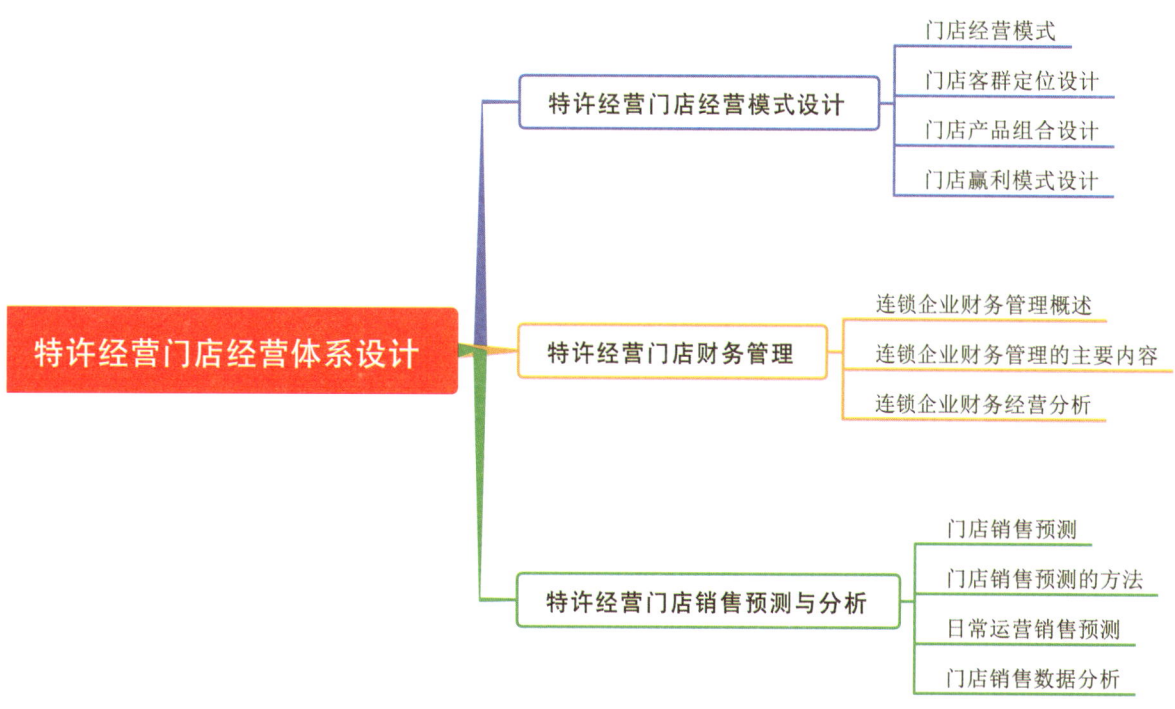

特许经营门店经营体系设计
- 特许经营门店经营模式设计
  - 门店经营模式
  - 门店客群定位设计
  - 门店产品组合设计
  - 门店赢利模式设计
- 特许经营门店财务管理
  - 连锁企业财务管理概述
  - 连锁企业财务管理的主要内容
  - 连锁企业财务经营分析
- 特许经营门店销售预测与分析
  - 门店销售预测
  - 门店销售预测的方法
  - 日常运营销售预测
  - 门店销售数据分析

任务1 特许经营门店经营模式设计

 主要概念

门店类型、门店功能、目标客户、赢利模式、市场细分、市场定位、产品组合、经济利润、会计利润、正常利润、入店客流量、购买转化率、客单价、固定成本、变动成本、毛利。

 学习目标

〔知识目标〕

★ 了解不同类型门店的相关概念；

★ 了解门店经营的目标；

★ 掌握门店经营模式设计的基本内容；

★ 了解目标客户的含义；

★ 熟悉不同的利润类型；

★ 掌握细分标准的内容；

★ 熟悉市场细分的方法；

★ 了解产品组合的概念；

★ 掌握产品组合的构成要素；

★ 掌握静态的产品组合策略；

★ 掌握动态的产品组合策略；

★ 掌握利润提升的策略。

〔能力目标〕

★ 能够基于总部经营理念进行门店客群定位设计；

★ 能够基于总部经营理念，利用 ABC 分类法进行产品经营结构分析；

★ 能够基于总部经营理念，利用四象限商品分类分析进行产品经营结构分析；

★ 能够基于总部经营理念，设计门店赢利模式。

〔素养目标〕

★ 通过门店经营模式设计，培养学生收集和处理信息的能力；

★ 通过门店经营模式设计，培养学生的创新思维能力；

★ 通过门店经营模式设计，培养学生良好的沟通及合作交流能力。

 任务导入

蔡澜港式点心专门店的创新模式

蔡澜港式点心专门店是从产品、用户体验和空间设计多个维度考虑新时代消费者需求的港式点心连锁餐饮店铺。

1. 顾客定位

在现今快节奏的生活背景下，许多都市年轻人过着一个人上班、一个人下班的生活，为了给城市中辛苦的白领们带去一丝慰藉，蔡澜港式点心提出了"一个人吃刚刚好"的经营理念，推出了"一人食"系列点心。

2. 产品定位

蔡澜港式点心在产品设计部分忠于"传统"，敢于"创新"，通过多次尝试、创新、改良，将传统与现代结合，推出了许多原创产品，如酥皮山楂叉烧包、香草脆鲜奶、赛螃蟹凤眼饺、陈皮牛肉狮子头、一口和牛汉堡等。

3. 独特的精英模式

通过对消费者的洞察，蔡澜港式点心专门店在服务上也做了很大的创新，如定制餐具、一人食系列、加热蒸笼，为顾客提供个性化、更贴心的用餐体验。

 任务解析

蔡澜港式点心专门店如今已经成为消费者们的时尚打卡地，其翻台率在一些旗舰店达到了月平均 12 轮之多，营业收益较高。这得益于品牌在经营模式上的有效设计。通过本任务的学习，有助于读者明确特许连锁门店客群定位设计、产品组合设计及赢利模式设计的主要内容。

知 识 准 备

一、门店经营模式

（一）门店的相关概念

特许经营属于连锁经营的一种经营模式。特许经营企业的门店是指经营同类商品、使用统一商号的若干门店，在特许总部统一管理下，以特许权授权的方式进行日常经营与管理活动，实现规模效益的经营组织形式。

1. 门店的类型

根据企业经营战略和目标不同，特许经营企业门店有零售业态门店、餐饮业态门店和服务业态门店。

（1）零售业态门店。

① 超级市场。超级市场实行敞开式售货，由顾客自我服务的零售商店，其门店以经营生活用品和生鲜食品为主，按照不同的经营品类进行商品区域的划分。

② 仓储式超市。仓储式超市是一种带有批发性质的大卖场，该类门店实行会员制，采用量贩式经营的方式获得稳定的顾客群体。

③ 便利店。便利店是以经营及时性商品为主，满足便利性需求的自选式购物的小型零售店铺，满足顾客应急性、便利性需求。

④ 专业店。专业店以经营某一大类商品为主，具备丰富专业知识的销售人员，提供适当售后服务，满足消费者对某大类商品选择需求的零售业态。

⑤ 专卖店。专卖店是指专门经营或授权某制造商品牌或中间商品牌，以适应消费者对品牌选择需求的一种零售业态。

⑥ 百货商店。百货商店以中高端消费者、追求时尚的年轻人和流动人口为目标客户，其门店采取柜台式与自选式相结合的方式，服务功能齐全，商品价格一般较高，经营面积较大，商品种类丰富。

（2）餐饮业态门店。

① 快卖连锁店。快卖连锁店是以柜台式销售为主，配以简单服务功能的餐饮店，这类店铺的食品品种单一，操作简单。

② 快餐连锁店。快餐连锁店以餐桌服务和柜台式销售相结合的餐饮业态店铺，主要供应午餐和晚餐，提供简单的服务。

③ 专卖连锁店。专卖连锁店以柜台式销售为主的食品零售店，主要销售一个品牌或系列包装的特色食品。

④ 休闲连锁店。该类餐饮店铺的功能相对比较多，包括环境、服务人员、食品清洁度和食品质量，一般满足消费者日常休闲的需求。

（3）服务业态门店。

① 专业服务连锁门店。专业服务连锁门店是提供生活类专业服务的实体门店，如美容美发连锁门店、洗衣连锁门店等。

② 租赁连锁门店。租赁连锁门店是提供租赁服务的实体门店，提供各种实体商品的租赁服务，如汽车租赁、图书租赁等。

③ 培训连锁店。培训连锁店是提供各种培训服务的实体门店，产品主要是各种培训服务，如语言培训、舞蹈培训等。

④ 体验式服务门店。体验式服务门店是提供各种需要消费者进行过程体验服务的实体门店，产品主要为各种旅游娱乐的服务项目，如连锁电影院、连锁健身中心等。

⑤ 咨询连锁门店。咨询连锁门店是提供信息的中介、居间或代理服务的实体门店，产品为各

种咨询服务，如房产中介、婚姻中介、财务中介等。

2. 门店的功能

门店是特许经营企业的重要构成部分，其主要功能包括以下四个方面。

销售功能：门店是特许经营企业的终端销售网店，承担着商品、服务销售的重要功能。

市场调查功能：调查店铺所在区域的商圈商业环境及顾客需求。

现场管理功能：门店是特许经营体系布局与陈列管理、收银管理及客户服务管理等现场管理的重要载体。

库存管理功能：门店承担着店铺商品进、销、存管理的重要职责。

3. 门店经营的目标

门店经营的目标是完整地把特许连锁经营体系的目标、计划和具体的要求体现在日常的经营管理过程中，从而实现企业利润最大化的经营目标。门店经营的目标主要有两个方面：

（1）营业收入最大化。

当门店的运营成本最大化的时候，营业收入最大化意味着门店利润最大化。提高门店收入的途径主要有两个方面：提高客单价和提高交易次数。门店可以基于标准化经营作业要求，运用合理的促销手段提高营业收入。

（2）运营成本最小化。

如果说营业收入属于"开源"，那么成本控制就属于"节流"的环节，门店没有做好"节流"工作，再多的努力也是白费的。相反，如果做好了成本控制，将损耗保持在最低的水平，也可以在营业收入不稳定的过程中实现利润最大化。

（二）门店经营模式设计的基本内容

特许经营企业门店经营模式设计的内容主要包括目标客户定位、商品组合设计及赢利模式设计。

1. 目标客户定位

目标客户是指企业提供产品或服务的对象，目标客户有如下特点。[①]

（1）对产品有需求和购买能力。

对企业的产品有需求和购买能力是目标客户最基本的特征。

（2）有使用的时间或者空间。

除了对产品有需求和购买能力之外，目标客户还必须有时间或者空间去使用商品或享受服务，从而确保消费行为的持续性。

（3）能够做决定或者影响购买决策。

顾客的购买角色具有多样性的特征，而目标客户往往是在达成消费行为的过程中具备了最终决策权的客户。

---

① 刘勇为. 全网整合营销（策划、推广、二次成交的营销实战全案）[M]. 北京：中国经济出版社，2019：89-90.

知·识·链·接

客户角色的多样性

根据参与购买行为的角色不同,可以将客户分为发起者、影响者、决策者、购买者和使用者。

发起者：首先提出购买某种产品或服务的人。

影响者：对购买过程提出看法或建议并对最终决策有一定影响的人。

决策者：对购买过程起完全或大部分决定作用的人,他可以决定是否买、为何买、如何买、在哪里买等问题。

购买者：具体实施购买行为的人。

使用者：实际消费或使用产品和服务的人。

2. 商品组合设计

特许经营企业总部设计适合于目标客户的商品组合,会给企业带来丰富的利润空间。

3. 赢利模式设计

门店的赢利模式根据不同业态的店铺类型而定,其利润来源于商品、服务、物业或者是财务管理。

（1）商品利润。

商品利润是指商品销售售价和进货成本之间形成的差价。

（2）服务利润。

服务利润是指门店通过各种物料、信息、物理空间等的整合或再加工所形成的提供给客户的附加值。

（3）物业利润。

物业利润是指门店将店铺部分物理空间租赁给其他商家或以部分物理空间与其他商家联营所获得的利润。

（4）财务利润。

财务利润是通过财务管理和财务经营为企业直接和间接创造的利润。对于门店经营来说,财务利润指的是通过财务管理活动形成的利润。

二、门店客群定位设计

门店客群定位是门店运营管理中一个重要的概念,对于特许经营体系单店运营而言,明确了门店客群有助于门店在经营过程中做到精准营销,提升销售额和门店整体运营能力。

精准营销

精准营销，即精准分析客户的价值点，增大老客户黏性，加强互动，维系好核心客户，并在他们身上挖掘更多消费潜能，致力于提升店铺经营的KPI。终端门店通过数据分析，根据客户综合价值进行客户分层，依据自身所处的发展状况，甄选目标客群，通过"量身定制"式的营销活动设计，借助全渠道营销网络传递信息，激发目标客群回店消费，最终促使终端店铺达成预期目标。

（一）门店客群描述

门店客群描述是基于市场细分进行的。市场细分是特许经营企业按照某种标准将市场上的顾客划分成若干个顾客群，每一个顾客群构成一个子市场，不同子市场之间，需求存在着明显的差别。

1. 门店客户群细分标准

门店客户群细分标准如表3-1-1所示。

表3-1-1　门店客户群细分标准

地理	地区或国家	北美、西欧、中东、太平洋、中国、印度等
	区域	北部、南部、东部、西部、中部
	城市规模	大、中、小
	人口密度	城市（大）、郊区或乡村（小）
	气候	干燥、湿润
人口	年龄	6岁以下、6～11岁、12～19岁、20～34岁、35～49岁、50～64岁、65岁以上
	性别	男、女
	家庭人口	1～2人、3～4人、5人以上
	家庭生命周期	单身阶段、新婚阶段、满巢阶段、空巢阶段、退休阶段、鳏寡阶段
	收入	高、中、低
	职业	医生、律师、教师、编辑、设计师等
	教育	小学、中学、大学及以上
	宗教	佛教、天主教、伊斯兰教及其他
	种族	华裔、印度裔、马来裔及其他
	年代	1960年代、1970年代、1980年代、1990年代、千禧年代
	国籍	中国、美国、英国、俄罗斯等

心理因素	社会等级	国家与社会管理阶层、经理人阶层、私营企业阶层、专业技术人员阶层、个体户阶层、商业服务业员工阶层、产业工人阶层、农业劳动者阶层
	生活方式	文化导向型、运动导向型、户外导向型
	个性	孝顺、善于交际、独裁、野心勃勃
行为因素	使用时机	常规使用、特殊时期使用
	利益偏好	质量、服务、经济、方便、速度
	用户状况	从未使用、曾经使用过、潜在用户、首次使用、经常使用
	使用率	使用较少、使用较多、大量使用
	忠诚度	无、一般、强烈、绝对
	潜在意向	不知道、知道、清楚知道、有兴趣、想得到、准备购买
	对产品的态度	热情、积极、不关心、消极、敌视

2. 门店客群细分的方法

（1）单一因素法。

单一因素法是按照影响消费需求的某一因素进行市场细分，如服装特许经营企业以性别作为细分标准，某奶茶特许经营企业将口感作为细分标准。

（2）主导因素法。

主导因素法是当一个市场的细分存在众多影响因素时，可以从消费者的特征中寻找和确定主导因素，然后结合其他因素确定细分的目标市场。无论是主导因素中存在差异还是从属因素中存在差异，都可以进一步进行市场细分而产生新的细分市场。主导因素法进行市场细分，其操作上简单易行，但难以反应复杂多变的顾客需求。例如，某服装特许经营企业，先以性别作为主导因素，确认品牌销售的是女装，然后再将年龄、职业、气候等因素作为从属因素。

（3）综合因素法。

综合因素法是以影响消费需求的两个或两个以上的因素为标准进行综合的市场细分。综合因素法从多方面对市场进行细分，适用于多个因素综合影响导致需求存在异质性的产品。例如，汉堡王的消费者主体是年龄在 28 岁至 34 周岁，胃口很大的男性，这就选择了年龄、使用量及性别这些综合因素。

（4）系列因素法。

系列因素法是企业将影响需求倾向的多种因素按一定顺序，对市场进行由大到小、由粗到细的细分。系列因素法细分适用于影响因素较多，企业需要通过逐层、逐级辨析寻找适宜市场的情况，该方法使目标市场明确而具体。

3. 门店客群细分市场评估

细分市场评估是企业通过收集客群的基本信息，建立客群模型来实现的，具体步骤如下。

第一步，根据本行业顾客的特征，基于细分标准定量设定若干个等级，具体如表 3-1-2 所示。

表 3-1-2　某棉麻类服装专卖店客群选择

等级标准	年龄	受教育程度	月收入（元）	利益追求
1	18 周岁以下	初中及以下	5000 以下	低舒适度
2	19 ～ 22 岁	高中	5000 ～ 8000	较低舒适度
3	23 ～ 28 岁	大专	8001 ～ 10000	一般舒适度
4	29 ～ 40 岁	本科	10001 ～ 20000	较高舒适度
5	40 岁以上	硕士及以上	20000 以上	高舒适度
选择决策	4	3	3	5

第二步，确定某个备选目标客群在各种细分市场上的得分，如某个目标市场的得分是，年龄是 4 分、受教育程度是 3 分、月收入是 3 分、利益追求是 5 分。

第三步，根据以上得分制作雷达图，构建目标客群模型（图 3-1-1）。

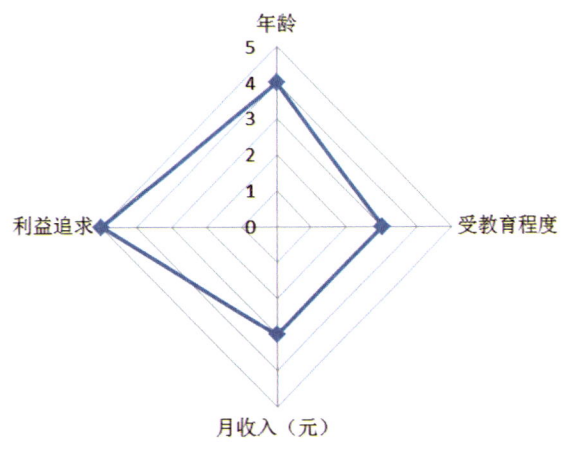

图 3-1-1　目标客群模型

（二）门店客群定位

门店客群定位是在分析竞争对手的基础上，结合自身的优势和劣势，对目标客群进行精准定位，最终确定可以提供给该用户群体的产品和服务范围，并深入分析，锁定其核心价值，形成自身竞争优势。

案·例·分·享

丝芙兰目标客户定位

丝芙兰是一家全球奢侈品牌公司，全面提供护肤、美容、香水、彩妆类的产品。

1. 轻奢市场的消费行为分析

根据 2014—2017 年中国轻奢市场的消费现象分析，所得结论如下：第一，男士产品及男性受众发展遇到一定瓶颈；第二，使用移动端进行购物的消费群体数量激增；第三，相比大众品牌，高端品牌关注度日益增加，并且受众明显对头部品牌产生集中关注；第四，相比较功能、产品和口碑，消费者对价格的敏感度逐步降低。因此，轻奢市场是一个注重功效的高端女性市场。

2. 基于利益偏好的人群细分

丝芙兰将企业消费者细分为潜在人群、产品人群和品牌人群。潜在人群是指无购买意向，想要了解丝芙兰品牌或购买意向低的消费者；产品人群是指购买目的明确，有较强购买意向的消费者；品牌人群是指对于品牌认知度较高，购买目的明确、意向度高的消费者。

3. 基于客户行为及利益偏好的人群策略

基于潜在人群、产品人群及品牌人群的特点，进一步对客户行为和利益偏好进行细分，将客户定位于美妆兴趣目标群体、购买过丝芙兰的群体、潜在购物消费群体、折扣类意向群体和手机平台消费群体。

首先，针对美妆兴趣目标群体、购买过丝芙兰的群体、潜在购物消费群体，丝芙兰通过网页关键词优化、进行主题产品推荐、与"开机小助手"合作，进行资源全景投放，最大量级开展活动。

其次，针对折扣类意向群体和手机平台消费群体，通过企业 App 预热，累积客户激活量，为大规模促销做准备。

客群画像标签体系

不同于基于特许连锁企业总部战略层面的用户画像体系，门店客群画像标签体系是基于管理和技术实现层面的。

把标签分成不同的层级和类别，一是方便管理数千个标签，让散乱的标签体系化；二是维度并不孤立，标签之间互有关联；三可以为标签建模提供标签子集。梳理某类别的子分类时，尽可能遵循 MECE（Mutually Exclusive Collectively Exhaustive）原则，即"相互独立、完全穷尽"，尤其是一些有关用户分类的，要能覆盖所有用户，但又不交叉（图 3-1-2）。

1. 事实标签

事实标签是指直接从原始数据中提取的客群信息，如性别、年龄、住址、购买时段等。

2. 模型标签

模型标签是指通过建立模型进行计算而得到的客群信息，如客群对企业产品的总体偏好度。

3. 预测标签

预测标签是指通过预测算法挖掘获得的客户群信息，如试用了某产品后是否想买正装。

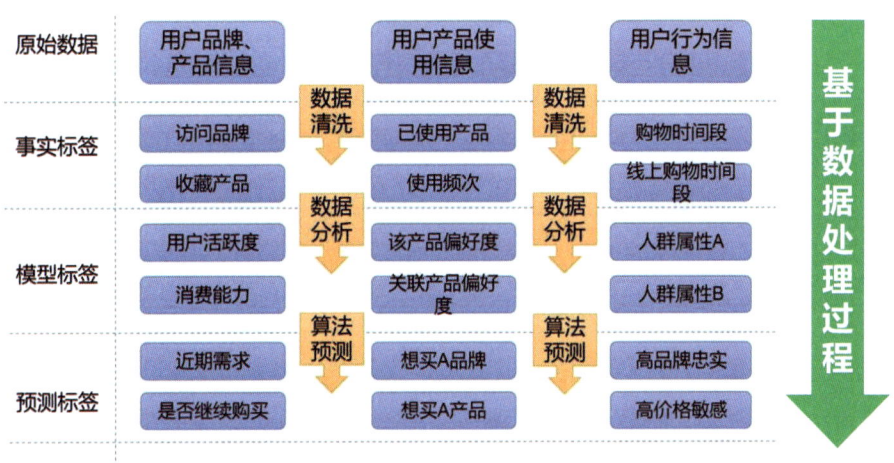

图 3-1-2   门店客群画像标签体系

三、门店产品组合设计

（一）产品组合的相关概念

1. 产品组合

产品组合是指企业在一定时期内生产经营的各种不同产品、产品项目的组合，它是企业提供给市场的全部产品线和产品项目。企业为了实现经营目标，充分、有效地满足目标市场的需求，必须设计一个优化的产品组合。

2. 产品线

产品线是指产品组合中的某一产品大类，是一组关联度强的产品。所谓关联度强，指的是这类产品在技术和结构上密切相关，具有类似功能，能满足顾客的同类需求。

3. 产品项目

产品项目指在同一产品线中，不同品牌、规格、款式、质量和价格的特定产品。

（二）产品组合的构成要素

1. 产品组合的宽度

产品组合的宽度是指产品组合中所拥有的产品线的数目。产品组合的宽度表明了一个企业经营产品种类的多少和经营范围的大小。

2. 产品组合的深度

产品组合的深度是指一条产品线中所含产品项目的多少，表示在某类产品中产品开发的深度。

3. 产品组合的长度

产品组合的长度是指产品组合中产品项目的总数，即所有产品线的产品组合的深度之和。

4. 产品组合的关联性

产品组合的关联性是指各条产品线在最终用途、生产条件、分销渠道、消费群体、价格范围等方面相互关联的程度。

分析产品组合的宽度、深度、长度和关联性，有助于企业更好地制定产品组合策略。一般情况下，拓宽产品组合的宽度，有利于扩展企业的经营领域，实行多元化经营，分担风险；增加产品组合的长度，可以使产品线丰满充裕；延伸产品组合的深度，可以占领同类产品更多的细分市场，满足更广泛的市场需求；提高产品组合的关联性，则可以增加企业在某一市场领域内的竞争力。

（三）产品组合策略

1. 基于静态视角的产品组合策略

（1）全线全面型产品组合。

全线全面型产品组合是指企业向市场提供所需要的全部产品。其特点是产品线有较宽的宽度和较深的深度，该策略适合于实力比较雄厚的企业。广义的全线全面型产品组合是指企业尽可能增加产品组合的宽度和深度；狭义的全线全面型产品组合是指企业提供在一个行业内所必需的全部产品。例如，百胜餐饮集团作为全球大型的餐饮集团，其产品线包括了炸鸡、比萨、中餐、海鲜、炸鱼块、啤酒等，对每一组产品线，百胜餐饮集团都创立了相对应的快餐连锁品牌。

（2）市场专业型产品组合。

市场专业型产品组合是指企业向某个专业市场提供所需要的各种产品，其特点是产品组合有较宽的宽度和较深的深度，但是关联度比较小的产品组合。

（3）多条产品线专业型产品组合。

多条产品线专业型产品组合是指企业专注于某一大类产品的生产，其宽度和深度都比较小，但是关联度很强的产品组合。

（4）一条产品线专业型产品组合。

一条产品线专业型产品组合是指企业根据自己的专业特长，集中经营有限的甚至单一的产品线，是宽度最窄、深度一般的产品组合。

（5）特殊产品专业型产品组合。

特殊产品专业型产品组合是指企业根据自己特殊的生产设计及技术条件等专长，经营某一特殊的产品项目。

案·例·分·享

某连锁洗衣品牌门店产品组合分析

根据价格表显示（表3-1-3），该连锁洗衣品牌有7条产品线，分别为上衣，下装，皮草类，家纺类，其他类，鞋类，包、奢侈品类，即产品组合的宽度为7。上衣产品线对应了17个产品项目，下装产品线对应了11个产品项目，皮草类产品线对应了8个产品项目，家纺类产品线对应了14个产品项目，其他类产品线对应了6个产品项目，鞋类产品线对应了4个产品项目，包、奢侈品类产品线对应了4个产品项目。产品组合长度＝17＋11＋8＋14＋6＋4＋4＝64，产品组合平均深度＝64÷7≈9.1。

从整个产品组合来看，该连锁洗衣品牌门店集中于服装用品的洗护，宽度和深度都比较小，但是关联度比较大，属于"多条产品线专业型"产品组合。

表 3-1-3　某连锁洗衣品牌价格表

上衣		家纺类	
洗衣项目	价格（元）	洗衣项目	价格（元）
衬衫	12～15	被单	10～25
真丝／羊毛衬衫	15～20	枕套（对）	10

上衣		家纺类	
洗衣项目	价格（元）	洗衣项目	价格（元）
羊毛／绒大衣	50～80	被套	20～50
西装背心、马甲	15～25	纯棉四件套	30～60
羊毛／绒衫	15～25	布艺沙发套	10～20
毛呢大衣	35～55	真皮沙发套	60～100
唐装	35～55	毛巾／空调被	30～80
牛仔上衣	15～25	羽绒被	50～100
夹克衫／运动衫	15～20	蚕丝被	60～120
羽绒服	25～55	羊毛／真丝地毯	50
羽绒背心	20	化纤／涤纶地毯	30
兔毛毛衣	25～30	窗帘（m²）	10起
风衣（短／长）	18～35	汽车坐垫（亚麻）	15
睡衣／睡袍	15～25	汽车坐垫（真皮）	40～80
仿皮大衣	40～80	其他类	
人造毛外套	25～55	洗衣项目	价格（元）
人造毛背心	18～30	领带	12
下装		围巾	12
洗衣项目	价格（元）	毛领	10～50
西裤／休闲裤／牛仔裤	15	玩具	20～55
女士短裤	12	单烫	按洗涤价格50%
羊毛裤／裙	15～18	织补（cm²）	30起
连衣裙	20～25	鞋类	
人造皮短裙	20	洗衣项目	价格（元）
真皮短裙	30～50	休闲运动鞋	15～25
真丝裙	30～40	真皮凉鞋	25～45
百褶裙	20～50	光面／绒面皮鞋	40～120
旗袍	20～30	靴子	50起
婚纱	60～100	包、奢侈品类	
晚礼服	50～80	洗衣项目	价格（元）
皮草类		钱包	40起
洗衣项目	价格（元）	普通包	80～160
貂毛／兔毛背心	60	品牌包	160～500
貂毛／兔毛大衣	100～200	奢侈品	500～1800
黑色光面皮上衣	120～160		
彩色光面皮上衣	160～240		
黑色光面皮短裙	50		
黑色光面皮长裤	80		
皮毛一体	450～1000		
皮衣改色	200～1000		

2. 基于动态视角的产品组合策略

（1）扩大产品组合策略。

扩大产品组合策略包括拓展产品组合的宽度和加强产品组合的深度。前者指在原产品组合中增加产品线，扩大经营范围；后者指在原有产品线内增加新的产品项目。具体方式如下。

① 在维持原产品品质和价格的前提下，增加同一产品的规格、型号和款式。

② 增加不同品质和不同价格的同一种产品。

③ 增加与原产品相类似的产品。

④ 增加与原产品毫不相关的产品。

扩大产品组合的策略不仅可以满足不同偏好的消费者多方面的需求，提高产品的市场占有率，还能够充分利用企业资源，提高经济效益。

（2）缩减产品组合策略。

缩减产品组合策略是指降低产品组合的宽度或深度，剔除获利小甚至亏损的产品线或产品项目，集中力量生产经营获利大的产品线或产品项目。这样的策略有利于企业集中优势资源和技术力量，提高专业化水平和产品品质，还能够降低企业生产成本，提高生产效率，在一定程度上提高品牌知名度。

（3）产品线延伸策略。

产品线延伸策略是指部分或者全部改变企业原有产品线的市场定位。一般情形下，每个企业的产品线只占所属行业整体范围的一部分，且每一类产品都有特定的市场定位。当一个企业把自己的产品线长度延伸到超过现有范围时，我们称之为产品线延伸，包含向上延伸、向下延伸和双向延伸三种方式。

向上延伸是在原有的产品线内增加高档次、高价格的产品项目。

向下延伸是在高档产品线中增加中低档次、价格低廉的产品项目。采用这一策略的目的是利用高档名牌产品的声誉，吸引经济条件有限，但对名牌有购买欲望的一部分消费者购买此产品线中的廉价产品，从而增加企业的销售总额，提高市场占有率。但是，实行这一策略也存在一定风险，如处理不当，会影响企业原有品牌的市场形象。

双向延伸是原定位于中档产品市场的企业掌握了市场优势之后，向产品线的上下两个方向延伸，全面撒网，同时进军该类产品的高、中、低档市场。

（四）产品经营结构设计

1. 产品经营属性

产品经营属性是根据不同种类的产品对门店经营业绩的不同影响进行设计的，包括了主力产品、辅助产品和关联产品。

（1）主力产品。

主力产品是指周转率高、销售量大，在门店经营过程中无论是数量还是销售额都占门店主要部分的产品，通常情况下主力产品的销售额占门店总销售额的 75% ～ 80%。每一家企业都有自己的主力产品，如连锁书店的主力产品就是图书。

（2）辅助产品。

辅助产品是指在价格、品牌等方面对主力产品起到辅助作用的产品，或以增加门店产品线宽度为目的的产品，通常情况下辅助产品的销售额占门店总销售额的 20% ～ 25%。例如，一些大型连锁书店不仅仅销售图书，还会提供咖啡、饮料产品。

（3）关联产品。

关联产品是指可以和主力产品或辅助产品共同购买、共同消费的产品，如在连锁书店销售书签、笔、本子等商品，通常情况下关联产品的销售额占门店总销售额的 5% 左右。

2. 产品经营结构分析

（1）ABC 分类法。

ABC 分类法是门店根据某类产品的单品数量和销售贡献度来确定该类产品在整个产品组合中的重要程度，从而实现区别管理的一种方式。该方法能够帮助特许连锁门店在受经营面积、人员配备、资金等资源限制的情况下，正确将重点资源投入到贡献度高的产品中去。正常情况下的商品 ABC 组合比例如表 3-1-4 所示。

表 3-1-4　ABC 分类

类别	单品数比例	销售业绩比例	商品特性
A	10%	50%	促销商品、应季商品以及一线品牌的主流商品
B	30%	40%	销售比较平稳的商品
C	60%	10%	结构性商品、新品、等待淘汰的商品

（2）四象限商品分类分析。

门店产品根据销售额和利润率的大小可以分为四类（图 3-1-3）。

第 I 类商品是营利性产品，销售和利润均较高的商品。这类商品能带来很大的利润，是门店目前的主要收入来源，一般处在生命周期的成熟期，它是零售店铺的厚利商品。对这类商品应增加陈列位置，运用 POP 促销措施来提高盈利。

第 II 类商品是利润贡献产品，利润贡献高但销售量较低的商品。这类商品很有发展前途，一般处于生命周期的成长期，它是零售店铺的名牌或明星商品。对这类商品，零售门店要在陈列空间、促销投入、陈列技巧等方面给予支持和巩固，保证其现有的地位及将来的发展。

第 III 类商品是吸引客流产品，利润贡献不高但销售量很大的商品，对于吸引客流，提升客户满意度具有较大价值。

第Ⅳ类商品是问题性产品，是利润贡献和销售贡献都较低的商品。这种商品无利或微利，零售门店应果断地将其撤出，予以淘汰。

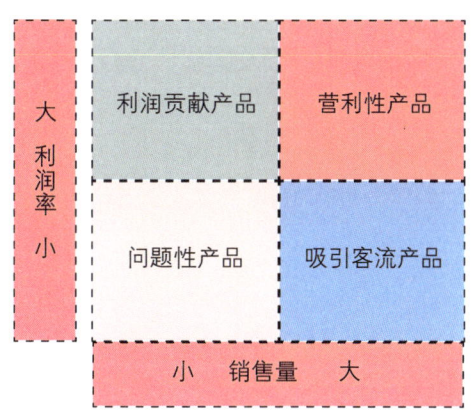

图 3-1-3　四象限商品分类分析

四、门店赢利模式设计

（一）利润

1. 经济利润

经济学范畴中的利润一般是指经济利润，也称为超额利润，是指总收益与总成本之差。此处的"总成本"包括了显性成本和隐性成本。显性成本是指企业在生产要素市场上购买或租用所需要的生产要素的实际支出，即企业支付给企业以外的经济资源所有者的货币额，显性成本又称之为会计成本；隐性成本是相对于显性成本而言的，是指企业自身所拥有的且被用于该企业生产过程中的那些生产要素的总价格。一般包括作为成本项目记入账上的厂房、机器设备等固定设备的折旧费。

$$经济利润＝总收益－显性成本－隐性成本$$

2. 会计利润

会计利润是指企业的总收益减去所有的显性成本或者会计成本后的余额。

$$会计利润＝总收益－显性成本$$

3. 正常利润

正常利润是指企业把资源用于其他相同风险的事业所可能得到的收入，它属于机会成本性质。通常情况下正常利润是指厂商对自己所提供的企业家才能的报酬支付。从机会成本的角度说，它是厂商生产成本的一部分，以隐性成本计入总成本。

张先生有一家店铺，如果租出去，一年可以获得 24 万元的租金收入，此外，他也可以选择找一份年收入 10 万元的工作，同时张先生还有 30 万元现金，可以放在银行做基础理财，假设存款利率为 2.2%。但是张先生希望利用自己现有的店铺做特许加盟，实现自己当老板的梦想，通过咨询，张先生预计一年可以获得 80 万元的收入，会计成本为 30 万元（四舍五入，取整）。

问：张先生的经济利润和会计利润各是多少万元？

解：经济利润＝ 80 － 30 －（24 ＋ 10 ＋ 30×2.2%）＝ 15（万元），

会计利润＝ 80 － 30 ＝ 50（万元）。

（二）利润提升策略

门店可以通过提高门店销售额或者降低门店成本来提升利润。

1. 提高门店销售额

（1）销售额的来源（图 3-1-4）。

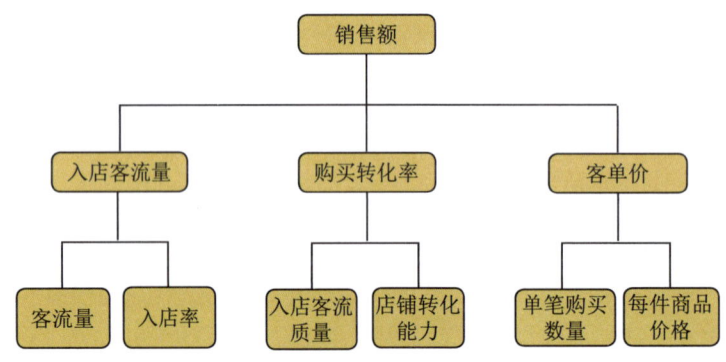

图 3-1-4　销售额的来源

门店销售额取决于三个要素，即入店客流量、购买转化率和客单价。

入店客流量是指在一定的时间内经过店铺并且进入店铺的人数，这一群体往往属于门店的目标客群。

购买转化率是指在店铺内购买产品的人数占所有入店顾客的比率。

购买转化率＝（产生购买行为的客户人数 ÷ 入店客流量）× 100%

客单价是指每一个顾客平均购买商品的金额，即平均交易金额。

客单价＝销售额 ÷ 成交顾客数

（2）提升销售额的方法。

① 寻找优良地块，减少开店失败率。好的店铺位置会增加消费者进入门店的概率。因此，在店铺开张前，企业就要对商圈内的住户状况、交通状况、竞争对手状况有一个比较细致的了解，从而以较低的成本进行店铺开发。

② 提升门店整体环境。优秀的门店橱窗设计会增加消费者进入门店的概率，整洁且美观的布局与陈列会提升消费者的消费体验，同时在适当的位置要将各类信息告知消费者，包括店内广告、背景音乐、光线、温度等。门店整体环境的提升，有助于购买转化率的提高。

③ 优化商品整体实力。特许连锁门店要基于总部指导，提升整体商品实力，包括优化商品结构、做到商品品种齐全、保证质量、凸显产品特色和提高价格的竞争力。这一核心指标的提升，对于顾客的入店率、购买转化率及客单价的提升都是有益的。

④ 优化客户服务。特许连锁门店的服务内容大致可以从销售服务前、销售服务过程中及售后服务三大流程进行分析，具体包括销售服务前的门店准备；销售服务过程中的招呼顾客、咨询服务、导购服务和收银服务以及售后服务的退换货处理、赠品发放和顾客投诉处理。每一个环节的优化都可以提升顾客购买转化率和客单价。

课 堂 讨 论

根据以下情境，圈出可以用来增加销售额的经营战术，并阐述你选择该战术的理由，以及可能带来的效果。

情境1：某特许连锁餐厅每天18：00后，工作人员会为每一位购买餐饮的顾客的微信会员卡里赠送一张有效期为1周的免费饮品赠品券。

提高入店客流量　　　　　增加购买转化率　　　　　提高客单价

阐述你选择该战术的理由：＿＿＿＿＿＿＿＿＿＿＿＿＿＿＿＿＿

阐述可能带来的效果（可以是正面的，也可以是负面的）：

＿＿＿＿＿＿＿＿＿＿＿＿＿＿＿＿＿＿＿＿＿＿＿＿＿＿＿＿＿＿＿

情境2：某特许连锁咖啡店最近在做"银发优享"活动，即60周岁以上人士可以在每天9：00前获得买中杯咖啡免费升级大杯，并享早餐8折的优惠活动。

提高入店客流量　　　　　增加购买转化率　　　　　提高客单价

阐述你选择该战术的理由：＿＿＿＿＿＿＿＿＿＿＿＿＿＿＿＿＿

阐述可能带来的效果（可以是正面的，也可以是负面的）：

_____

_____

2. 降低门店成本

（1）成本的类型。

① 固定成本是指在一定时期和一定业务量范围内，成本总额不受业务量增减变动影响而保持不变的成本。固定成本包括房租和管理人员的工资等（图3-1-5）。

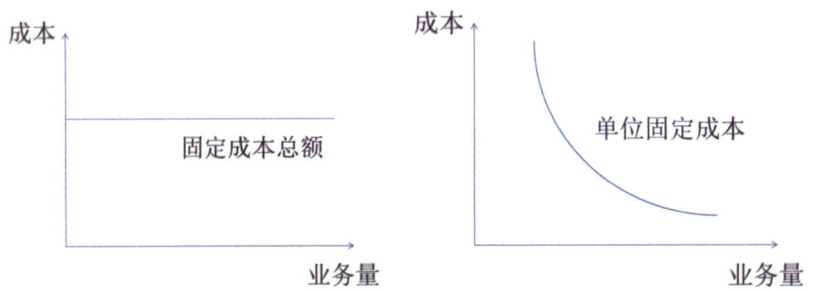

图 3-1-5　固定总成本与单位固定成本

② 变动成本。变动成本是指支付给各种变动生产要素的费用，该成本随产量的变化而变化，包括了原材料成本、商品销售成本、营销费用等，属于可以控制的成本（图3-1-6）。

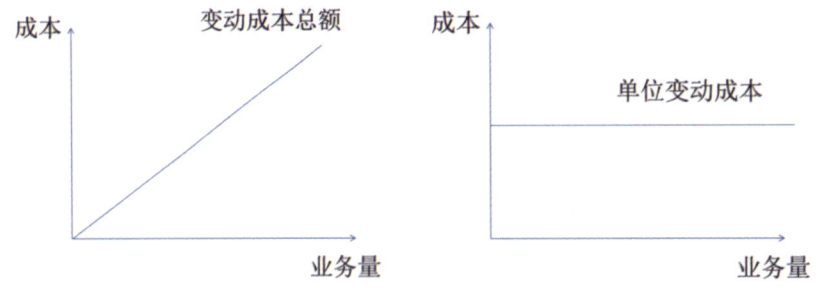

图 3-1-6　变动总成本与单位变动成本

（2）特许连锁门店成本控制的内容。

① 控制人力成本。人力成本是指门店在一定时期内，经营活动中因使用劳动者而支付的所有直接费用和间接费用的总和，包括了招聘成本、选拔成本、录用成本、安置成本和离职成本。特许连锁门店可以通过如下方式控制人力成本。

A. 降低人力价格、提升人力效率的工作或措施，都有利于降低人力成本。

B. 建立符合门店实际情况和特点的培训体系，加大人才培训力度，提升员工工作效率；制订有针对性的培训计划，使之快速成长、形成生产力。

C. 及时招聘综合素质更高的员工，以利于培训，提升其工作效率、工作品质及单位产出，缓解过高的员工流失率带来的品质不稳定、工作效率低下、招聘成本和培训成本增加等问题。

D. 优化组织结构，重新核定编制，精兵简政。

E. 调整薪酬制度，使工资的杠杆倾向有能力的员工。

F. 制定合理的晋升和退出、淘汰机制，优化人才结构，有效地激励员工、淘汰工作效率低下的员工，培养员工的忧患意识。

G. 规范员工离职管理工作，有效降低门店用工风险成本。

② 控制毛利。毛利是指商品的进销差价，是商品销售价格减去商品原进价后的余额。对于毛利控制，首先要知道毛利率的计算，毛利率越高说明门店获利空间越大，毛利率越低说明门店获利空间越小。

$$毛利率＝毛利额 \div 营业额 \times 100\%$$
$$＝（销售收入－销售成本）\div 销售收入 \times 100\%$$

毛利率又分为综合毛利率、分类毛利率和单项商品毛利率。综合毛利率是指各个经营类别的毛利率，是各个品种分类毛利率的加权平均数；分类毛利率是指各个品种分类的毛利率；单项商品毛利率是指某一商品的销售毛利与其销售额的占比。门店可以通过以下方式控制毛利。

加强对负毛利的控制：销售过多的负毛利商品会影响门店整体毛利率和利润，因此要有限地提升价格，避免毛利率过低。对于竞争性较大的门店，可以根据实际情况降低一些起引流功能产品的价格。

加强促销期产品毛利的控制：促销期是毛利率最容易损失的时期，因此门店需要根据特许经营总部的相关要求，在促销时把控好毛利率。对于低毛利率的促销品要和同期数据比较，确认是否有必要再进行低价促销。

③ 做好商品防损。商品耗损是指在企业经营过程中商品的损失。商品耗损根据性质、产生的原因及门店经营的范围可以分为如表 3-1-5 所示的耗损类型。

表 3-1-5　商品耗损的分类及相关概念

耗损分类标准	耗损的类型	概念	举例
性质	数量耗损	商品在数量上遭受的损失	偷盗、破损
	价值耗损	商品在价值上遭受的损失	清仓
产生的原因	自然产生的耗损	由于不可抗的自然灾害导致的耗损	水灾、台风、地震
	人为产生的耗损	由于人为因素造成的商品数量和价值耗损	员工疏忽、偷盗、顾客不当行为、供应商欺诈
门店经营的范围	外部耗损	由于顾客疏忽或者恶意行为造成的耗损	盗窃、商品调包、顾客损坏商品
	内部耗损	由于门店员工疏忽或恶意行为造成的耗损	偷盗、验货差异、商品调配走账不及时、商品当赠品赠送、库存管理不当造成的商品损失

A. 商品耗损的计算。

a. 商品耗损零售价法。

$$商品耗损金额＝实际盘点库存－账面库存$$

其中，实际盘点库存为年终盘点时所有商品的零售价乘以库存数量的总和，

$$账面库存＝期初库存＋收货金额－销售额－\Sigma 降价金额$$

$$降价金额＝（原销售价格－新销售价格）\times 降价商品现货数量$$

b. 商品耗损成本价法。

$$商品耗损金额＝实际盘点库存－账面库存$$

其中，实际盘点库存为年终盘点时所有商品的成本价乘以库存数量的总和，

$$账面库存＝期初库存＋收货成本－销售额成本$$

c. 商品耗损率。

$$商品耗损率＝耗损金额／盘点商品的销售额 \times 100\%$$

B. 商品报损的范围如表 3-1-6 所示。

表 3-1-6　商品报损的范围

报损范围	处理方式
商品正常报损范围	1. 因质量、政策问题不能销售或退厂的商品报损。 2. 不能找到上游厂家承担的报损

续表

报损范围	处理方式
门店承担商品报损责任的范围	1. 门店原因产生的破损、商品有效期失效报损。 2. 门店首次配送的品种，三个月内滞销未主动申请退回产生的有效期失效报损。 3. 商品有效期清查遗漏，未及时申请协调而产生的失效报损。 4. 顾客因质量问题投诉的商品，报损无质管行政部在投诉记录上签字确认的。 5. 对于实际已经超过有效期的商品，接受门店不能退回总部，需做报损处理

C. 商品耗损的防范如表 3-1-7 所示。

表 3-1-7　商品耗损的防范

耗损范围	防范方式
外部耗损	1. 留意进入门店的可疑人物，多观察顾客的行为、神态和表情，主动服务，如发现只看工作人员不关注商品的顾客要特别注意。员工交班时需将此类异常信息进行交接，避免在下一班发生偷窃行为。 2. 高价值、易失盗商品应陈列在容易被监控的地方由专人负责或空盒陈列；体积小、价值高、易失盗商品可采取定人定岗、专柜上锁管理，但货架需有空盒陈列面。 3. 高价值、易失盗商品销售时，员工应及时跟踪全销售过程或主动为顾客递送至收银台买单。 4. 为防止高价值商品被调包，销售该类商品时应尽量让顾客看说明书，顾客看完商品退回时应核对退回商品批号是否相符，每日交接班时需将该类商品逐一交接。 5. 冷藏柜商品应按要求上锁管理，由专人负责。 6. 在营业低峰期，同时进入多名顾客向营业员咨询但又无意购买商品时应提高警惕，应在保证有人看场的情况下招呼顾客，必要时礼貌请顾客等待，此种情况是最易忽视从而出现失盗情况的。 7. 对怀疑有偷窃动机的顾客，营业员应主动服务并进行相应暗示，递送购物篮并提示将商品放入。 8. 顾客强行拆商品包装时应礼貌制止，顾客如确定要购买应主动送至收银台买单。 9. 收银时在不损坏包装的前提下，可拆开商品包装检查有无调包或藏物。 10. 对易碎商品陈列进行调整，如顾客损坏应协商赔偿

续表

耗损范围	防范方式
内部耗损	1．门店必须严格按公司要求做好贵重商品交接班，并及时将商品损失责任到人。 2．门店来货时坚持双人验收，以免出现配送误差。 3．卖场纸盒、垃圾篓出卖场需经值班经理检查，以免夹带商品出卖场。 4．员工不得带私人物品进入卖场，上班时间不得在店内购买商品，可在下班之后购买，员工下班应主动接受检查。 5．收银员不得带私款到收银台工作；小票打印机不能工作时，在未征得值班经理同意前不得收银；收银员不能先核对系统销售数据后清点营业款；回收代金券须附已抵扣电脑小票。 6．收银系统进行退货操作时只能由值班经理完成，严禁员工处理退货，且退货小票须按要求完成签字手续。 7．未经门店经理同意，门店不得进行手工收银，且手工收银必须符合公司规定的要求。 8．门店赠品应与商品分开并建立台账管理，严禁供应商、导购员将商品、赠品带出卖场。 9．商品有一品多码或有重复条码时应用正确的条形码覆盖，以免商品交差错卖形成差价损失。 10．注意商品销售规格，避免出现中包装规格当小包装销售。 11．商品陈列应先产先出，定期对在库商品有效期进行准确清查，定期清理不合理库存，以免出现滞销造成商品失效。 12．注意门店的环境卫生，做好杀虫灭鼠工作

实 训 任 务

泡泡玛特门店经营模式调研

任务背景

2010年泡泡玛特围绕艺术家挖掘、IP孵化运营、消费者触达以及潮玩文化推广与培育四个领域，在市中心开设了第一家实体门店。

任务描述

请以泡泡玛特作为调研对象，通过网络资源调研，并对您所在城市的门店经营模式进行调研，将调研结果写在下面。

任务实施

第一步，门店客群定位调研。

根据网络调研和门店调研，总结门店客群细分情况，并写出门店客群评估报告。

第二步，门店产品组合设计调研。

根据门店调研，画出产品组合图，并进行产品组合策略分析。

第三步，门店赢利模式设计调研。

根据网络和门店调研，总结利润的来源，并思考门店在营销模式上是如何做到入店客流量的提升、购买转化率的提高以及客单价的提高。

 **任务评价**

学生自评模块

序号	技能点	佐证	达标	未达标
1	门店客群定位设计调研	能够准确利用细分标准及细分方法进行消费者描述		
		能够细分市场评估步骤，进行门店客群细分市场评估		
2	门店产品组合设计调研	能够根据调研情况，准确画出门店的产品组合		
		能够根据企业发展情况，对其产品组合进行静态分析		
		能够根据企业发展情况，对其产品组合进行动态分析		
3	门店赢利模式设计调研	能够根据调研情况，准确阐述门店利润来源		
		能够根据调研情况，准确阐述门店入店客流量提升的有效方法		
		能够根据调研情况，准确阐述门店购买转化率提升的有效方法		
		能够根据调研情况，准确阐述提升门店客单价的有效方法		

序号	素质点	佐证	达标	未达标
1	信息收集和处理能力	能够根据调研情况，甄选、归纳及总结有效的信息		
2	创新思维能力	能够根据现有的市场零售体系，总结具有前沿性的门店经营模式		
3	团队合作精神	能够和团队成员共同协商、共同完成实训任务		

教师评价表

序号	技能点	佐证	达标	未达标
1	门店客群定位设计调研	能够准确利用细分标准及细分方法进行消费者描述		
		能够细分市场评估步骤，进行门店客群细分市场评估		

序号	技能点	佐证	达标	未达标
2	门店产品组合设计调研	能够根据调研情况，准确画出门店的产品组合		
		能够根据企业发展情况，对其产品组合进行静态分析		
		能够根据企业发展情况，对其产品组合进行动态分析		
3	门店赢利模式设计调研	能够根据调研情况，准确阐述门店利润来源		
		能够根据调研情况，准确阐述提升门店入店客流量的有效方法		
		能够根据调研情况，准确阐述提升门店购买转化率的有效方法		
		能够根据调研情况，准确阐述门店客单价提升的有效方法		

序号	素质点	佐证	达标	未达标
1	信息收集和处理能力	能够根据调研情况，甄选、归纳及总结有效的信息		
2	创新思维能力	能够根据现有的市场零售体系，总结具有前沿性的门店经营模式		
3	团队合作精神	能够和团队成员共同协商、共同完成实训任务		

任务 2　特许经营门店财务管理

 主要概念

　　财务管理、资金管理、资产管理、成本费用管理、融资决策、投资决策、财务报告、经营分析方法、经营绩效评估指标。

 学习目标

〔知识目标〕

★ 掌握财务管理的概念、意义与特点；

★ 了解不同连锁经营形态财务管理的区别；

★ 掌握连锁企业财务管理中资金管理、资产管理、成本费用管理、融资决策、投资决策的主要内容，通过各项指标分析连锁企业财务经营情况。

〔能力目标〕

★ 能够基于特许门店财务管理的理念，对连锁企业筹资、投资环境进行分析；

★ 能够基于特许门店财务管理的理念，对连锁企业的财务报表进行分析；

★ 能够基于特许门店财务管理的理念，对连锁企业财务能力的关键指标内涵进行分析；

★ 能够基于特许门店财务管理的理念，对连锁企业的财务能力进行衡量、判断。

〔素养目标〕

★ 通过对特许门店财务管理知识的学习，把握连锁企业财务分析的内涵；

★ 通过对特许门店财务管理知识的学习，掌握财务分析的方法；

★ 通过对特许门店财务管理知识的学习，掌握财务分析的技巧。

 **任务导入**

A 公司资本运营模式

　　A 公司，1996 年创建于北京。2018 年经中国证监会核准后，公开发行 4200 万普通股，发行价格为 28.58 元／股。2018 年 10 月 30 日，A 公司正式在深圳证券交易所挂牌上市。A 公司注册资本为 1500 万元，主营业务为电影、电视剧的制作、发行及其衍生业务；艺人经纪服务及相关服务业务。
A 公司财务分析数据如表 3-2-1 至表 3-2-4 所示。

表 3-2-1 　A公司财务分析——营运能力分析

指标	2020 年	2019 年	差异
存货周转率	0.1859	0.6133	−0.4274
固定资产周转率	1.447	5.6909	−4.2439
流动资产周转率	0.113	0.314	−0.201
总资产周转率	0.0871	0.2419	−0.1548
股东权益周转率	0.1386	0.3066	−0.168

表 3-2-2 　A公司财务分析——偿债能力分析

指标	2020 年	2019 年	差异
流动比率	1.8769	3.988	−2.1111
速动比率	1.374	2.703	−1.329
产权比率	0.7106	0.2217	0.4889
应收账款周转率	0.5339	1.3191	−0.7852
资产负债率	0.4128	0.1798	0.233

表 3-2-3 　A公司财务分析——发展能力分析

指标（%）	2020 年	2019 年
营业收入增长率	40.9167	−10.7374
营业利润增长率	−19.4057	26.537
总资产增长率	49.0581	6.6458
固定资产增长率	156.2156	94.0922
股东权益增长率	8.0123	6.6424
净利润增长率	−29.4373	21.594

表 3-2-4　A 公司财务分析——现金流量能力分析

指标（万元）	2020-3-31	2019-9-30	增减额	增减度
经营现金流入小计	20749.27	78753.69	-58004.42	-0.73653
经营现金流出小计	34798.67	97358.02	-62559.35	-0.64257
经营现金流量净额	-14049.39	-18604.33	4554.94	-0.24483
投资现金流入小计	0.06	0.07	-0.01	-0.14286
投资现金流出小计	7078.36	26585.38	-19507.02	-0.73375
投资现金流量净额	-7078.3	-26585.31	19507.01	-0.73375
筹资现金流入小计	44236	—		
筹资现金流出小计	134.53	6720	-6585.47	-0.97998
筹资现金流量净额	44101.47	-6720	50821.47	-7.56272
汇率变动对现金影响				
现金及现金等价物净增加额	22973.78	-51909.65	74883.43	-1.44257

 任 务 解 析

通过对企业的营运能力分析可知，该公司总资产周转率下降，主要原因是流动资产周转速度下降及固定资产周转率下降。从公司的短期偿债能力看，该公司 2020 年的流动比率小于 2，说明该公司的偿债能力降低，面临的流动性风险大，安全程度低，应引起注意。通过本任务的学习，学生可以对 A 公司的其他能力进行分析，有助于学生明确特许特许经营门店财务管理的内容、特点及连锁企业运营管理中的各项财务指标。

 **知 识 准 备**

一、连锁企业财务管理概述

建立、健全现代连锁企业财务管理制度，对连锁企业的经营与管理至关重要。

（一）连锁企业财务管理的概念

以营利为目的的企业，不论其组织形式如何，从事何种业务，几乎毫无例外地面临着财务管理的问题。随着信息技术的不断创新、金融工具的不断发展和完善，企业的融资和投资渠道日益多样化，同时企业面临的风险也更大。在这种机遇和挑战并存的现代科技时代里，企业经营的成败，不仅取决于企业的生产技术和营销策略，更依赖于企业的财务管理是否科学与有效。

财务管理是指企业为实现良好的经济效益，在组织企业财务活动，处理财务关系过程中所进行的科学预测、决策、计划、控制、协调、核算、分析和考核等一系列企业经济活动管理工作的全称，其主要特点是对企业生产和再生产过程中的价值运动进行管理，是一项综合性很强管理工作。

而对于连锁企业来说，必须建立、健全现代企业财务管理制度，利用财务手段对企业各个部门及经营管理的全过程，对商品进、销、存的每一个环节进行监督、检查、控制，充分利用销售时点管理系统（POS 系统）和管理信息系统（MIS 系统）对企业的经济效益进行分析，判断哪些是企业的长期效益和稳定效益，哪些是企业的短期效益和虚假效益，哪些是降低成本、减少费用的因素，哪些是增加利润、提高效率和效益的手段，从而为决策层提供及时、准确、务实的财务分析，达到依法自主理财，约束企业经营行为、管理企业各项经济活动的目的。

（二）连锁企业财务管理的意义与特点

1. 连锁企业财务管理的意义

财务管理是连锁经营企业内部管理的重要内容之一，它本着责、权、利相结合的原则，规范整个企业的工作流程，同时进行企业经营分析，使领导者全面了解企业的经营情况，为领导者进行科学经营决策提供依据。健全有效的财务管理是连锁经营企业依法自主理财、约束企业经营行为、管理企业各项经济活动的重要手段。

2. 连锁企业财务管理的特点

连锁企业的财务管理与经营管理要求和连锁企业的自身特点是密不可分的。连锁企业财务管理一般具有以下特点。

（1）财务管理是一项综合性的管理工作。

由连锁总部进行统一核算是连锁经营统一管理的核心内容之一。区域性的连锁企业，按区域层层核算，最终由总部实行统一核算；跨区域且规模较大的连锁企业，可建立区域性的分总部，负责对本区域内的店铺进行核算，再由总部对分总部进行核算。

连锁企业统一核算的主要内容包括对采购货款进行支付结算；对销售货款进行结算；进行连锁企业的资金筹集与调配等。

企业管理在实行分工和分权的过程中形成一系列专业管理，其中有的侧重于价值管理，有的侧重于对劳动要素的管理，有的侧重于信息管理。社会经济的发展，要求财务管理主要运用价值形式的管理，通过价值形式把企业的一切物质条件、经营过程和经营结果合理地加以规划和挂钩，达到企业效益不断提高、财产不断增加的目的。

（2）货币流与物流分开。

由于连锁企业实行总部统一核算，由配送中心统一对门店配送，从流程上看，货币流和物流是分开的，这与单店经营中现货同步运行差别很大。因此，连锁企业中财务部门必须与进货部门保持紧密的联系。财务部门在支付货款前，要对进货部门转来的税票和签字凭证进行认真核对。同时，在企业制度中要对付款金额相对应的签字权限做出限制。

（3）资金统一运作，发挥规模效益。

连锁经营的关键是发挥企业的规模效益，主要体现在以下几个方面。

① 连锁企业表面上看是多店铺的结合，但由于实行了统一的经营管理，企业的组织化程度大大提高，特别是统一进货、统一配送，使资本的规模优势得到充分发挥。

② 由总部统一核算，实行资金的统一管理，提高企业资金的使用效率和效益，降低成本，减少费用，增加利润。

③ 实行资产和资金的统筹调配，统一调剂和融通。总部有权在企业内部对各店铺的商品、资金和固定资产等进行统一调配，以达到盘活资产、加快商品和资金周转、获取最大经济效益的目的。

（4）迅速反映企业经营状况。

财务管理能按区域迅速反映门店现时的经营状况，辅助之后的管理。在连锁企业中，决策是否得当，经营是否合理，技术是否先进，销售是否顺畅，都可以迅速地在企业财务指标中得到反映。例如，连锁企业购进的商品适销对路，质量优良、可靠，则可使企业购销两旺，资金周转加快，盈利能力加强。这些都可以通过各种财务指标反映出来。财务部门应通过自己的工作，向企业领导及时通报有关财务指标的变化情况，以便把各部门的工作都纳入提高经济效益的轨道，努力实现财务管理目标。

连锁企业财务管理还具有分布广、周转快、信息传递快、标准化程度高等特点。

3. 不同连锁经营形态财务管理的区别

直营连锁、连锁特许和自由连锁三种不同形态的连锁经营企业，由于经营权和所有权的关系不同而采用不同的财务管理制度，从而使连锁经营企业的财务管理活动具有多样性的特点。

（1）直营连锁财务管理。

实行直营连锁的连锁经营企业，其总部和分店同属一个法人，由同一资本构成，其财务管理建立在资产所有权和经营权相统一的基础上，是以总部为核心进行统一核算的。

（2）连锁特许财务管理。

实行特许连锁的连锁经营企业，其所有权和经营权是分开的，连锁总部和各加盟店在法律上都是独立的，各自对其店铺的有形资产拥有所有权，而经营权则高度集中在总部，各加盟者没有经营权。这种类型的连锁经营企业的财务管理建立在资产所有权和经营权分离的基础之上，企业按照所有者和经营者之间的合同契约进行活动。

（3）自由连锁财务管理。

实行自由连锁的连锁经营企业，由于进行连锁经营的各分店都是根据自愿原则，在民主协商的基础之上自愿加入连锁体系的，各分店各自仍为独立法人，资产所有权关系并没有发生变化，总部只是服务性质的，不以营利为目的，因此，各分店的经营活动在所有权、经营权和核算权等方面仍保持自主性和独立性，整个企业的财务管理活动相对简单得多。

二、连锁企业财务管理的主要内容

连锁企业的财务管理主要包括资金管理、资产管理、成本费用管理、融资决策、投资决策等。连锁企业总部和分部的财务管理内容侧重不一，连锁总部侧重投资布局、融资（供应链金融），统一会计核算及流程体系建设；连锁分部侧重资金和存货管理、成本控制等。

（一）资金管理

连锁企业资金由总部统一筹措、集中管理、统一使用，且连锁企业总部、店铺及其他部门的费用由总部统一核定、统一支付，以此实现资金的有效管理。资金管理办法有以下几点。

① 提高资金的运营效率和效益，积极采取措施盘活资金存量，加快资金周转。财务部门要与信息、配送等部门密切合作，通过 POS 系统对企业的进、销、存实行单品管理，要从调整商品结构入手，分析哪些是畅销商品、平销商品、滞销商品，哪些是增值库存和不良库存，加强财务对企业经营的指导、监督和制约作用。

② 在财务管理上要积极引进现代化的预算管理制度、成本核算制度和投入产出分析制度，要加强投资决策和投资项目的管理，建立投资责任制，提高投资回报率。财务部门要与企划开发部门紧密合作，在确定建立店铺、配送中心、计算机系统的规模和投入等问题上力求取得一致意见，使投资更加合理化、制度化、科学化。

③ 由于连锁企业在资金上采取统一与授权相结合的管理办法，因此在内部资金运转过程中要严格执行各项结算制度。同时，要完善企业内部审计制度，形成有效的监督机制。

（二）资产管理

连锁企业的资产应实行总部与店铺分级管理的办法。这里主要介绍连锁企业流动资产的管理。

1. 流动资产的含义和管理原则

流动资产是指可以在一年内或者超过一年的一个营业周期内变现或者运用的资产。流动资产在企业资产总额中占有很大的比重，在生产经营活动中具有较强的流动性。流动资产的多少表明了企业短期偿债能力的强弱，因此它在企业资产中占有最重要的地位。流动资产的货币表现是流动资金，合理、有效地使用流动资金，组织流动资金的良性循环是保证企业生产经营活动持续、稳定、协调开展的基本条件。

流动资产的管理原则主要有以下几点。

（1）总部和店铺分级负责的原则。

总部配送到各店铺的商品由总部设置总账控制管理，在进入店铺以前，一切损失由总部负责；店铺自行采购的商品，由店铺自行管理，商品在店内被盗、缺货由店铺负责。

（2）合理设置库存的原则。

总部对进入连锁企业配送中心的商品要加强管理，加快对各店铺的配送，减少装卸损失，降低商品损耗率；对进入各店铺的商品，要统一管理，且按照20/80原则对商品结构进行调整，对主力商品的经营要形成系列化，保证不缺货。

（3）分类指导的原则。

总部对各店铺的流动资产进行分类指导，如总部要对各店铺的订货数量、品种进行监测审核；要定期督促各店铺及时根据销售情况调整商品结构；督促各店铺对超过保质期的商品进行处理，在规定的商品范围和期限内的由总部负责退货处理。

2. 流动资产管理的具体内容

（1）加强存货管理。

存货管理的具体内容包括统一存货编码；及时准确的出入库，批次管理；分实物保管及盘点；保质期预警等。

对保管期长、销售量大且长期稳定的商品，由总部统一采购，统一配送到各店铺；对部分保质期短的商品或鲜活商品，在总部统一配送有困难的时候，可由社会化配送中心及其他供货单位向各店铺直接配送。各店铺要根据商品销售情况及时调整商品结构，对接近保质期的商品要积极开展促销活动，对超过保质期的商品要及时清理。

（2）加强商品销售管理。

总部对配送中心及店铺的全部商品要设置商品管理总账，对店铺自主采购的商品一般按商品大类管理，有条件的要逐步过渡到单品管理，并建立实物负责制，以保证账实相符。各店铺要定期对商品进行盘点，由总部核定商品耗损率，超过部分由总部从店铺的工资总额中作相应扣除。

（三）成本费用管理

1. 成本费用的定义

成本费用是指连锁企业在一定期间内为获得营业收入而发生的各项耗费。从经济学的角度看，成本费用是商品价值的重要组成部分。成本与费用都是在企业的生产经营过程中发生的资金耗费，但不是完全同一的，是有区别的。首先，成本与费用的计算范围不同，费用按整个企业的发生额计算，成本则按一定的对象归集，是对象化的费用；其次，成本与费用的计算期间不同，费用按会计期间划分，成本按一定对象的生产过程归集，当期的生产费用和当期的完工商品成本是不一样的。

成本费用是一项综合性的指标，成本费用的结构是否合理以及成本费用水平的高低，反映了企业的经营管理水平。

2. 成本费用管理的内容

连锁经营企业的成本费用主要包括商品采购成本、销售费用、管理费用、财务费用。

① 商品采购成本是指因采购商品而发生的支出。

② 销售费用是指连锁经营企业在经营过程中发生的各项支出，如展览费、广告费等。

③ 管理费用是指企业行政管理部门为组织生产经营活动而发生的各项费用，包括人员的工资、工会经费、教育经费、保险费、咨询费、诉讼费、业务招待费和坏账损失等。

④ 财务费用是指企业在经营过程中为筹集经营所需资金而发生的筹资费用，包括利息支出、手续费、汇兑损益等。

（四）融资决策

资金是企业经营的前提，直接关系到企业的生存和发展。连锁公司为了扩大经营业务和健全内部管理，必须通过各种渠道筹措和利用资金。公司融资渠道可分为国内融资和国际融资两方面。

1. 国内融资的方式

（1）国内金融机构融资。

银行借款是企业向金融机构融资的最重要的途径。目前，我国工商企业向金融机构借款的种类有：流动资金借款，这是一种短期借款，主要有临时借款、生命周期借款等；专用借款，是指具有专门用途的借款，主要有技术改造借款、大修理和更新改造借款等。

企业向银行申请借款时，应具备下列条件：依法登记，持有营业执照；借款企业必须是独立核算单位，有对外签订交易合同的权利；拥有一定数量的自有流动资金；在银行开立账户。

（2）国内证券筹资。

证券可以分为有价证券和无价证券。有价证券又可分为两大类：一类是商业票据，如本票、汇票、支票等；另一类是公共有价证券，如股票、债券。目前，我国作为企业融资工具的证券主要有股票和企业债券。

国内股票筹资。利用股票发行的方式筹集企业资金要符合以下要求。首先，要选择发行的方式，股票发行的方式有公开发行和不公开发行。其次，要具备申请公开发行股票的条件。在我国，只有股份有限公司在具备一定的条件，并经过中国人民银行审查批准后才有权发行股票。最后，要履行股票的发行程序。通常应实施的程序包括：制定新股发行计划，形成股东大会决议，申请发行新股的审批，进行新股的公开招募，向公司的登记机关办理变更登记并公告。

国内债券筹资。采用债券发行的方式筹集企业资金，首先，必须要具备发行公司债券的条件；其次，要履行发行公司债券的程序。按照我国《中华人民共和国公司法》规定，股份有限公司、有限责任公司与国有独资公司发行公司债券，在程序上都有一定区别。在此不做赘述。

2. 国际融资的方式

国际融资的方式有发行国际股票、发行国际债券、利用国际银行信贷、利用国际贸易信贷、利用国际租赁等。

（五）投资决策

1. 企业投资的意义

企业投资是指企业投入财力，以期望在未来获取收益的一种行为。在市场经济条件下，企业能否把筹集到的资金投放到收益高、回收快、风险小的项目上去，对企业的生存和发展是十分重要的。财务管理中的投资与会计中的投资含义不完全一致，通常，会计上的投资是指对外投资，而财务管理中的投资既包括对外投资，也包括对内投资。

企业投资是实现财务管理目标的基本前提。企业财务管理的目标是不断提高企业价值，为此要采取各种措施增加利润，降低风险。企业要想获得利润，就必须进行投资，在投资中获得效益。

企业投资是发展生产的必要手段。企业无论是维持简单再生产还是实现扩大再生产，都必须进行一定的投资。要维护简单再生产的顺利进行，必须及时对所使用的机器设备进行更新，对产品和生产工艺进行改革，提高员工的科学技术水平等；要实现扩大再生产，必须新建、扩建厂房，增添设备、增加员工人数等。一系列的投资活动，是企业增强实力、广开财源不可缺少的条件。

企业投资是降低风险的重要方法。企业把资金投向生产经营的关键环节或薄弱环节，可以使企业各种生产经营能力配套、平衡，形成更大的综合生产能力。企业如把资金投向多个行业，实行多元化经营，则更能增加企业销售和盈余的稳定性。这些都是降低企业经营风险的重要方法。

2. 投资决策的基本特点

企业投资与日常经营管理费用支出有明显的区别，主要表现在收益延续时间的长短不同。日常经营费用是当前支出，并在短期内获得收益；企业投资也是当前支出，其收益却可以延续数年甚至几十年之久。所以，投资决策与日常经营决策相比，有以下两个重要特点。

（1）投资决策必须考虑货币的时间价值。

企业的投资支出是现值，投资收益却在投资以后陆续产生，是终值。终值与现值是不同性质的价值量，两者不能直接比较，只有把终值转化成现值以后才能相互比较，所以必须要考虑货币的时间价值。

 知·识·链·接

资金的时间价值及计算

1. 资金时间价值

资金时间价值是指在没有风险也没有通货膨胀的情况下的社会平均利润率，是利润平均化规律发生作用的结果。

2. 终值和现值的计算

终值（Future Value）：又称将来值，是现在一定量的货币折算到未来某一时点所对应的金额，通常记作 F（本利和）。

现值（Present Value）：是指未来某一时点上一定量的货币折算到现在所对应的金额，通常记作 P（本金）。

（1）利息计算的两种方式。

单利计息：只对本金计算利息，各期利息相等。

复利计息：既对本金计算利息，也对前期的利息计算利息，各期利息不同。

（2）一次性收付款项的复利终值和现值计算。

终值：$F = P \times (1 + i)^n$，其中 $(1 + i)^n$ 称为复利终值系数，记为 $(F/P, i, n)$；

现值：$P = F / (1 + i)^n$，其中 $1 / (1 + i)^n$ 称为复利现值系数，记为 $(P/F, i, n)$。

课 堂 任 务

1. 某人将 100 万元存入银行，年利率 10%，分别计算一年后、两年后的本利和。

解：一年后的本利和：$F = 100 + 100 \times 10\% = 100 \times (1 + 10\%)$；

两年后的本利和：$F = 100 \times (1 + 10\%) \times (1 + 10\%) = 100 \times (1 + 10\%)^2$。

2. 某人将 100 万元存入银行，年利率 4%，半年计息一次，按照复利计算，求 5 年后的本利和。

解：本题中，一个计息期为半年，一年有两个计息期，所以，计息期利率 = 4%/2 = 2%；即 $i = 2\%$；由于 5 年共有 10 个计息期，故 $n = 10$。则

5 年后的本利和：$F = P \times (F/P, 2\%, 10) = 100 \times (F/P, 2\%, 10) = 121.90$（万元）。

3. 某人拟在 5 年后获得本利和 100 万元，假设存款年利率为 4%，按照复利计算，他现在应存入多少万元？

解：$P = F \times (P/F, 4\%, 5) = 100 \times (P/F, 4\%, 5) = 100 \times 0.8219 = 82.19$（万元）。

（2）投资决策必须考虑投资效果的不确定性。

投资决策所面临的主要风险是未来环境，而未来环境（如产品的需求、价格和成本、政府管制、行业竞争等）往往是不确定的，也很难进行准确的预测，这就是投资决策面临的风险。为了降低企业投资决策风险，企业投资决策者需要考虑各种不确定因素，防患于未然。

三、连锁企业财务经营分析

连锁企业的实质内容就是通过扩大企业的规模，提高企业的组织化程度，提高企业资产、资金的效益和效率。一个连锁企业是否成功，不能仅仅看其是否进行了统一管理，关键在于进行统一管理后，其资产和资金的效益与效率是否有所提高。

（一）财务会计报告

《企业会计准则——基本准则》指出企业应当编制财务会计报告（又称财务报告）。财务会计报告的目标是向财务会计报告使用者提供与企业财务状况、经营成果、现金流量等有关的会计信息，反映企业管理层受托责任履行情况，有助于财务会计报告使用者做出经济决策。《中华人民共和国会计法》明确了财务会计报告由会计报表、会计报表附注和财务情况说明书组成。《企业会计准则第 30 号——财务报表列报》第二条，明确了财务报表是对企业财务状况、经营成果和现金流量的结构性表述。财务报表至少应当包括资产负债表、利润表、现金流量表、所有者权益（或股东权益）变动表以及附注。

1. 资产负债表

资产负债表是反映连锁公司在某一特定日期财务状况的报表，是根据"资产＝负债＋所有者（股东）权益"这一会计恒等式来编制的，主要从两个方面反映公司财务状况的时点（静态）指标：一方面反映公司某一日期所拥有的资产规模及分布，另一方面反映公司这一日期的资本来源及结构。

连锁公司编制资产负债表的目的是通过如实反映公司的资产、负债和所有者（股东）权益金额及其结构情况，有助于使用者评价公司资产质量以及短期偿债能力和长期偿债能力等。据此，可以评价公司财务状况的优劣，预测公司未来财务状况的变动趋势。

资产负债表按资产、负债和所有者（股东）权益分项列示。资产负债表采用账户式的格式，报表分为左右两边，左边列示资产各项目，反映全部资产的分布及存在形态，右边列示负债和所有者（股东）权益各项目，反映全部负债和所有者（股东）权益的内容及构成情况。此外，为了帮助使用者通过比较不同时点资产负债表的数据，掌握公司财务状况的变动情况及发展趋势，资产负债表中的各项目分为"期末余额"和"上年年末余额"两栏分别列示（表 3-2-5）。

表 3-2-5　资产负债表

会企 01 表

编制单位：　　　　　　　　　　×× 年 × 月 × 日　　　　　　　　　　单位：元

资产	期末余额	上年年末余额	负债和所有者权益（或股东权益）	期末余额	上年年末余额
流动资产：			流动负债：		
货币资金			短期借款		
交易性金融资产			交易性金融负债		
衍生金融资产			衍生金融负债		
应收票据			应付票据		
应收账款			应付账款		
应收款项融资			预收账款		
预付款项			合同负债		

续表

资产	期末余额	上年年末余额	负债和所有者权益（或股东权益）	期末余额	上年年末余额
其他应收款			应付职工薪酬		
存货			应交税费		
合同资产			其他应付款		
持有代售资产			持有待售负债		
一年内到期的非流动资产			一年内到期的非流动负债		
其他流动资产			其他流动负债		
流动资产合计			流动负债合计		
非流动性产：			非流动负债：		
债权投资			长期借款		
其他债权投资			应付债券		
长期应收款			其中：优先股		
长期股权投资			永续债		
其他权益工具投资			租赁负债		
其他非流动金融资产			长期应付款		
投资性房地产			预计负债		
固定资产			递延收益		
在建工程			递延所得税负债		
生产性生物资产			其他非流动负债		
油气资产			非流动负债合计		
使用权资产			负债合计		
无形资产			所有者权益（或股东权益）：		
开发支出			实收资本（或股本）		
商誉			其他权益工具		
长期待摊费用			其中：优先股		
递延所得税资产			永续债		
其他非流动资产			资本公积		
非流动资产合计			减：库存股		
			其他综合收益		
			专项储备		
			盈余公积		
			未分配利润		
			所有者权益（或股东权益）合计		
资产总计			负债和所有者权益（或股东权益）总计		

知·识·链·接

资产负债表注意事项

1. 资产和负债应当分流动资产和非流动资产、流动负债和非流动负债列示。金融企业的各项资产或负债，按照流动性列示能够提供可靠且更相关信息的，可以按照其流动性顺序列示。

2. 资产满足下列条件之一的，应当归类为流动资产：

① 预计在一个正常营业周期中变现、出售或耗用。

② 主要为交易目的而持有。

③ 预计在资产负债表日起一年内（含一年，下同）变现。

④ 自资产负债表日起一年内，交换其他资产或清偿负债的能力不受限制的现金或现金等价物。

3. 流动资产以外的资产应当归类为非流动资产，并应按其性质分类列示。

4. 负债满足下列条件之一的，应当归类为流动负债：

① 预计在一个正常营业周期中清偿。

② 主要为交易目的而持有。

③ 自资产负债表日起一年内到期应予以清偿。

④ 企业无权自主地将清偿推迟至资产负债表日后一年以上。

5. 流动负债以外的负债应当归类为非流动负债，并应按其性质分类列示。

2. 利润表

利润表是反映企业一定会计期间经营成果的财务报表，是按照"利润＝收入－费用"这一公式编制的动态报表。利润表的列报必须充分反映企业经营业绩的主要来源和构成情况，有助于使用者判断净利润的质量及风险，有助于使用者预测净利润的持续性，从而做出正确决策。通过利润表，可以反映企业一定会计期间的收入实现情况，如实现的投资收益有多少，实现的营业外收入有多少，销售费用、管理费用、研发费用、财务费用各多少；可以反映生产经营活动的成果，即净利润的实现。

为了提供清晰明了的信息，利润表应当按照各项收入、费用、支出以及构成利润的各个项目分类、分项列示。利润表的格式主要有两种：单步式和多步式。在我国，企业利润表采用的基本上是多步式结构，利润表的基本格式如表3-2-6所示。

表 3-2-6　利润表　　　　　　　　　　　　　　　　　会企 02 表

编制单位：　　　　　　　　　　　　　× × 年　　　　　　　　　　　　单位：元

项目	本期金额	上期金额
一、营业收入		
减：营业成本		
税金及附加		
销售费用		
管理费用		
研发费用		
财务费用		
其中：利息费用		
利息收入		
加：其他收益		
投资收益（损失以"－"号填列）		
其中：对联营企业和合营企业的投资收益		
以摊余成本计量的金融资产终止确认收益		
净敞口套期收益（损失以"－"号填列）		
公允价值变动收益（损失以"－"号填列）		
信用减值损失（损失以"－"号填列）		
资产减值损失（损失以"－"号填列）		
资产处置收益（损失以"－"号填列）		
二、营业利润（亏损以"－"号填列）		
加：营业外收入		
减：营业外支出		
三、利润总额（亏损以"－"号填列）		
减：所得税费用		
四、净利润（净亏损以"－"号填列）		
（一）持续经营净利润（净亏损以"－"号填列）		

续表

项目	本期金额	上期金额
（二）终止经营净利润（净亏损以"－"号填列）		
五、其他综合收益的税后净额		
（一）不能重分类进损益的其他综合收益		
1.重新计量设定受益计划变动额		
2.权益法下不能转损益的其他综合收益		
3.其他权益工具投资公允价值变动		
4.企业自身信用风险公允价值变动		
……		
（二）将重分类进损益的其他综合收益		
1.权益法下可转损益的其他综合收益		
2.其他债权投资公允价值变动		
3.金融资产重分类计入其他综合收益的金额		
4.其他债权投资信用减值准备		
5.现金流量套期储备		
6.外币财务报表折算差额		
……		

知·识·链·接

利润表注意事项

根据盈利持久性的差异，利润项目可划分为经常性项目和非经常性项目。经常性项目所代表的收入和费用与公司的主要营业活动直接相关，其产生的利润是稳定和可持续的；而非经常性项目的收入和费用与公司的主要营业活动无直接相关。

在经常性项目中，营业收入和投资收益中对联营企业和合营企业的投资收益为主要的经常性收益项目，营业成本、税金及附加、期间费用和资产减值准备是主要的经常性费用项目。

在非经常性项目中，营业外收入是主要的非经常性收益项目，而营业外支出是主要的非经常性损失项目。

3. 现金流量表

现金流量表是反映企业一定会计期间现金和现金等价物流入和流出的报表。从编制原则上看，现金流量表遵循收付实现制原则编制，将权责发生制下的盈利信息调整为收付实现制下的现金流量信息，便于报表使用者了解公司净利润的质量。从内容上看，现金流量表被划分为经营活动、投资活动和筹资活动三个部分，每类活动又分为各个具体项目，这些项目从不同角度反映公司业务活动的现金流入流出情况，弥补了资产负债表和利润表提供信息的不足。通过现金流量表，报表使用者能够了解现金流量的影响因素，评价公司的支付能力、偿债能力和周转能力，预测公司未来现金流量，为其决策提供有力依据。

在现金流量表中，现金及其等价物被视为一个整体。企业现金形式的转换不会产生现金流入和流出。例如，公司从银行提取现金，是公司现金存放形式的转换，现金并未流出公司，不构成现金流量。同样，现金与现金等价物之间的转换也不会产生现金流量，如公司用现金购买 3 个月到期的国库券。根据公司业务活动的性质和现金流量的来源，现金流量表在结构上将公司一定期间产生的现金流量分为三类：经营活动产生的现金流量、投资活动产生的现金流量和筹资活动产生的现金流量。现金流量表的基本格式如表 3-2-7 所示。

表 3-2-7　现金流量表

会企 03 表

编制单位：　　　　　　　　　　　　　　　× × 年　　　　　　　　　　　　　　单位：元

项目	本期金额	上期金额
一、经营活动产生的现金流量：		
销售商品、提供劳务收到的现金		
收到的税费返还		
收到其他与经营活动有关的现金		
经营活动现金流入小计		
购买商品、接受劳务支付的现金		
支付给职工以及为职工支付的现金		
支付的各项税费		
支付其他与经营活动有关的现金		
经营活动现金流出小计		
经营活动产生的现金流量净额		
二、投资活动产生的现金流量：		
收回投资收到的现金		

项目	本期金额	上期金额
取得投资收益收到的现金		
处置固定资产、无形资产和其他长期资产收回的现金净额		
处置子公司及其他营业单位收到的现金净额		
收到其他与投资活动有关的现金		
投资活动现金流入小计		
购建固定资产、无形资产和其他长期资产支付的现金		
投资支付的现金		
取得子公司及其他营业单位支付的现金净额		
支付其他与投资活动有关的现金		
投资活动现金流出小计		
投资活动产生的现金流量净额		
三、筹资活动产生的现金流量：		
吸收投资收到的现金		
取得借款收到的现金		
收到其他与筹资活动有关的现金		
筹资活动现金流入小计		
偿还债务支付的现金		
分配股利、利润或偿付利息支付的现金		
支付其他与筹资活动有关的现金		
筹资活动现金流出小计		
筹资活动产生的现金流量净额		
四、汇率变动对现金及现金等价物的影响		
五、现金及现金等价物净增加额		
加：期初现金及现金等价物余额		
六、期末现金及现金等价物余额		

 知·识·链·接

现金流量表注意事项

现金流量是指企业现金流转和流动的过程，是一个动态的概念，具体包括现金流转（或流动）的流量、流向、流程等内容和参数。企业的现金流融合并贯穿于企业经营和企业管理的全部流程中，当企业从静态的角度研究其在某个阶段的流量时就形成了企业的现金流量。

过去的企业经营都强调资产负债表与利润表两大表，随着企业经营的扩展与复杂化，对财务信息的需求日益增长，更因许多企业经营的中断肇因资金的周转出现问题，渐渐地，反映企业资金动向的现金流量表也引起了许多企业经营者的重视，并将之列为必备的财务报表。

（二）经营分析方法

利用财务报表及相关资料可以对公司的经营情况进行分析，经营分析的方法主要有比较分析法、因素分析法、结构分析法、动态分析法、比率分析法。

1. 比较分析法

比较分析法是通过经济指标的对比来确定指标间的差异，并进行差异分析的一种方法。比较分析法可运用绝对数和相对数两种指标，前者反映差异的数量，后者反映差异的程度。

$$绝对数指标＝实际数－参照数＝差异数$$

$$相对数指标＝差异数／参照数×100\%＝差异程度$$

在实际运用时，由于参照数的不同，使比较分析法有多种表现形式。例如，本期实际数与计划数对比；本期实际数与前期数（上年同期或历史先进水平）对比；本企业实际数与同行业先进水平对比；不同决策方案的对比；相互关联的不同指标之间的对比等。

运用比较分析法时应注意对比指标的可比性。对比指标所采用的计价标准、时间单位、指标内容、计算方法等应当相同、可比；比较不同企业之间同类指标时，应考虑其在技术经济特点上的可比性和不同的社会经济条件。

2. 因素分析法

因素分析法是依据分析指标与其影响因素的关系，从数量上确定各因素对分析指标影响方向和影响程度的一种方法。因素分析法既可以全面分析各因素对某一经济指标的影响，又可以单独分析某个因素对经济指标的影响，在财务分析中应用颇为广泛。

（1）常用的因素分析法。

连环替代法。它是将分析指标分解为各个可以计量的因素，并根据各个因素之间的依存关系，顺次用各因素的比较值（通常即实际值）替代基准值（通常为标准值或计划值），据以测定各因

素对分析指标的影响。

差额分析法。它是连环替代法的一种简化形式，是利用各个因素的比较值与基准值之间的差额来计算各因素对分析指标的影响。例如，企业利润总额受三个因素影响，其表达式为：利润总额＝营业利润＋投资收益 ± 营业外收支净额。在分析去年和今年的利润变化时，可以分别算出今年利润总额的变化，以及三个影响因素与去年比较时不同的变化，这样就可以了解今年利润的增加或减少主要是由三个因素中的哪个因素引起的。

指标分解法。它是将一个相对复杂的指标分解成若干个子指标，再对每一个子指标进行研究，从而达到易于分析、便于实行的目的。例如，资产利润率，可分解为资产周转率和销售利润率的乘积。

定基替代法。分别用分析值替代标准值，测定各因素对财务指标的影响，如标准成本的差异分析。

（2）因素分析法的一般程序。

确定需要分析的指标；确定影响该指标的各因素及与该指标的关系；计算确定各个因素影响的程度数额。

采用因素分析法时需要注意的问题有：注意因素分解的关联性；因素替代的顺序性；顺序替代的连环性，即每一个因素变动的计算都是在前一次计算的基础上进行的，并采用连环比较的方法确定因素变化的影响结果；计算结果的假定性，连环替代法计算的各因素变动的影响数，会因替代计算的顺序不同而有差别，即其计算结果只是在某种假定前提下的结果，因此，财务分析人员在具体运用此方法时，应注意力求使这种假定合乎逻辑，具有实际经济意义，这样计算结果的假定性就不会妨碍分析的有效性。

 知·识·链·接

连环替代法

常用形式：设 k 为某经济指标，a、b、c 为影响该指标的因素。

$$k = a \times b \times c$$

$$a \text{ 的影响} = (a_1 - a_0) \times b_0 \times c_0$$

$$b \text{ 的影响} = a_1 \times (b_1 - b_0) \times c_0$$

$$c \text{ 的影响} = a_1 \times b_1 \times (c_1 - c_0)$$

注意：因素之间存在因果关系，替代时按顺序且换后不换回。

3. 结构分析法

结构分析法是从事物内部构成内容及其变化分析研究各个组成部分对事物总体影响的一种方法。它是通过计算结构相对数进行分析的。结构相对数通常用百分数或成数表述。

通过计算结构相对数，可以了解经济现象的内部构成以及各个侧面的相互依存关系，从而掌握事物的本质特征和变化趋势，认识事物的规律性。例如，分析库存结构，以了解各类商品的库存比重是否与其销售状况相适应；分析商品流通费用结构，分别计算销售费用、管理费用和财务费用在总费用中的比重及其变化，以考察费用的升降程度和升降速度。

值得注意的是，结构分析法是以分组为基础的。只有科学、合理地对经济现象进行分组，才能有效地运用结构分析法。

4. 动态分析法

动态分析法是将不同时期同类指标数值进行对比，研究经济现象在时间上的变动情况、发展方向及变动趋势的方法。最常用的动态分析法是发展速度分析法。

发展速度分析法常用的指标有发展速度、平均发展速度和平均增长速度。发展速度是两个时期水平指标的对比；平均发展速度表明经济现象在一定时期内发展速度的一般水平，它是各个发展速度的平均值，一般采用几何平均计算；平均增长速度表明经济现象在一定时期内增长速度的一般水平。这3个指标的计算公式如下：

$$发展速度 = 报告期发展水平 / 基期发展水平 \times 100\%$$
$$平均发展速度 = \sqrt[期数]{报告期发展水平 / 基期发展水平} \times 100\%$$
$$平均增长速度 = 平均发展速度 - 100\%$$

5. 比率分析法

比率分析法是根据经济指标之间的关联性，通过计算各种比率，以说明公司经营状况的一种分析方法。根据现行制度，常用的比率有如下四类。

（1）短期偿债能力比率。

短期偿债能力取决于可以在近期转变为现金的流动资产的多少。反映公司短期偿债能力的财务比率主要有流动比率和速动比率。

① 流动比率。流动比率是指公司一定时点流动资产与流动负债的比值，表示企业每一元流动负债有几元的流动资产可以抵偿，其计算公式如下：

$$流动比率 = 流动资产 / 流动负债$$

比如，A公司20××年末的流动资产是700万元，流动负债是300万元，则其流动比率＝700/300 ＝ 2.33。

企业能否偿还短期债务，要看有多少债务，以及有多少可以变现抵债的流动资产。用全部流动资产减全部流动负债，得到的余额是营运资金，它也可以反映企业的短期偿债能力，但作为一个绝对数，其用于比较的意义显然是有限的。而流动比率作为两者的比值，排除了企业规模等的影响，更适合企业之间以及本企业不同历史时期的比较。

一般认为，制造业企业合理的流动比率是2，这是因为流动资产中变现能力最差的存货金额约占流动资产的一半，剩下流动性较强的流动资产至少要等于流动负债，只有这样，公司的短期偿债能力才会有保证。

需要注意的是，在运用流动比率指标时有一定局限性。首先，该指标没有揭示流动资产的构成，如果流动资产中多为变现能力较强的资产，流动比率小于2，则公司也可能有较强的短期偿债能力；其次，该指标只是根据某个时点数据计算得出，可能会有通过调节时点的流动资产和流动负债而人为控制这一比率的现象；最后，资产流动性强弱因行业而异，不能机械套用标准。总之，如果公司财务状况良好，营运能力和获利能力都较强，则不必过于注重该比率的高低。

②　速动比率。速动比率是流动资产扣除存货后得到的速动资产与流动负债的比值，它是比流动比率更进一步反映变现能力的比率指标，其计算公式如下：

$$速动比率＝（流动资产－存货）/ 流动负债$$

比如，B公司20××年末存货为119万元，则其速动比率＝（700－119）/300 = 1.93。

之所以计算速动比率，是因为流动资产各项目的变现能力是不同的，其中占流动资产很大比重的存货，其变现所需时间较长，又易受价格变动等因素的制约，变现能力相对较差，要依靠变卖存货来偿债是不可取也不可靠的，所以要把存货从流动资产总额中减去而计算出速动比率，从而可以更加真实、可信地反映企业的短期偿债能力。

一般认为，正常的速动比率的经验标准是不低于1，但这也仅是一般的看法，并不存在统一标准。行业、销售方式等因素都将使速动比率产生较大差异，如大量采用现金销售的企业，其速动比率低于1也是正常的。影响速动比率可信度的重要因素是应收账款的变现能力。尽管从理论上而言应收账款属于速动资产，其变现能力应较强，但就我国现状来看，近几年企业普遍受三角债困扰，其账面的应收账款很可能是一项变现力极差的资产，对此在分析速动比率时就应予以充分考虑。

以上流动比率和速动比率都是由财务报表资料计算而来的，企业实际变现能力或短期偿债能力还受其他一些表外因素的影响，如可动用的银行贷款指标、准备很快变现的长期资产以及偿债能力的声誉会增加企业的变现能力，未做记录的，或由负债和担保责任引起的负债则会削弱企业的变现能力。财务报表使用者有必要多了解这些方面的情况，以便正确判断。

（2）长期偿债能力比率。

一般情况下，公司长期负债的偿还主要是依靠实现的利润，因而，公司长期偿债能力的提高与其盈利能力的提高关系密切。反映公司长期偿债能力的财务比率主要有资产负债率、产权比率、利息保障倍数等。

①　资产负债率。资产负债率是指公司的负债总额与全部资产总额的比值。该指标表明在公司全部资产中债权人所提供资本的比例，用来衡量公司利用债权人提供的资本进行财务活动的能力，并反映公司对债权人权益的保障程度。

$$资产负债比率＝负债总额 / 资产总额 ×100\%$$

公式中，"负债总额"不仅包括长期负债，还包括短期负债。这是因为短期负债作为一个整体，公司总是长期占用着，可以视同长期性资本来源的一部分。本着稳健性原则，将短期负债包括在用于计算资产负债率的负债总额中是合适的。

对资产负债率应从不同的角度进行分析。从债权人的角度看，这一比率越低，表明公司负债总额占全部资产的比例越小，长期偿债能力越强。因此债权人总是希望公司的资产负债率保持在较低的水平。从公司所有者的立场看，负债是把"双刃剑"，既可以提高公司的盈利，也增加了公司的风险。由于公司通过举债筹措的资本与股东提供的资本在经营中发挥同样的作用，当全部资本回报率高于借款利息率时，资产负债率应保持在较高水平，以便获得财务杠杆效益。从公司财务的角度看，资产负债率应保持在适当水平。因为，公司负债的利息支出按税法的规定可以从税前利润中扣除，使公司的所得税减少，资产负债率越高，这种抵税的收益就越大。但是，该比率越高，因不能偿还到期债务而导致破产的风险也就越大。为此，公司要视其发展前景及获利能力，调整资产负债率的高低。

② 产权比率。产权比率是公司负债总额与所有者权益总额的比值。该指标反映公司所有者权益对债权人权益的保障程度，反映公司基本财务结构是否稳定。产权比率越低，表明公司的长期偿债能力越强，财务风险越小。其计算公式如下：

产权比率＝负债总额 / 所有者权益总额 ×100%

该指标与资产负债率的经济意义是一致的，是从不同角度表示对债权的保障程度，两个指标具有互相补充的作用。

③ 利息保障倍数。利息保障倍数又称已获利息倍数，是指公司一定时期息税前利润与利息费用的比值，用以衡量公司偿还利息的能力。其计算公式如下：

利息保障倍数＝息税前利润 / 利息费用

公式中的"息税前利润"是指利润表中未扣除利息费用和所得税费用之前的利润。它可以用税后利润加所得税费用和利息费用计算得出。

利息保障倍数越大，说明公司支付利息费用的能力越强，对债权人越有吸引力。反之，如果利息保障倍数很小，则说明公司当期的利润不能为支付债务利息提供充分的保证，从而影响公司的再筹资。

（3）营运能力比率。

营运能力是指公司资产周转运行的能力。公司营运能力的强弱反映出其资产管理效率的高低。公司经营资本周转得越快，说明其资本利用效率越高，效果越好，营运能力越强，从而也会使公司的盈利能力和偿债能力增强。反映公司营运能力的财务比率主要有存货周转率、应收账款周转率等。

① 存货周转率。存货周转率是公司一定时期内的营业成本与存货平均余额的比值。一般来说，存货周转率越高，说明存货的周转速度越快，资金的利用效率越高；反之，存货周转率越低，说明存货的周转速度越慢，资金的利用效率越低。但必须注意，不同类别的公司，因生产经营的商品或经营方式的不同，存货周转率也可能在客观上存在着一定的差异；在同一公司的不同经营时期，存货周转率也有可能在客观上存在着差异，存货周转率较高也有可能是存货水平太低或库存量时常中断所致。因此，分析存货周转率应根据实际情况进行研究。其计算公式如下：

$$存货周转率＝营业成本／平均存货$$

$$平均存货＝（期初存货＋期末存货）/2$$

$$存货周转天数＝1/存货周转率 ×360 天$$

② 应收账款周转率。应收账款周转率是公司一定时期内赊销收入净额与应收账款平均余额的比值。由于财务报表外部使用者难以得到赊销收入净额的数据，所以计算应收账款周转率时，常以营业收入代替赊销收入净额。应收账款周转率反映了公司应收账款的流动速度，即公司应收账款转变为现金的能力。其计算公式如下：

$$应收账款周转率＝营业收入／应收账款平均余额$$

$$应收账款平均余额＝（期初应收账款＋期末应收账款）/2$$

$$应收账款周转天数＝1/应收账款周转率 ×360 天$$

③ 总资产周转率。总资产周转率是指公司在一定时期内营业收入与平均资产总额的比值。其计算公式如下：

$$总资产周转率＝营业收入／平均资产总额$$

$$平均资产总额＝（年初资产总额＋年末资产总额）/2$$

该指标用来评价公司全部资产运营质量和利用效率。总资产周转率越高，说明公司资产周转速度越快，资产利用效率越高，营运能力越强；反之，总资产周转率越低，说明公司资产周转速度越慢，资产利用效率越低，营运能力越弱。

④ 流动资产周转率。流动资产周转率是指公司一定时期的营业收入同平均流动资产总额的比值。其计算公式如下：

$$流动资产周转率＝营业收入／平均流动资产总额$$

$$平均流动资产总额＝（年初流动资产总额＋年末流动资产总额）/2$$

该指标反映了公司流动资产的周转速度和使用效率，体现每单位流动资产实现价值补偿的多少和补偿速度的快慢。对公司来讲，流动资产周转速度快，会相对节约流动资产，等于变相扩大了资产的投入，增强了公司的盈利能力；相反则需要补充流动资产参加周转，造成资本的浪费，降低公司的盈利能力。

（4）盈利能力比率。

盈利能力是指公司获得利润的能力。由于公司盈利能力的大小直接影响公司的偿债能力及未来发展能力，也反映公司营运能力的强弱，因此，无论是股东、债权人还是公司经理人员都日益重视和关心公司的盈利能力。评价公司盈利能力的指标主要有销售毛利率、销售净利率、净资产收益率、总资产息税前利润率、总资产收益率等。

① 销售毛利率。销售毛利率是毛利占营业收入的百分比，其中销售毛利是营业收入减去营业成本的差额。销售毛利率额的计算公式如下：

$$销售毛利率＝（营业收入－营业成本）／营业收入 ×100\%$$

销售毛利率表示每一元营业收入扣除营业成本后，有多少可以用于各项期间费用的补偿和现成盈利，是公司获取利润的最初基础，没有足够大的销售毛利率便不能盈利。

② 销售净利率。销售净利率是净利润占营业收入的百分比，计算公式如下：

$$销售净利率＝净利润 / 营业收入 ×100\%$$

销售净利率反映每一元营业收入带来净利润是多少，表示营业收入的收益水平。净利润与销售净利率成正比关系，而营业收入与销售净利率成反比关系。公司在增加营业收入的同时，必须相应地获得更多的净利润，才能使销售净利率保持不变或有所提高。

③ 净资产收益率。净资产收益率又称所有者权益报酬率、净资产报酬率。净资产收益率是公司净利润与平均净资产（即平均所有者权益）的比值。净资产收益率的计算公式如下：

$$净资产收益率＝净利润 / 平均净资产 ×100\%$$

$$平均净资产＝（年初净资产＋年末净资产）/2$$

净资产收益率是用来衡量公司所有者全部投入资本的获利水平的。净资产收益率越高，说明由所有者享有的净利润越多，其投资收益就越高。

④ 总资产息税前利润率。总资产息税前利润率是公司在一定时期的息税前利润总额与平均资产总额的比值。总资产息税前利润率的计算公式如下：

$$总资产息税前利润率＝息税前利润 / 平均资产总额 ×100\%$$

⑤ 总资产收益率。总资产收益率是指公司一定时期的净利润与平均资产总额的比值。一般称为总资产净利率。总资产收益率的计算公式如下：

$$总资产收益率＝净利润 / 平均资产总额 ×100\%$$

（三）经营绩效评估指标

经营绩效指企业的经济性成果，可以用一定的数量来衡量；将一定时期的经营绩效与上期、同行、预定标准相比较，就是经营绩效的评估。评估经营绩效的指标可以分为安全性、收益性、发展性、效率性 4 个方面。

1. 安全性指标

安全性主要是通过财务结构来反映的，评估的主要指标有流动比率、速动比率、资产负债率、产权比率、固定比率。其计算公式及参考标准如表 3-2-8 所示。

表 3-2-8　经营安全性评估表

指标	计算公式	参考标准
流动比率	流动资产 / 流动负债 ×100%	100% ~ 200%
速动比率	速动资产 / 流动负债 ×100%	100% 以上
资产负债率	负债总额 / 资产总额 ×100%	50% 以下
产权比率	负债总额 / 所有者权益总额 ×100%	50% 以下
固定比率	固定资产 / 所有者权益 ×100%	100% 以下

课堂任务

一家经营体育用品的商业企业，2020 年的主要报表数据整理如下：

1. 资产总额：年初数 627680 元，年末数 876700 元；

2. 流动资产：年初数 117600 元，年末数 140150 元；

3. 长期负债：年初数 40000 元，年末数 280000 元；

4. 流动负债：年初数 56600 元，年末数 59000 元；

5. 存货：年初数 88000 元，年末数 96000 元，2019 年初数 72000 元；

6. 应收账款：年初数 24000 元，年末数 38000 元，2019 年初数 72000 元；

7. 赊销收入净额：2019 年 60000 元，2020 年 108500 元；

8. 营业成本：2019 年 96000 元，2020 年 138000 元。

要求：（1）计算反映企业短期偿债能力的指标；

（2）计算反映企业长期偿债能力的指标。

解：（1）计算反映企业短期偿债能力的指标。

① 营运资金＝流动资产－流动负债，

年初数：117600 － 56600 ＝ 61000（元），年末数：140150 － 59000 ＝ 81150（元）。

② 流动比率＝流动资产÷流动负债，

年初数：117600÷56600 ＝ 2.08，年末数：140150÷59000 ＝ 2.38。

③ 速动比率＝速动资产÷流动负债，

年初数：（117600 － 88000）÷56600 ＝ 0.52，年末数：（140150 － 96000）÷59000 ＝ 0.75。

（2）计算反映企业长期偿债能力的指标。

资产负债率＝负债总额÷资产总额 ×100%，

年初数：（56600 ＋ 40000）÷627680×100% ＝ 15.39%，年末数：（59000 ＋ 280000）÷876700×100% ＝ 38.67%。

2. 收益性指标

收益性指标反映企业的获利能力，评估的主要指标有营业额达成率、销售毛利率、销售净利率、净资产收益率、总资产报酬率、总资产收益率等。其计算公式及参考标准如表 3-2-9 所示。

表 3-2-9 经营收益性评估表

指标	计算公式	参考标准
营业额达成率	实际营业额／目标营业额 ×100%	100% ~ 110%
销售毛利率	（营业收入－营业成本）／营业收入 ×100%	16% ~ 18% 以上
销售净利率	净利润／营业收入 ×100%	14% ~ 16% 以上
净资产收益率	净利润／平均净资产 ×100%	100% 以上
总资产报酬率	息税前利润／平均总资产 ×100%	20% 以上
总资产收益率	净利润／平均资产总额 ×100%	2% 以上

课 堂 任 务

某公司 2020 年利润表（部分）内容如表 3-2-10 所示。

表 3-2-10 某公司 2020 年利润表（部分）

单位：万元

项目	金额
一、营业收入	1177.94
减：营业成本	784.20
税金及附加	9.23
销售费用	29.02
管理费用	98.58
研发费用	0
财务费用	−8.79

要求：计算毛利和毛利率。

解：毛利＝营业收入－营业成本＝ 1177.94 － 784.20 ＝ 393.74（万元）；

$$毛利率＝\frac{毛利}{营业收入} ×100\% ＝ \frac{393.74}{1177.94} ×100\% ＝ 33.43\%。$$

3. 发展性指标

发展性指标主要反映企业的成长速度，评估的主要指标有营业额增长率、开店速度、经营利润增长率、卖场面积增长率。其计算公式及参考标准如表 3-2-11 所示。

表 3-2-11　经营发展性评估表

指标	计算公式	参考标准
营业额增长率	（本期营业额／上期营业额－1）×100%	高于经济增长率的两倍以上
开店速度	（本期门店数／上期门店数－1）×100%	在 3 年内达到基本规模，每月开一家店为快速开店，每 2～3 个月开一家店为一般开店速度。应注意与后勤支援能力相适应
经营利润增长率	（本期利润／上期利润－1）×100%	至少大于零，最好高于营业额增长率
卖场面积增长率	（本期卖场面积／上期卖场面积－1）×100%	大于零而低于营业额增长率

知·识·链·接

　　营业额增长率是企业本年营业收入增长额同上年营业收入总额之比。营业额增长率是一家公司某一段时间营业额的变化程度。营业额是指某家公司在一段时间内营业的数额，包含赊销。

课堂任务

　　永辉公司 2015 年 1 月创立，当年营业额 100 万元，2016 年营业额 120 万元，2017 年营业额 150 万元，2018 年营业额 180 万元。

　　要求：计算环比增长率和定基增长率。

　　解：（1）环比增长率。

　　2016 年比 2015 年增长：（120－100）/100＝20%；

　　2017 年比 2016 年增长：（150－120）/120＝25%；

　　2018 年比 2017 年增长：（180－150）/150＝20%。

　　（2）定基增长率。

　　2016 年比 2015 年增长：（120－100）/100＝20%；

　　2017 年比 2015 年增长：（150－100）/100＝50%；

　　2018 年比 2015 年增长：（180－100）/100＝80%。

4. 效率性指标

　　效率性指标主要反映企业的生产力水平，评估的主要指标有经营安全率、商品周转率、交叉比率、每平方米销售额。其计算公式及参考标准如表 3-2-12 所示。

表 3-2-12　经营效率性评估表

指标	计算公式	参考标准
经营安全性	（实际销售额－盈亏平衡点销售额）/ 实际销售额	30% 以上
商品周转率	全年纯销售额（售价额）/ 平均库存额（购进价）	30 次 / 年以上
交叉比率	毛利率 × 周转率	600% 以上
每平方米销售额	销售额 / 卖场面积	2018 年上海超市平均每平方米销售额为 2.19 万元

课 堂 任 务

华夏公司 2015 年利润表中的营业成本为 490320 万元，资产负债表中存货的年初数为 111644 万元，存货的年末数为 134710 万元。

要求：计算公司 2015 年平均存货、存货周转率（次数）、存货周转天数（一年按 360 天计算，精确到小数点后两位）。

解：平均存货＝（年初存货＋年末存货）/2 ＝ 123177（万元），

存货周转率＝营业成本 / 平均存货＝ 490320÷123177 ≈ 3.98（次），

存货周转天数＝ 1/ 存货周转率 ×360 天＝ 1÷（490320÷123177）×360 ≈ 90.44（天）。

实 训 任 务

S 公司财务状况

任务背景

S 公司创办于 2001 年 12 月，经营商品涵盖传统家电、消费电子、日用品等综合品类。线下实体门店 1600 多家。S 公司于 2012 年春季调整了组织架构。2016 年旗下电子商务平台"S 云购"升级上线以来，产品线由家电拓展至百货、图书、虚拟产品等，SKU 数 100 多万。最终，S 公司通过线上线下的融合发展引领了零售发展的新趋势。

任务描述

请结合表3-2-13至表3-2-16的数据对S公司的财务经营状况进行分析，指出经营中存在的问题。

表3-2-13　S公司近3年短期偿债能力比率及趋势分析

项目	年份		
	2017年	2018年	2019年
流动比率	1.18	1.3	1.23
速动比率	0.77	0.85	0.78
现金比率	0.64	0.74	0.64
现金流量比率	0.1849	0.1285	0.0516

表3-2-14　S公司近3年长期偿债能力比率及趋势分析

项目	年份		
	2019.12.31	2018.12.31	2017.12.31
资产负债率（%）	65.10	61.78	61.48
股东权益比率（%）	34.90	38.22	38.52

表3-2-15　S公司近3年利息保障倍数及趋势分析

项目	年份		
	2019.12.31	2018.12.31	2017.12.31
利息保障倍数	6.58	44.85	94.12

表3-2-16　S公司近3年营运能力及趋势分析

项目	年份		
	2019.12.31	2018.12.31	2017.12.31
应收账款周转率	37.32	63.21	63.73
存货周转率	2.89	5.28	6.64
固定资产周转率	6.08	12.32	16.65
总资产周转率	0.73	1.45	1.81
流动资产周转率	1.06	2.03	2.41

任务实施

第一步，参考表 3-2-13 的数据，进行短期偿债能力分析。

根据表中 3 年的数据变化，分析流动比率、速动比率的变化；并分析 S 公司短期偿债能力处于什么情况？

第二步，参考表 3-2-14、表 3-2-15 的数据进行长期偿债能力分析。

根据 3 年的数据，分析 S 公司长期偿债能力处于什么情况？

通过分析利息保障倍数，思考 S 公司偿债能力的强弱。

第三步，参考表 3-2-16 的数据，分析其营运能力。

根据流动资产周转率，评价 S 公司资产利用率的情况。

 任务评价

学生自评模块

序号	技能点	佐证	达标	未达标
1	短期偿债能力	能够准确利用各项比率指标，分析企业的短期偿债能力		
		能够依据指标，衡量企业整体短期偿债能力		
2	长期偿债能力	能够准确利用各项比率指标，分析企业的长期偿债能力		
		能够依据指标，衡量企业整体长期偿债能力		
3	营运能力	能够根据各项比率指标，进行资产运用效率分析		
		能够根据数据预测，分析企业的运营情况		

序号	素质点	佐证	达标	未达标
1	数据收集和处理能力	能够甄选有效数据、进行归纳及总结		
2	创新思维能力	能够根据财务运营数据，分析企业运营中存在的问题及应对策略		
3	团队合作精神	能够和团队成员共同协商、共同完成实训任务		

教师评价表

序号	技能点	佐证	达标	未达标
1	短期偿债能力	能够准确利用各项比率指标，分析企业的短期偿债能力		
		能够依据指标，衡量企业整体短期偿债能力		
2	长期偿债能力	能够准确利用各项比率指标，分析企业的长期偿债能力		
		能够依据指标，衡量企业整体长期偿债能力		

序号	技能点	佐证	达标	未达标
3	营运能力	能够根据各项比率指标，进行资产运用效率分析		
		能够根据数据预测，分析企业的运营情况		

序号	素质点	佐证	达标	未达标
1	数据收集和处理能力	能够甄选有效数据、进行归纳及总结		
2	创新思维能力	能够根据财务运营数据，分析企业运营中存在的问题及应对策略		
3	团队合作精神	能够和团队成员共同协商、共同完成实训任务		

任务3 特许经营门店销售预测与分析

主要概念

销售预测、定性预测法、定量预测法、主观概率法、销售人员意见法、德尔菲法、算术平均法、移动平均法、加权平均法、平滑指数法、一元线性回归预测法、货龄、动销率、价格弹性指数、售罄率、ABC 分析法、广度、宽度、深度。

学习目标

〔知识目标〕

★ 了解销售预测的相关概念；

★ 熟悉门店销售预测的方法；

★ 熟悉销售定性预测和定量预测的不同方法；

★ 了解货龄的含义；

★ 熟悉销售预测时需要考虑的两大类因素；

★ 熟悉销售的基本指标；

★ 掌握商品关联度分析的构成要素；

★ 熟悉季节性商品的销售预测方法；

★ 掌握月度销售目标预测；

★ 熟悉商品结构占比的内容；

★ 熟悉商品关联度的不同指标类型。

〔能力目标〕

★ 能够通过门店销售数据预测，分析门店销售情况；

★ 能够通过门店销售指标分析，对门店销售运营提出合理的建议；

★ 能够通过对门店销售数据的处理分析，对门店销售制定最优的运营方案。

〔素养目标〕

★ 通过门店销售数据预测，培养学生收集、分析和处理数据的能力；

★ 通过门店销售指标分析，培养学生的创新思维能力；

★ 通过门店销售数据的处理分析，培养学生良好的沟通及合作交流能力。

 **任务导入**

某门店销售数据分析

以下是一家门店一周的销售数据（表 3-3-1），该门店主要用户群是办公室女性，销售额主要集中在 5 种产品上，如果你是这家公司的分析师，请思考：

（1）从数据中，你看到了什么问题？你觉得背后的原因是什么？

（2）如果你的老板要求你提出一个运营改进计划，你会怎么做？

表 3-3-1　某门店每天的销售数据

单位：元

日期	周一	周二	周三	周四	周五	周六	周日
	9 月 6 日	9 月 7 日	9 月 8 日	9 月 9 日	9 月 10 日	9 月 11 日	9 月 12 日
销售额	5061	5050	5022	5097	5045	3430	3053

 任务解析

从这家门店的销售数据我们可以明显发现，周一到周五的销售业绩比较稳定，周六和周日的销售额降低了很多，可能是因为这家门店地处商务办公区域。我们可以依据某一周或一个月的销售额来预测下一周或下个月的销售情况，并通过数据分析来对提升门店销售额做出最优的决策方案。通过本任务的学习，将有助于明确特许经营门店的销售预测方法、销售指标分析及销售数据处理与分析的主要内容。

知 识 准 备

一、门店销售预测

（一）销售预测的概念

销售预测可以直接生成同类型的销售计划。销售计划的中心任务之一就是销售预测，无论企业的规模大小、销售人员多少，销售预测都可影响到包括计划、预算和销售额确定在内的销售管理工作的各方面。

销售预测是指对未来特定时间内，全部产品或特定产品的销售数量与销售金额的估计。销售预测是在充分考虑未来各种影响因素的基础上，结合本企业的销售情况，通过一定的分析方法提出切实可行的销售目标。

尽管销售预测十分重要，但进行高质量的销售预测却并非易事。在进行预测和选择最合适的预测方法之前，了解对销售预测产生影响的各种因素是非常重要的。

（二）影响销售预测的因素

一般而言，在进行销售预测时需要考虑两大类因素：外界因素和内部因素。

1. 外界因素

（1）需求动向。

需求是外界因素中最重要的一项，如流行趋势、爱好变化、生活形态变化、人口流动等，均可成为产品（或服务）需求的质与量方面的影响因素，因此，必须加以分析与预测。企业应尽量收集有关对象的市场资料、市场调查机构资料、购买动机调查资料等统计资料，以掌握市场的需求动向。

（2）经济变动。

销售收入深受经济变动的影响，经济因素是影响商品销售的重要因素。为了提高销售预测的准确性，应特别关注商品市场中的供应和需求情况。尤其近几年科技、信息快速发展，更带来无法预测的影响因素，导致企业销售收入波动。因此，为了正确预测，需特别注意资源的未来发展、政府及财经界对经济政策的见解以及基础工业、加工业生产、经济增长率等指标变动情况，尤其要关注突发事件对经济的影响。

（3）同业竞争动向。

销售额的高低深受同业竞争者的影响。古人云"知己知彼，百战不殆"，为了生存，必须掌握竞争对手在市场的所有活动。例如，竞争对手的目标市场在哪里、产品价格高低、促销与服务措施，等等。

（4）政府、消费者团体的动向。

政府的各种经济政策、方案措施以及消费者团体所提出的各种要求等。

2．内部因素

（1）营销策略。

市场定位、产品政策、价格政策、渠道政策、广告及促销政策等变更对销售额所产生的影响。

（2）销售政策。

变更管理内容、交易条件或付款条件，销售方法等对销售额所产生的影响。

（3）销售人员。

销售活动是一种以人为核心的活动，所以人为因素对于销售额的实现具有相当深远的影响力，这也是企业不能忽略的。

（4）供货状况。

货源是否充足，能否保证销售需要等。

对企业来说，虽然营运策略体现在财务、销售、市场、人力、物流等各个方面，但是创造更高的销售业绩永远是企业生存的第一要务。

首先，通过销售预测，特许经营门店可以调动销售人员的积极性，促使产品尽早实现销售，以完成使用价值向价值的转变。其次，生产企业可以以销定产，根据销售预测资料，安排生产，避免产品积压。再次，能合理有效管理产品库存，经过预测可对产品设立库存预警，对生产进度的安排具有指导意义。最后，可对产品的补货安排提供参考数据。

二、门店销售预测的方法

预测一般分为定性预测和定量预测两大类。在实际工作中，定性预测和定量预测往往是互相配合使用的。例如，新开一个门店，既可以使用专家意见法做定性分析，也需要对专家的意见进行定量处理。

（一）定性预测法

定性预测法也称经验判断法，主要是利用市场调查得到的各种信息，根据预测者个人的知识、经验和主观判断，对市场的未来发展趋势做出估计和判断。

这种方法的优点是省时省费用，简单易行，能综合多种因素。注重于事物发展在性质方面的预测，具有较大的灵活性，易于充分发挥人的主观能动作用。

缺点是主观随意性较大，预测结果不够准确。易受主观因素的影响，比较注重个人的经验和主观判断能力，受个人知识、经验和能力的束缚和限制较多，尤其是缺乏对事物发展做数量上的精确描述。

定性预测偏重于对市场行情的发展方向和项目运营中各种影响项目成本因素的分析，易于发挥专家经验和主观能动性，比较灵活，而且简便易行，可以较快地提出预测结果。但是在进行定性预测时，也要尽可能地搜集数据，运用数学方法，其结果通常也是从数量上做出测算。

一般来说，在销售预测中常用的定性预测方法有主观概率法、销售人员意见法、购买者期望法和德尔菲法。

1. 主观概率法

主观概率是人们凭经验或预感而估算出来的概率。它与客观概率不同，客观概率是根据事件发展的客观性统计出来的一种概率。在很多情况下，人们没有办法计算事情发生的客观概率，因而只能用主观概率来描述。

主观概率法是一种适用性很强的统计预测方法，可以用于人类活动的各个领域。

用主观概率法有如下的步骤。

① 准备相关资料。

② 编制主观概率调查表。

③ 汇总整理。

④ 判断预测。

2. 销售人员意见法

销售人员意见法是利用销售人员对未来销售进行预测。有时是由每个销售人员单独做出这些预测，有时则与销售经理共同讨论而做出这些预测。预测结果以地区或行政区划为单位，一级一级汇总，最后得出企业的销售预测结果。由于销售人员一般都很熟悉市场情况，因此，这一方法具有显著优势。

3. 购买者期望法

许多企业经常关注新顾客、老顾客和潜在顾客未来的购买意向情况，如果存在少数重要的顾客占据企业大部分销售量的情况，那么购买者期望法是很实用的。

这种预测方法是通过征询顾客或客户的潜在需求或未来购买商品计划的情况，了解顾客购买商品的活动、变化及特征等，然后在收集消费者意见的基础上分析市场变化，预测未来市场需求。

4. 德尔菲法

德尔菲法又称专家意见法，是指以不记名方式根据专家意见做出销售预测的方法。至于谁是专家，则由企业来确定，如果对专家有一致的认同则是最好不过的。德尔菲法通常会召开一组专家参加的会议。第一阶段得到的结果总结出来可作为第二阶段预测的基础，通过组中所有专家的判断、观察和期望来进行评价，最后得到具有更少偏差的预测结果。

德尔菲法具有反馈性、匿名性和统计性的特点，选择合适的专家是做好德尔菲预测的关键环节。

（1）德尔菲法的优点。

① 可以加快预测速度和节约预测费用。

② 可以获得各种不同但有价值的观点和意见。

③ 适用于长期预测和对新产品的预测，在历史资料不足或不可测因素较多时尤为适用。

（2）德尔菲法的缺点。

① 对于分地区的顾客群或产品的预测可能不可靠。

② 责任比较分散。

③ 专家的意见有时可能不完整或不切合实际。

（二）定量预测法

定量预测是使用历史数据或因素变量来预测需求的数学模型。定量预测法是根据已掌握的比较完备的历史统计数据，运用一定的数学方法进行科学的加工整理，借以揭示有关变量之间的规律性联系，用于预测和推测未来发展变化情况的一类预测方法。

这种方法的优点是偏重于数量方面的分析，重视预测对象的变化程度，能做出变化程度在数量上的准确描述；它主要把历史统计数据和客观实际资料作为预测的依据，运用数学方法进行处理分析，受主观因素的影响较少；它可以利用现代化的计算方法，进行大量的计算工作和数据处理，求出预测销量的最佳数据曲线。缺点是比较机械，不易灵活掌握，对信息资料质量要求较高。

一般来说，在销售预测中常用的定量预测方法有时间序列法和回归分析法。

1. 时间序列法

时间序列法一般包括：算术平均法、移动平均法、加权平均法、平滑指数法。

（1）算术平均法。

又称简单平均法，是以过去若干时期（n 期）的销售量的算术平均数作为销售预测数的一种预测方法。

$$销售量预测值＝各期销售量之和 / 期数$$

例 1：已知某公司 2019 年 1—9 月份产品的销售量资料如下：

要求：用算术平均法预测 10 月份的销售量。

表 3-3-2　某公司 2019 年 1—9 月份产品的销售量

单位：千克

月份	1 月	2 月	3 月	4 月	5 月	6 月	7 月	8 月	9 月
销售量	550	560	540	570	600	580	620	610	630

根据上述公式 10 月份的销售量为：

销售量预测值 ＝（550 ＋ 560 ＋ 540 ＋ 570 ＋ 600 ＋ 580 ＋ 620 ＋ 610 ＋ 630）/ 9

＝ 584.44（千克）。

（2）移动平均法。

移动平均法是从 n 期的时间数列销售量中选取一组 m 期（假设 $m ＜ n/2$，且数值固定不变）的数据作为观察期数据，求其算术平均数，并不断向后移动，连续计算其算术平均数，以最后一组平均数作为未来销售预测值的一种方法。

$$销售量预测值＝最后 m 期算术平均销售量$$

$$＝最后移动期销售量之和 /m 期$$

为了使预测值更能反映销售量变化的趋势，可以对上述计算结果按趋势值进行修正。

$$销售量预测值＝最后 m 期算术平均销售量＋趋势值 b$$

$$趋势值 b ＝最后移动期的平均值－上一个移动期的平均值$$

例2：沿用【例1】提供的销售量资料。

要求：① 用移动平均法预测10月份的销售量（假设观察期为3期）；

② 用修正的移动平均法预测10月份的销售量（假设观察期为3期）。

解：① 10月份销售量预测值＝（620＋610＋630）/3＝620（千克）。

② 由①可知，最后移动期的平均值为620千克，上一个移动的平均值＝（580＋620＋610）/3＝603.33（千克），所以，b＝620－603.33＝16.67（千克），

10月份的销售量预测＝620＋16.67＝636.67（千克）。

（3）加权平均法。

加权平均法是指对过去各期的销售量按近大远小的原则确定其权数，并据以计算加权平均销售量的方法。

$$销售量预测值＝\Sigma（某期销售量 \times 该期权数）/各期权数之和$$
$$＝\Sigma（Q_t W_t）/\Sigma W_t$$

式中，Q_t——某期销售量；

W_t——该期权数。

权数设置原则：单调递增。

具体方法如下：

① 自然权数：1，2，3，4，…，n；

② 饱和权数：将各期权数设定为一组单调递增的小数，且满足 $\Sigma W_t＝1$（$0 < W_t < 1$），则：

$$销售量预测值（Q）＝\Sigma（Q_t W_t）$$

例3：沿用【例1】提供的销售量资料。

要求：用加权平均法预测10月份的销售量（观察期为3期）。

解：① 设：$W_1＝1$，$W_2＝2$，$W_3＝3$，则，

10月份的销售量预测值＝（620×1＋610×2＋630×3）/（1＋2＋3）＝621.67（千克）。

② 或设：$W_1＝0.2$，$W_2＝0.3$，$W_3＝0.5$，即 $\Sigma W_t＝1$，则，

10月份的销售量预测值＝620×0.2＋610×0.3＋630×0.5＝622（千克）。

（4）平滑指数法。

平滑指数法又叫指数平滑法，是在前期销售量的实际数和预测数的基础上，利用事先确定的平滑指数（用 α 表示）预测未来销售量的一种方法。对未来预测时，考虑近期资料的影响应比远期为大，因而对不同时期的资料运用不同的权数，越是近期资料权数越大，反之权数越小。

本质上讲，平滑指数法也是一种特殊的加权平均法。

销售量预测值（Q_t）＝平滑指数×前期实际销售量＋（1－平滑指数）×前期预测销售量

其中，平滑指数 α 的取值范围一般在 0.3～0.7 之间。

2. 回归分析法

回归分析法一般包括：一元线性回归预测法和多元线性回归预测法。

（1）一元线性回归预测法。

一元线性回归预测是指成对的两个变量数据的散点图呈现出直线趋势时，采用最小二乘法，找到两者之间的经验公式，即一元线性回归预测模型。

一元线性回归预测法是分析一个因变量与一个自变量之间的线性关系的预测方法。常用统计指标有：平均数、增减量、平均增减量。

根据 Q、t 现有数据，寻求合理的 a、b 回归系数，得出一条变动直线，并使线上各点至实际资料上的对应点之间的距离最小。

设变动直线方程为

$$Q = a + bt$$

由于时间变量具有单调递增和间隔均匀的特点，据此可以对 t 值进行修正，使 $\sum t = 0$，简化回归系数的计算公式。

① 当实际观测次数 n 为奇数时，将 0 置于所有观测期的中央，其余上下各期的 t 值均以 ±1 的级差增减，则各观测期的时间变量 t 值应分别为：…，－3，－2，－1，0，1，2，3，…

② 当实际观测次数 n 为偶数时，将－1 与＋1 置于所有观测期的当中上下两期，其余上下各期的 t 值均以 ±2 的级差增减，则各观测期的时间变量 t 值应分别为：…，－5，－3，－1，1，3，5，…

当 $\sum t = 0$ 时，回归系数的计算公式可简化为

$$b = \sum tQ \ / \ \sum t^2$$

$$a = \sum Q \ / \ n$$

例4：沿用【例1】所提供的资料。

要求：用修正的时间序列回归法，预测 10 月份的销售量。

解：因为本例观测期 $n = 9$，为奇数，所以令第 5 期的 t 值为 0，上下均以 1 递增。根据题中所给资料进行计算，如表 3-3-3 所示。

表 3-3-3　修正的时间序列回归法的计算

月份	Q（千克）	t	tQ（千克）	t^2
1 月	550	－4	－2200	16
2 月	560	－3	－1680	9

续表

月份	Q（千克）	t	tQ（千克）	t^2
3 月	540	-2	-1080	4
4 月	570	-1	-570	1
5 月	600	0	0	0
6 月	580	1	580	1
7 月	620	2	1240	4
8 月	610	3	1830	9
9 月	630	4	2520	16
$n = 9$	$\sum Q = 5260$	$\sum t = 0$	$\sum tQ = 640$	$\sum t^2 = 60$

将表中数据代入公式，可得

$$a = \sum Q / n = 5260/9 \approx 584.44$$

$$b = \sum tQ / \sum t^2 = 640/60 \approx 10.67$$

则 $Q = 584.44 + 10.67t$，因为，10 月份 t 值 $= 4 + 1 = 5$，所以，10 月份销售量预测值 $= 584.44 + 10.67 \times 5 = 637.79$（千克）。

（2）多元线性回归预测法。

多元线性回归分析预测法，是指通过对两个或两个以上的自变量与一个因变量的相关分析，建立预测模型进行预测的方法。当自变量与因变量之间存在线性关系时，称为多元线性回归分析。

一元线性回归是一个主要影响因素作为自变量来解释因变量的变化。在现实问题研究中，因变量的变化往往受几个重要因素的影响，此时就需要用两个或两个以上的影响因素作为自变量来解释因变量的变化，这就是多元回归，亦称多重回归。当多个自变量与因变量之间是线性关系时，所进行的回归分析就是多元线性回归分析。

建立多元线性回归模型时，为了保证回归模型具有优良的解释能力和预测效果，应首先注意自变量的选择，其准则如下。

① 自变量对因变量必须有显著的影响，并呈密切的线性相关。

② 自变量与因变量之间的线性相关必须是真实的，而不是形式上的。

③ 自变量之间应具有一定的互斥性，即自变量之间的相关程度不应高于自变量与因变量之间的相关程度。

④ 自变量应具有完整的统计数据，其预测值容易确定。

三、日常运营销售预测

（一）季节性商品的销售预测

以某超市 2019 年月饼销售为例，首先，需要采购经理提取前几年的月饼销售数据，针对历史数据缺失，没有数据可对比之类的情况，可以借鉴使用业务员预估法进行定性分析。业务员预估法，顾名思义就是利用业务人员丰富的销售经验，对一些不确定的因素进行评估，然后再用数学模型进行量化处理的一种方法。这种方法的预估值可能不是最准确的，但很可能是最接近现实的。

其次，对超市月饼历史销售数据做一些基本分析。例如，区分出大单销售记录，利用支票结账的销售记录、公司统一配送给客户的采购记录等，整理后附上相关政策分析报告给采购部业务人员每人一份。然后请他们根据自己的工作经验，结合历史销售数据对 2019 年的月饼整体销售做一个评估。

最后，在计算最终预测值时，使用加权平均法，根据每位业务人员的采购工作年限、工作内容、职位等因素对他们分别设定不同权重值。

（二）月度销售目标预测

一般，销售业绩的考核单位基本以月度为目标，这个考核周期符合大多数企业的工作习惯。零售企业为了给一线的楼层主管或品类主管设置合理的月度业绩目标，首先需要做好对销售目标的准确预测。表 3-3-4 是某店 1—9 月份的销售业绩，目标是预测 10 月份的销售额。主管们的业绩达成与否，与目标预测的准确度息息相关。

表 3-3-4　某店 2019 年 1—9 月实际的销售额

单位:万元

月份	1月	2月	3月	4月	5月	6月	7月	8月	9月
销售额	9109	7955	6936	7856	8579	6899	7527	6987	8038

按照理论的预测方法，可以简单考虑用以下几种方法来预测 10 月份的销售额（取整）。

第一种：算术平均法，就是 1—9 月的平均数，10 月份销售量预测值 =（9109 + 7955 + 6936 + 7856 + 8579 + 6899 + 7527 + 6987 + 8038）÷9 = 7765（万元），预计 10 月份的销售额为 7765 万元。

第二种：加权平均法，距离现在越近的数据越有参考价值，所以给 1—9 月分别赋予了 1.0～9.0 的权重值，计算过程如下：10 月份销售量预测值 =（9109×1 + 7955×2 + 6936×3 + 7856×4 + 8579×5 + 6899×6 + 7527×7 + 6987×8 + 8038×9）÷45 = 7610（万元），得到加权平均数为 7610 万元。

第三种：移动平均法，就是根据最近一组销售数据来推断未来销售数据的一种滚动预测方法。这组数据可以取 2～N 个数据，3 个月（即 7—9 月，N = 3）移动平均值为 7517 万元，4 个月（即 6—9 月，N = 4）移动平均值为 7363 万元。

第四种：加权移动平均法，也就是前两种方法的综合。3 个月的加权移动平均值，分别给 7—9 月赋予 1、2、3 的权数，（7527×1 ＋ 6987×2 ＋ 8038×3）÷6 ＝ 7603（万元），求出 3 个月加权移动平均值为 7603 万元；4 个月的加权移动平均值，分别给 6—9 月赋予 1、2、3、4 的权数，同理，（6899×1 ＋ 7527×2 ＋ 6987×3 ＋ 8038×4）÷10 ＝ 7507（万元），由此求出 4 个月加权移动平均值为 7507 万元。

算完这些数据后，需要做的不是立刻上报数据，而是应该先把前两年 10 月份的销售数据与此进行对比，这个时候会发现当年 10 月份的销售额都大于当年 9 月份的销售额，而根据数学模型算出来的预测值却都小于今年 9 月份的 8038 万元，这是怎么回事？这就需要考虑历史背景进行预测。

考虑历史背景的预测方法：先找历史数据的规律，再预测全年销售额，然后计算销售额。

四、门店销售数据分析

（一）销售基本指标分析

1. 货龄

货龄是产品从生产环节一直延续到销售环节当期的时间长度，它可以反映出该产品生产销售中其功能或质量的保证期限，其根本是销售者和生产者在辨析该产品的销售期时的一个定量指标。一般，货龄＝商品的年龄。

2. 区域货品销售额

区域货品销售额即店铺中各个品类货品的销售额。通过对各品类货品销售额的分析可以了解以下几点：

① 各品类货品销售情况及所占比例是否合理，可以为店铺的订货、补货及促销活动提供参考依据，从而可以做出更完善的货品结构调整，使货品组合更符合店铺顾客需求消费情况，也就是我们所说的以销定采。

② 了解该店或该区域的消费结构，及时做出补货、调换货的措施，并做出针对性陈列调整，从而优化库存结构。对于销售额低的品类，则应该考虑在店内采取适当措施（如促销、主推）加强消化库存。

③ 比较本店各类货品销售与公司正常销售比例，得出本店销售特性，对比公司销售占比低的品类，考虑是否增加陈列展示及主推动作，如是本店特性的话，可考虑取消该品类。

3. 动销率

动销率，也有人称之为动销比，是店铺有销售的商品的品种数与本店经营商品总品种数的比率，是一定时间内考察库存积压情况或各类商品销售情况的一个重要指标。它反映了进货品种的有效性。动销率越高，有效的进货品种越多；反之，则无效的进货品种相对较多。其计算公式如下：

动销率＝门店有销售的商品的品种数 ÷ 本店经营商品品种数 ×100%

例 5：已知本店经营商品品种数量总计为 2900 种，2015 年 10 月有销售的商品种数为 2850 种，则该店铺的动销率为：

动销率＝ 2850÷2900×100% ＝ 98.28%。

动销率有以下 3 种情况。

（1）动销率大于 100%。

动销率超过 100% 说明在某个时段该分类的销售品种数高于现有库存的品种数，说明该类出现了品种数的流失现象。

产生的原因：商品缺货、商品停进停销、存在虚拟库存。解决办法有如下几种：

① 门店应加强商品缺货的控管。商品缺货控管的重点是必须定期与不定期分析数据以及按照相关流程进行现场检查与监督相结合，绝对不能凭经验进行商品的进销存控制。

② 平时的经营管理中要重视各方面的数据分析，不能根据经验进行经营管理，不同商品其适销程度与地域、季节、价格、陈列位置有很大的关系。甲门店不易销售的商品不等于乙门店或者丙门店不易销售，甲门店暂时不易销售的商品并不代表永远不易销售。我们首先应该找到销售不佳的原因（如促销不力、陈列不佳、价格偏高、品牌吸引力差、同质商品太多等），再进行该商品的淘汰或者退货。

（2）动销率小于 100%。

从数据的表面上看，该类商品存在滞销，至少在查询的会计期间存在一定比例的滞销。

产生的原因：品种过多，特别是同质同类品种过多；进货品种的结构有问题，该类商品的淘汰力度不够或者淘汰与购进不成比例；该类商品的陈列、促销等策略需要调整；虚拟库存过多等。解决办法如下。

① 加强市场调查以及对消费者的消费习惯、消费心理进行调查，谨慎引进该类商品的新品种，做到充分进行市场调查，充分分析，根据消费者的需求适度、谨慎购进新的商品品种，努力做到品种合适，数量恰当。

② 调整不动销商品的陈列布局，更换不动销商品的陈列位置，增加陈列量；加大不动销商品的促销力度；改变不动销商品的营销策略。

③ 结合市场调查调整不动销商品的销售价格，利用价格杠杆促销。

④ 通过综合数据分析，加大退货力度，如果确定某单品数月内动销率为零，采取了一定的促销手段后仍无起色，就应考虑退货。

⑤ 及时调整虚拟库存和增加适销库存。

⑥ 在前期的合同洽谈期就应考虑商品库存周转情况，与供应商提前制定不动销商品处理办法，厂商共同承担滞销风险，也能最大限度调动厂商双方市场关注度。

（3）动销率等于 100%。

从表面上看，说明该分类所有的商品都适合商圈内消费的需求；从数据背后看，说明该类商品在品项数方面还有开发的空间。

动销率等于100%的情况说明该分类在商品结构上比较正常，但是还有一些特殊原因也会造成动销率等于100%：长期没有维护缺少的品项数；收银串号以及输入错误；商品缺货（一些动销商品长期缺货以及结构性商品的缺货）；虚拟库存（实际有库存，但是系统库存已经为0）。解决办法如下。

① 定期与不定期维护门店的品项数。即门店店长根据商品布局及历史数据确定每个小分类的计划品项数，然后定期与不定期按照小分类查询分类库存明细SKU报表，了解商品SKU的变化情况，找到差异的原因及品项。

② 加强商品的缺货管理，特别是一些畅销、常销商品的缺货以及结构性商品的缺货管控。

③ 及时调整商品的虚拟库存。

④ 加强该类商品的民意市场调查，挖掘内在的消费力，适度引进新品。

我们在处理动销率等于100%的分类时不能被"百分百"的表面现象迷惑，必须要经过以上异常原因的排除或改善后方可确定分类商品单品结构的合理性，同时还要加强该小分类商品的促销，提升新品的销量，培养更多的A类商品。

综上所述，动销率越高不一定越好，动销率等于100%不一定就是正常，动销率小于100%也不一定就是滞销商品惹的祸。在实际工作中不能只看数据的表面，而要透过表面找到问题的实质。

4. 商品现值

商品现值就是商品当前被消费者认可的价值。商品的现值与商品的货龄、库存和售罄率有关。现值就是在价格、库存、货龄之间找到的一个最好的平衡点。

5. 价格弹性指数

价格弹性指数是商品价格变化1%时，商品销量变化的百分比。确定商品的价格弹性指数最好的方法就是做随机测试。例如，某款商品价格下降1%时，销量就上升5%，则价格弹性指数就是5.0。

 知·识·链·接

价格弹性是指某一种产品销售量发生变化的百分比与其价格变化百分比之间的比率，是衡量由于价格变动所引起销售量变动的敏感度指标。

零售商往往并不只经营一种商品，而是经营两种或两种以上的商品。一种商品价格的变动，不只影响该种商品的需求量，还会对与之有关的其他商品的需求量产生影响。这就是说，商品之间存在一种交叉关系，根据这种交叉关系，零售商可以利用有关商品的不同组合进行合理的促销，以期达到最大销售额。商品本身的性质不同决定了它们之间可能存在替代性、互补性和无关性。这种不同的关系随着交叉弹性值的不同而有所不同。一般来说，有以下三种情形：

①$E[Y, X] > 0$，表示 X、Y 两种商品之间是互相替代的关系。E 即为需求交叉弹性系数。一种商品价格提高（它本身需求量减少），另一种商品的需求量也随之提高；反之，一种商品价格降低（它本身需求量增加），而另一种商品需求量减少。也就是说，一种商品的价格与另一种商品的需求量是同向变化的，二者成正相关关系。例如，可口可乐提价后，使它本身的销售量减少，而它的替代品百事可乐需求量增加。可口可乐价格降低，它本身的销售量增加，而它的替代品百事可乐需求量减少。

②$E[Y, X] < 0$，表示 X、Y 两种商品之间是互补关系。一种商品价格提高，它本身的需求量减少，另一种商品的需求量减少；一种商品价格降低，它本身的需求量增加，另一种商品的需求量也增加，即一种商品价格与另一种商品的需求量是逆向变化的，二者成逆相关关系。例如，照相机提价后，它本身的销售量减少，而它的互补品胶卷的需求量也减少。反之，照相机价格降低，它本身的需求量增加，而它的互补品胶卷需求量也随之增加。

③$E[Y, X] = 0$，表示 X、Y 两种商品之间是相互独立的，一种商品价格变动，另一种的女商品需求量基本不受影响。例如，可乐价格变动与照相机需求量变动基本无关。

6. 折扣率

折扣率是零售企业以销售价格为基础，倒扣一定差价（或计价项目）来制定价格的方法。在日常生活中，商店打折的情况时有发生，而此时商店的客流量往往会比平常更多，说明折扣是刺激消费者购买欲的方法之一，但是商品的折扣率直接影响到企业的利润水平。同理，在销售过程中也可以选择适当的折扣来刺激消费者，引导消费。

折扣率＝商品实收金额／商品标准零售价金额 ×100%

7. 售罄率

（1）定义。

售罄率是指一定时间段某种货品的销售量占总进货量的比例，是一批货物销售多少比例才能收回销售成本和费用的一个考核指标，是用于确定货品销售到何种程度可以进行折扣销售、清仓处理的一个合理尺度。计算公式如下：

售罄率＝某时间段内的销售数量／（期初库存数量＋期中进货数量）×100%

售罄率计算期间通常为一周，一个月或一个季度。根据期间范围的不同可分为周售罄率、月售、罄率、季度售罄率、季末售罄率。

（2）售罄率在产品生命周期管理中的应用。

不同产品根据特性都有不同的生命周期和销售周期定义（以下仅考虑销售周期）。假设产品的销售周期是 3 个月，也就是销售计划必须让产品在 3 个月内售罄。随着时间不断推移，产品售罄率应该不断增加，到第 3 个月售罄率应该为 100%。据此，可以通过考核售罄率在不同时间节点是否达到预期售罄率目标制定相应的主推或促销策略。

评价一种产品是否好卖（产品是否适销）的笼统描述是：如果一种产品比其他产品卖得快、比其他产品卖得多就说明这种产品好卖。这种描述反映到售罄率上就是：如果一种产品在相同的时间段内比其他属性和进货量相近的产品售罄率高，说明该产品比其他产品好卖。在实际操作中我们往往希望找出哪些产品比另外一些产品好卖，从而有利于重新下单补货。统计不同产品各自的累计销量是最方便、最原始的做法，此时可以加入对售罄率的考核进而更全面地评估产品。

针对同一批次的产品，如果不考虑产品投放的地域和商圈等因素，对比售罄率可以方便地评估不同产品的适销性（表 3-3-5）。

表 3-3-5 售罄率对比及适销判断

适销性评估	售罄率 A ＞售罄率 B	售罄率 A ＝售罄率 B	售罄率 A ＜售罄率 B
入库量 A ＞入库量 B	①产品 A 比产品 B 畅销	②产品 A 比产品 B 畅销	③对比累计销量及售罄率变化规律
入库量 A ＝入库量 B	④产品 A 比产品 B 畅销	⑤持平	⑥产品 B 比产品 A 畅销

表 3-3-5 包含了不同产品售罄率对比结果的 6 种可能性，其中第①、②、④、⑤、⑥都能直接得出结论。

案·例·分·享

假设春装产品的销售期是 1 月至 4 月，目标销售数量是 50 万件，则销售计划应该考虑采取哪些措施让店铺能够顺利完成销售任务。给定时间是 4 个月，计划前两个月必须累计销售 32.5 万件，即售罄率达到 65%，后两个月必须累计销售 17.5 万件，即产品 100% 售罄。也就是前两个月内每周必须产生约 8% 的售罄率进度，后两个月每周必须产生约 4% 的售罄率进度。销售过程中每周监控售罄率，如果售罄率进度不如预期，则立即采取主推、调整陈列、区域店铺调拨、会员活动等措施提升销售量（前期尽可能避免使用折扣促销），促使售罄率能够达到原定每周阶段目标。根据销售规律，售罄率到达 65% ～ 70% 之后应考虑打折促销。

此时可根据是否在预定时间内完成 65% 的售罄率选择后两个月的促销折扣分布。由于一般情况下综合折扣与销量负相关，即综合折扣越低销量越大。通过控制综合折扣可以得到相应的销量变化。后两个月的销售计划，应当考虑如何通过控制综合折扣影响销量，使得最终在预计时间前将产品售罄。如果在预定时间之前完成 65% 的售罄率，则可提高后两个月的平均折扣，尽可能攫取利润；如果在预定时间之后完成 65% 的售罄率，则应降低后两个月的平均折扣，让利抛售（由于新品能比旧货更快地带来利润，此时考虑的重点应该是尽快促销滞销品腾出店铺空间上新品，通过新品销售增加利润）。

8. 商品结构占比

（1）品类结构占比。

$$品类结构占比＝某品类销售额 \div 总销售额 \times 100\%$$

门店中各个品类货品的销售额又被称为分类货品销售额。通过对分类货品销售额指标的分析，可以了解以下问题。

① 分析各分类货品的销售情况及所占比例是否合理，为店铺的订货、组货及促销提供参考依据。

② 了解该店或该区的消费需求，及时采取补货、调货的措施，并针对性调整陈列，从而优化库存及利于店铺利润最大化。对于销售额低的品类，则应考虑在店内加强促销，消化库存。

③ 比较本店分类货品销售额与地区的正常销售额比例，得出本店的销售特性，对流动性弱的品类应考虑多加展示，同时加强导购对流动性弱的品类的重点推介及搭配销售能力。

（2）ABC 分析法。

ABC 分析法，就是对库存商品进行排队分类，根据各类商品的重要程度，投入不同的管理力度，采用不同的管理方式。A 类商品是最重要的商品，应重点管理；B 类商品是非重点商品，可进行一般管理；C 类商品是次要的商品，可投入少量的管理力量（图 3-3-1）。

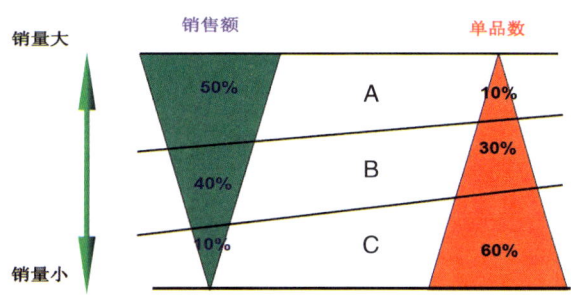

图 3-3-1　科学合理的商品 ABC 结构

（二）商品结构的"三度"与采销匹配度

1. 广度

门店商品结构的广度关系到门店商品品类的多样化，可以体现门店商品的丰富程度。例如，一个服装专卖店，当季商品有 20 个品类，采购了 16 个品类，则广度为 16，广度比为 80%。对于追求消费者一站式购物的卖场，就要追求商品大广度。商品的广度体现了门店商品的丰富程度。广度也不是越大越好，这和零售店铺的消费群体有关，也和运营成本有关，所以最佳的广度是指用最经济的成本最大限度满足目标消费群体绝大部分需求的值。分母"可销售的商品总品类数"有时候很难统计，一般有三种方法来确定总品类数：第一，是参照最大的竞争对手的品类数；第二，是自己店铺的目标品类数；第三，是上游供应商可提供的最大品类数。

因此，门店商品采购广度的计算公式为：

$$广度＝采购的商品品类数$$

$$广度比＝采购的商品品类数 ÷ 可销售的商品总品类数 ×100\%$$

需要注意的是，公式中用的是品类数，而不是类别数或者分类数，这两者是有区别的。品类是根据消费者的需求而对商品进行的一种组合分类方法，而常规意义上的类别是基于商品属性进行的一种分类方法。

例如，某款男士洁面乳，品类应该属于男士化妆品，而它的类别是属于化妆品中的脸部清洁用品，品类只是商品分类中的一种方法。类别有大类、中类、小类的分法，三个层次是有包含关系的，而品类中的大品类、中品类、小品类仅仅指该品类中商品的数量级别，没有彼此的包含关系。用品类数来计算商品的广度也就是站在消费者的立场上来看商品的丰满度，当然也可以用类别数来计算商品的广度。对于传统零售来说，商品的总类别数一般是恒定的，不会有太大的变化，但是对于电子商务企业来说，这个数值却是动态变化的。最初消费者一般从电子商务网站购买一些传统的消费品，后来还可以在线购买机票、保险等业务，再后来甚至可以购买汽车、房子等，所以电子商务的种类数是在不断增加的。例如，京东最初是靠卖3C产品起家的，然后增加了日用百货、图书、服装等产品。

2. 宽度

商品结构的宽度代表了商品品类多种多样且可供选择的程度，宽度越大的店铺消费者挑选的余地就越大。

因此，门店商品采购宽度的计算公式为：

$$宽度＝门店采购的 SKU 总数$$

$$宽度比＝采购的 SKU 总数 ÷ 可采购的商品 SKU 总数 ×100\%$$

宽度比是反映和竞争对手宽度、自己目标宽度或上游供应商宽度的对比程度的指标。

例如，对于一个服装专卖店来说，店铺共有 50 个 SKU 商品在销售，而最大的竞争对手同期销售的商品是 70 个 SKU，则该专卖店商品的宽度为 50，相对于竞争对手的宽度比为 71.4%。由于资源局限性，大型超市等一般会限定商品的宽度值，所以就会出现每增加一个商品必须要剔除一个旧品的规定。对于开展电子商务商业模式的零售企业来说，这种规定则相对宽松一些，因为线上商品的陈列没有实体零售店铺的空间限制，所以其宽度可以做到无限大。

3. 深度

商品结构的深度是指平均每个 SKU 的商品数量，代表了可销售商品数量的多少，实际上就是库存量。

$$深度＝采购的商品总数量 ÷ 采购的 SKU 总数$$

$$深度比＝深度 ÷ 采购目标深度 ×100\%$$

根据这个公式分析导入前面服装店的案例，某次采购了 30 个 SKU 的商品，一共是 900 件，则深度为 30。深度越大越不容易缺货，但是也会造成高库存。

从资源有限性的角度来讲，由于传统零售店铺陈列空间的局限性、资金的局限性、人力管理的局限性，"三度"并不是越大越好。如果把"三度"表示成一个立方体，一般来说它的体积是恒定的，广度大了，势必要降低宽度或深度；深度大了，也需要适当降低广度或宽度。所以这里的"三度"要适度，这个适度值可以通过前期历史数据以及竞争对手的数据分析得到。另外，在确定了一个门店的 SKU 之后，这个值也不是一成不变的，由于季节的变化、竞争的影响、门店面积的变化、顾客需求的变化等因素的影响，商品也需要及时调整，也就是商品需要及时更新。

有的店铺每周每月都进行商品更新，更新频率非常高，一般用如下公式进行计算：

新品 SKU 数＝铺场陈列 SKU 数 × 新品占比

每月到货 SKU 数＝新品 SKU 数 × 月更新度

每季引进 SKU 数＝每月到货 SKU 数 × 订货周期

＝铺场陈列 SKU 数 × 新品占比 × 月更新度 × 订货周期

泡泡玛特门店经营模式调研

任务背景

泡泡玛特 S 分部所在地是某大区的一个省，属于 A ＋类分部，共有门店 35 家。一级分部所在城市经济发展水平在全国处于较高水平，有门店 13 家；二级市场门店 22 家，隶属于 5 个二级分部。表 3-3-6 至表 3-3-8 是 S 分部 20×× 年下半年的经营数据。

表 3-3-6　主要财务指标一览表

单位：万元

项目	预算	本期	同期	完成率	增长率
销售净额	114360.15	98265.87	108590.79	85.93%	－ 9.51%
费用额	11536.92	11332.56	11254.05	98.23%	0.70%
费用率	10.09%	11.53%	10.36%		1.17%
净利润	5038.94	3468.54	5321.80	68.83%	－ 34.82%
净利润率	4.41%	3.53%	4.90%		－ 1.37%

表 3-3-7　门店运营数据表

单位：万元

主要费用项目	同期	预算	本期	增长率
销售	108590.79	114360.15	98265.87	−9.51%
累计费用合计	11254.05	11536.92	11332.56	0.70%
营销费用	711.42	862.34	1017.81	43.07%
财务费用	−414.10	−502.63	−178.73	−56.84%
连锁净租赁费	4806.26	4653.29	4534.64	−5.65%
其他	1477.47	1958.26	1513.87	2.46%
装修费	556.67	485.39	627.75	12.77%
行政水电暖	751.19	826.69	802.72	6.86%
人工成本	2669.45	2604.48	2460.37	−7.83%
配送费	695.69	649.11	554.14	−20.35%

表 3-3-8　门店不同品类的销售数据表

单位：万元

品类	销售额				综合贡献额				综合贡献率		
	本期	同期	增减	幅度	本期	同期	增减	幅度	本期	同期	增减
冰箱	29189.93	30954.78	−1764.85	−5.70%	5719.67	6121.48	−401.81	−6.56%	19.59%	19.78%	−0.19%
彩电	29030.15	35408.45	−6378.29	−18.01%	5479.10	6810.98	−1331.88	−19.55%	18.87%	19.24%	−0.37%
厨卫	14887.27	16145.98	−1258.71	−7.80%	4364.21	4786.74	−422.53	−8.83%	29.32%	29.65%	−0.33%
通讯	8396.02	7864.48	531.54	6.76%	377.47	421.32	−43.85	−10.41%	4.50%	5.36%	−0.86%
小家电	7567.20	8563.80	−996.6	−11.64%	1684.95	1870.50	−185.55	−9.92%	22.27%	21.84%	0.43%
空调	5275.45	4484.36	791.09	17.64%	873.07	805.89	67.18	8.34%	16.55%	17.97%	−1.42%
电脑	2315.18	2505.44	−190.26	−7.59%	41.38	73.04	−31.66	−43.35%	1.79%	2.92%	−1.13%
数码	1604.67	2663.48	−1058.81	−39.75%	60.60	47.81	12.79	26.76%	3.78%	1.79%	1.99%
总计	98265.87	108590.77	−10324.90	−9.51%	18600.45	20937.76	−2337.31	−11.16%	18.93%	19.28%	−0.35%

任务描述

请结合数据对 S 分部 20×× 年下半年的经营情况进行分析，指出经营中存在的问题，并提供解决方案。

任务实施

第一步，门店销售情况分析。

根据门店销售数据，总结门店本期与上期销售情况，并写出门店销售变化趋势。

第二步，门店销售预测分析。

根据门店销售数据，预测门店销售的变化。

第三步，依据门店销售数据分析后做出最优运营决策方案。

根据门店销售数据分析，制定提升销售业绩的最佳运营方案。

 任务评价

学生自评模块

序号	技能点	佐证	达标	未达标
1	门店销售情况分析	能够准确利用门店销售指标分析销售情况		
		能够依据销售数据，分析门店不同品类的销售情况		
2	门店销售预测分析	能够根据销售预测方法，预测门店销售情况		
		能够分析不同品类的销售变化		
3	门店运营方案	能够根据销售数据情况，准确阐述门店销售变化		
		能够根据销售数据预测，制定最优销售方案		

序号	素质点	佐证	达标	未达标
1	数据收集和处理能力	能够根据调研，甄选、归纳、总结有效的数据		
2	创新思维能力	能够根据现有的门店销售数据，制定最优的销售运营方案		
3	团队合作精神	能够和团队成员共同协商、共同完成实训任务		

教师评价表

序号	技能点	佐证	达标	未达标
1	门店销售情况分析	能够准确利用门店销售指标分析销售情况		
		能够依据销售数据，分析门店不同品类的销售情况		
2	门店销售预测分析	能够根据销售预测方法，预测门店销售情况		
		能够分析不同品类的销售变化		
3	门店运营方案	能够根据销售数据情况，准确阐述门店销售变化		
		能够根据销售数据预测，制定最优销售方案		

序号	素质点	佐证	达标	未达标
1	数据收集和处理能力	能够根据调研，甄选、归纳、总结有效的数据		
2	创新思维能力	能够根据现有的门店销售数据，制定最优的销售运营方案		
3	团队合作精神	能够和团队成员共同协商、共同完成实训任务		

项目 4　特许经营体系推广

项目导学

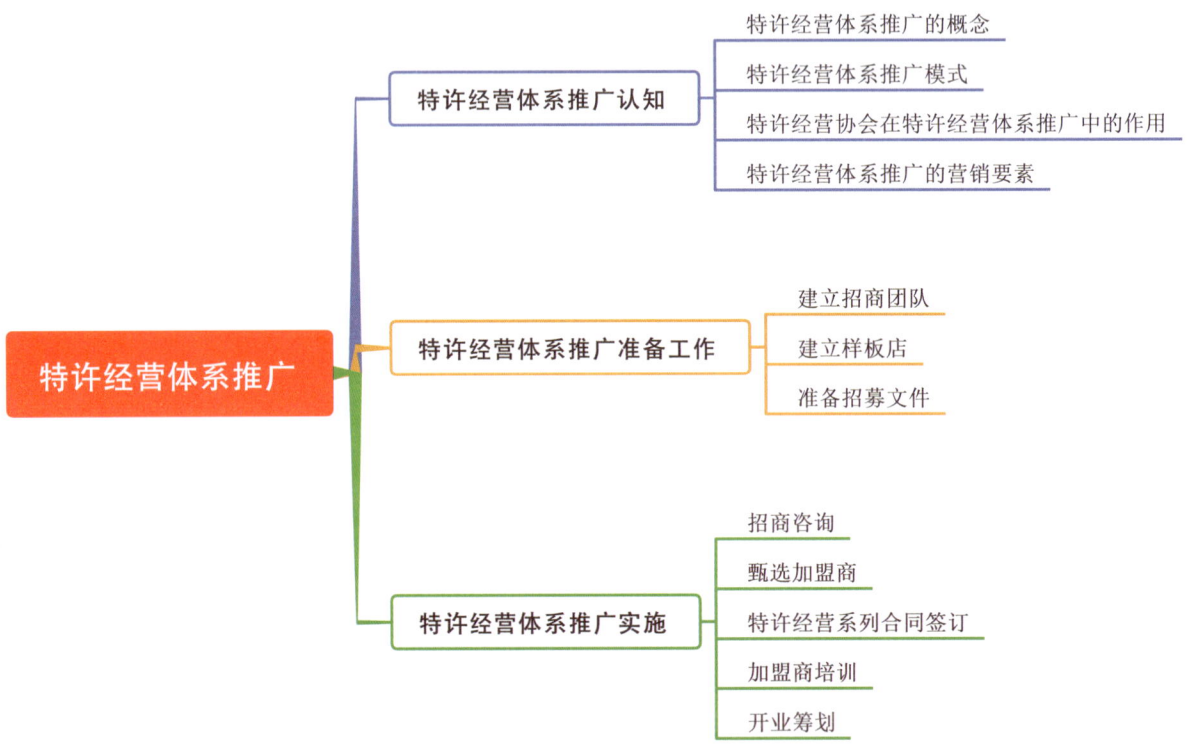

特许经营体系推广

- 特许经营体系推广认知
  - 特许经营体系推广的概念
  - 特许经营体系推广模式
  - 特许经营协会在特许经营体系推广中的作用
  - 特许经营体系推广的营销要素
- 特许经营体系推广准备工作
  - 建立招商团队
  - 建立样板店
  - 准备招募文件
- 特许经营体系推广实施
  - 招商咨询
  - 甄选加盟商
  - 特许经营系列合同签订
  - 加盟商培训
  - 开业筹划

任务 1　特许经营体系推广认知

 **主要概念**

特许经营体系推广、直接推广模式、间接推广模式、特许经营经纪人、特许经营协会。

 学习目标

〔知识目标〕

★ 熟悉特许经营体系推广的概念；

★ 熟悉特许经营体系的推广模式；

★ 了解特许经营经纪人的概念；

★ 了解特许经营协会的类型；

★ 掌握特许经营体系推广的营销要素；

★ 熟悉特许经营体系的推广流程。

〔能力目标〕

★ 能够明确说出特许经营经纪人工作服务的范围；

★ 能够基于市场营销观念进行特许经营体系的直接推广；

★ 能够准确画出特许经营体系推广流程图。

〔素养目标〕

★ 能够基于商业诚信原则，进行特许经营推广活动；

★ 能够在特许经营推广活动过程中树立准确的市场营销观念。

 任务导入

　　内蒙古小肥羊餐饮连锁有限公司（简称"小肥羊"）成立于1999年，是一家以小肥羊特色火锅为主业的连锁餐饮企业。20年前曾在中国本土通过特许经营的方式开设了许多门店，深受消费者的喜爱。小肥羊的创始人一直具有国际化的战略眼光，最早将国际市场目标定位于中国香港，并在当地以全资控股的方式开设了直营店，2005年又以全资控股的方式进入了日本和北美市场，但是因小肥羊对海外市场的法律、文化环境等都不够了解，导致了其早期以直营模式进入海外市场没有获得预期的收益。于是，小肥羊在2009年向美国连锁餐饮巨头百胜集团抛出了橄榄枝，与其"联姻"，借助百胜集团的国际知名度，小肥羊也被赋予了更多跻身世界级品牌发展的机遇。之后小肥羊花费数年时间从里到外梳理与整合，强化了品控、供应链、训练体系，形成了独特的品牌文化基因。小肥羊一位负责人表示，今后小肥羊将长期开启特许加盟大门，面向全球开放特许加盟体系。小肥羊总部提供选址、系统培训、产品研发、营运、供应链、市场营销等多个层面的有力支持。向海外市场的投资人充分授权，实现品牌本土化发展，从而带来更多效益提升。[①]

---

① 陈平. 小肥羊的"江湖"还好吗？[J]. 中国商界，2021（04）：74-79.

任务解析

小肥羊目前在海外市场取得了不错的成绩，但是在商业经营的道路上也遇到了许多困难，请从网络上查阅资料，分析其特许经营体系模式，及其在发展过程中蕴含了哪些市场营销理念。

知 识 准 备

一、特许经营体系推广的概念

特许经营体系推广是特许经营总部为实现特许经营体系的总体战略发展目标，依据总部年度经营计划，在特定的市场区域和特定的时间段内为开设一定数量的加盟店而组织和开展的一系列活动。①

二、特许经营体系推广模式

当特许体系构建完成后，特许人将特许经营体系的推广活动提上了日程。特许经营活动是基于一种委托代理关系而展开的，根据在授权关系中是否有第三方的实质性接入，可以将特许经营体系推广划分为直接推广模式和间接推广模式。

（一）直接推广模式

胜家缝纫机公司（Singer Sewing Machine Company）被公认为现代意义上特许经营的鼻祖，为了推广缝纫机业务，开始在美国各地设置加盟店，销售缝纫机经营权。在生产商与分销商之间，通过特许经营权合同的制定，形成了一种一对一的合作方式。由于特许经营起源于产品分销，在特许经营诞生百余年的进程中，特许经营权直接销售模式占据了相当大的比重。

直接推广模式是指由特许人直接授权于被特许人的推广模式，即特许人直接与潜在的被特许人之间进行洽谈、协商及合同签订。

（二）间接推广模式

在特许经营体系尚未成熟之前，特许人与被特许人之间依赖律师进行特许经营授权活动咨询，随着特许经营体系逐渐成熟，特许经营管理职能变得越来越重要，以此形成了专门从事特许经营业务咨询的特许经营经纪人与专业化第三方公司。

1.间接推广模式的概念

间接推广模式是指由特许人委托第三方代理机构招募、评估被特许人及谈判的推广模式。

---

① 侯吉建. 特许经营体系设计与构建 [M]. 北京：中国人民大学出版社，2014：116.

2. 特许经营经纪人

（1）特许经营经纪人的概念。

特许经营经纪人（Franchise broker），在中国也称为特许经营顾问，是伴随特许经营繁荣发展应运而生的行业。特许权交易过程中作为特许人和被特许人的中介方，特许经营经纪人同时承接多个特许经营代理业务，通过促成特许人特许经营体系的成功推广，从中按照特许经营费的一定比例收取佣金。同时，特许经营经纪人也会对有特许经营权投资意向的潜在被特许人提供专业化合理意见，寻找合适的特许经营项目，而不收取费用。

（2）特许经营经纪人服务的工作内容。

有别于特许经营律师的工作服务职责和范围，特许经营经纪人的服务范围大致包括以下几方面。

① 对特许人提供的服务。提供特许加盟服务的招商和推广服务，提供特许经营的咨询顾问服务，提供特许经营权的转让和交易服务，提供特许经营金融中介服务，提供特许经营企业国内外上市服务。

② 对潜在被特许人和被特许人提供的服务。提供特许加盟创业项目咨询服务；提供特许加盟项目特许招商服务；提供特许加盟项目的售后服务。

三、特许经营协会在特许经营体系推广中的作用

在特许经营活动日益规范和复杂的背景下，由特许人自发组成的特许经营协会在世界各国应运而生，它们在特许经营活动中扮演着行业自律、行业互助的作用，为特许人和被特许人牵线搭桥，提供服务。

（一）世界范围内特许经营协会的诞生

1. 国际特许经营协会（IFA, International Franchise Association）[①]

世界上最早的特许经营起源于20世纪50—60年代的美国，伴随着美国特许经营的大规模、高速增长，1959年，国际特许经营协会（IFA）成立，它为会员公司和有志于从事特许经营的人们提供各种服务，同时设定特许经营的营运标准，提供一个彼此交换经验、专业知识和意见的渠道，为公司的最高决策机构和经理人员提供有关教育课程。该协会主要由特许人组成，主要目的就是构建一个自律、平等的特许经营商业环境，抑制具有不良行为的特许人，但是该协会主要保护特许人的权益而忽略了对被特许人合法权益的保护。在特许经营发展过程中，被特许人对于自身利益保护的需求越来越高，1971年，加利福尼亚州连续出现了多起特许经营欺诈丑闻，随后加利福尼亚州通过了《特许经营投资法》（Franchise Investment Act），成为美国乃至世界范围内第一部要求特许人向被特许人进行信息披露的法律文件。1992年，国际特许经营协会开始接受被特

---

① 国际特许经营协会: https://www.franchise.org/.

许人成为会员，该协会也正式意义上成为一个致力于为特许经营企业、加盟商企业以及行业供应商提供服务与协助的协会组织。[①]

2. 美国受许人与经销商协会（AAFD, American Association of Franchisee and Distributor）

20世纪60年代后，随着美国特许人经营实力的不断增强，他们对被特许人的经营管制也越来越严格，并通过特许经营合同法律形式，将权利的触角伸向被特许人，被特许人的利益越发得不到保护。因此在1992年，美国成立了世界上第一个保护被特许人利益的组织，美国受许人与经销商协会，其主要义务是支持被特许人反抗不公平待遇，帮助他们在特许经营谈判过程中争取合法、公平的特许经营合同等。

（二）中国的特许经营协会

1. 中国（香港）特许经营协会（CFA, China (Hong Kong) Franchise Association）[②]

中国（香港）特许经营协会（CFA）是由香港及中国大陆地区零售、服务企业及有关单位资源参加组成的、具有社团法人资格的行业管理组织。其主要的业务范围包括：协助政府有关部门制定行业发展规划、行业政策和竞选行业管理工作；宣传中国（香港）特许经营协会政策及拓展中国大陆市场理论研究；组织协会成员交流经验、沟通信息，推广先进的管理经验、经营技巧和服务规范；组织各种与零售行业、品牌有关的推介会、讲座、培训及考察等活动；为会员企业提供产品、品牌开拓等各方面的市场研究及信息咨询等服务。

2. 中国连锁经营协会特许经营分会[③]

中国大陆目前没有出现以"特许经营协会"为专门名称的协会。伴随中国经济转型和移动互联网的普及，中国特许经营进入了一个新的阶段，鉴于跨界整合、质量提升、品牌创新的诉求，2015年9月，中国连锁经营协会特许经营分会成立，其主要是由中国连锁经营协会专门设立的一个处理特许经营事宜的部门或专门委员会。

3. 中国各区域的连锁经营协会

中国各省市的连锁经营协会多由民间自发组织，各组织之间存在平等关系。中国第一家区域性连锁经营协会于1994年在上海成立，被命名为上海连锁经营协会，其主要功能是导入连锁经营方式，提升行业管理，促进上海连锁业健康有序发展。

在上海连锁经营协会的带动下，全国各地纷纷成立了各类区域连锁经营协会，它们通过举办特许经营展览、论坛、培训项目、顾问咨询、行业会议等方式促进了中国连锁经营的健康发展。

[①] 刘文献，汤艾菲. 全球化、多元化、知识化世界特许经营新趋势——记国际特许经营协会 46 届年会暨国际特许经营学会 20 届年会 [J]. 连锁与特许，2006（05）：40-42.

[②] 中国（香港）特许经营协会官网：http://www.chkfa.com/home.htm.

[③] 中国连锁经营协会官网：http://www.ccfa.org.cn/portal/cn/xiangxi.jsp?id = 421432&ks = %E7%89%B9%E8%AE%B8%E7%BB%8F%E8%90%A5&type = 1.

搜索中国各区域的连锁经营协会网站，梳理各行业协会近期开展的各项特许经营活动，并在课堂分享。

四、特许经营体系推广的营销要素

特许经营体系的推广不同于产品服务的推广，也不同于单项知识产权的简单加总，而是包含了各项知识产权及合同存续期的管理活动，因此在进行特许经营体系推广的过程中要摈弃传统招商模式下产品观念的销售思维，需要基于市场营销观念进行特许经营体系的直接推广。

（一）市场营销观念

市场营销观念以满足顾客需求为出发点，即"以顾客为中心""顾客需要什么，就生产什么"，它产生于买方市场步入成熟、市场竞争日益激烈的市场环境中。这一时期，企业不得不面对的一个关键问题就是如何在竞争中求得生存和发展，于是在外力的驱动下，企业需要将目光聚焦于顾客，追求长期的经济利益（图4-1-1）。

图 4-1-1　市场营销观念

（二）特许经营体系推广的市场营销要素

特许人在直接进行特许经营体系推广过程中需要梳理市场营销观念，关注市场、顾客、竞争、产品、价格及渠道等相关市场营销因素。

1. 市场

市场是指具有某种特定需要和欲望，愿意并且能够通过交换来满足这种需要和欲望的全部潜在顾客，即全部购买群体。决定市场规模和容量的要素有购买者、购买力和购买欲望（图4-1-2）。

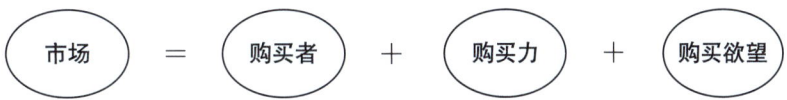

图 4-1-2　市场构成要素

有别于一般商品或服务所面对的市场，特许人面对的市场是由众多对特许经营商业模式有兴趣的潜在加盟商组成的市场。

2. 顾客

特许人面对的直接顾客是具有潜在需求的被特许人。基于市场营销观念的特许经营体系推广，需要通过满足顾客需求来提升顾客满意度及顾客忠诚度，并致力于顾客关系管理。

在市场营销观念中顾客关系管理（CRM，Customer Relationship Management）是指企业为提高核心竞争力，利用相应的信息技术和互联网技术协调企业与顾客间在销售、营销和服务上的交互，从而提升其管理方式，向顾客提供创新式、个性化的顾客交互和服务的过程。

特许经营体系推广过程中，特许人需要以顾客关系管理的理念维护与被特许人的关系。

3. 竞争

企业经营处于竞争环境，迈克尔·波特（Michael Porter）于20世纪80年代初提出了波特五力模型的概念。该模型提出，行业中存在着决定竞争规模和程度的五种力量，这五种力量综合起来影响着产业的吸引力以及现有企业的竞争战略决策（图4-1-3）。除同行业竞争外，企业竞争还受到供应商和购买者的议价能力、新进入者以及替代品的威胁。

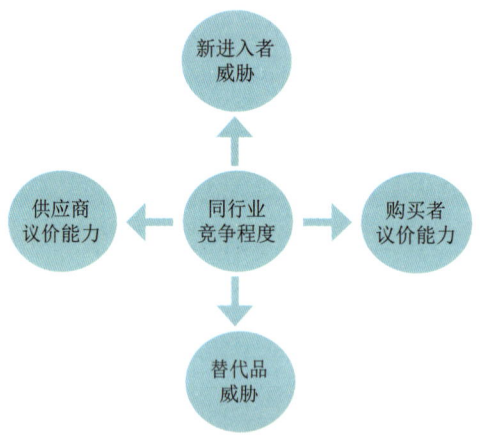

图 4-1-3　波特五力模型

第一，从同行业竞争角度看，特许人在市场上的竞争力主要取决于该市场其他特许人的竞争力，现有企业之间的竞争通常表现在价格、广告、产品及销售服务等主要方面。

第二，供应商的议价能力主要取决于他们所提供给特许人的投入要素，当供应商所提供的投入要素价值构成了特许人产品总成本的较大比例且对产品生产过程非常重要，或者严重影响产品质量时，供应商的议价能力就大大增强了。

第三，购买者的议价能力是指，被特许人在特许经营体系推广过程中会通过压价与要求提供较高服务来影响行业中现有特许人的赢利能力。

第四，新进入者在给行业带来新生产能力、新资源的同时，也会使现有市场的特许人面临利润被瓜分的风险，因此特许人需要从规模经济、产品差异、转换成本、多元化渠道、自然资源或地理环境等方面建立自己的核心价值，提高核心竞争力。

第五，两个不同行业中的企业，可能会由于所生产的产品是互为替代品，从而在它们之间产生竞争，这种源于替代品的竞争会以各种形式影响行业中现有企业的竞争战略。

4. 产品

特许人的产品指的就是特许经营权，包含了单项知识产权的综合及各项管理要素，最终变现形式就是对被特许人所提供的服务。

5. 价格

特许经营权的价格是特许人收取的初始费用和持续费用的贴现值之和。

第一，初始费用，即加盟费，指被特许人为获得特许人的经营模式、注册商标、企业标志、专利、专有技术等经营资源的使用权而向特许人支付的一次性费用。

第二，持续费用包括特许经营权使用费及市场推广基金/广告基金。特许经营权使用费指被特许人在使用特许经营权过程中按一定的标准或比例向特许人定期支付的费用。市场推广基金/广告基金指特许人或经特许人授权的企业按加盟商营业额或利润的一定比例，或者按照双方敲定的固定数额向加盟商定期或不定期收取的费用所组成的基金。该基金应用于特许经营体系（包括特许人或加盟商）的市场推广和对外广告宣传。

6. 渠道

在特许经营活动中，渠道是指特许经营权从特许人向被特许人转移所通过的途径，即可能存在的招商路径。

7. 促销

促销指企业运用各种短期诱因鼓励消费者和中间商购买、经销或代理企业产品或服务的营销活动。特许人需要在特许经营授权过程中组织各种招商宣传活动，以确保特许经营体系获得成功。

 案·例·分·享

我们可以向哈根达斯学什么？

虽然有些后来者为了自己的利益，总喜欢说前人老了，但即便是那些曾经的辉煌，也值得我们反复咀嚼与学习。

1. 时尚、年轻

哈根达斯自其诞生之日起，就一直把时尚作为自己的主打品牌理念之一，迄今依然。比如，可以从其代言人上窥见一斑：2018年，哈根达斯的代言人是迪丽热巴；2019年，代言人就换成了更年轻的刘昊然。此外，在网红、动漫等年轻轨迹浓重的IP上，哈根达斯也丝毫不比时下的网红品牌们差。

2. 定价策略

即便在海外有些国家，哈根达斯也被誉为冰淇淋中的LV、劳斯莱斯，其意之一指的就是其昂贵的价格。在中国，哈根达斯更是被打造成了一款奢侈品，从而大赚特赚。但是在本土

市场上，哈根达斯已开始频频打折了，从先期的高价撇脂战略，到如今的平民化价格定位，其实都是深思熟虑后制定的价格策略。

3. 产品是根

哈根达斯一直强调原材料的纯天然、地理标志的全球采购、每个地区的名特产、纯进口，强调产品里去除了色素、防腐剂、添加剂等。这些理念在当下更是毫不过时，因为如今人们更加强调健康的食品理念。

4. 充分打造体验感

在国外，哈根达斯会在商超里出售，也会在航班上赠送，走了一些快消路线。但在中国，哈根达斯的战略或主战略是大规模开设实体店，他们也意图打造类似星巴克那样的第三空间，用优质的体验传播品牌感知、企业文化。实体店地处黄金地段的房租、人工、保鲜的物流配送等居高不下的成本费用，是哈根达斯在中国售价明显偏高的原因之一。

5. 擅长营销

正如所有成功的企业一样，哈根达斯也非常擅长营销。其花色繁多的活动、派对以及时下流行的小红书、百家号等，到处都能看得到哈根达斯在线下、线上种草的身影。

6. 讲故事

因为哈根达斯针对的主要消费者是年轻人，所以哈根达斯的故事就主打年轻人最喜欢和最容易被打动的故事主题：爱情。"爱她，就请她吃哈根达斯"，这个具备暗示性、引诱性，甚至有点强迫性的故事主题，其营销的力量和卖钻石的高喊"爱情恒久远，一颗永流传"一样，皆在通过打动另一方来促成消费。当然，随着女权意识的越发增强，现在哈根达斯的故事主题又改成了："Everyday made extraordinary"，这个故事就直奔消费者本尊，让如今更强调独立、个性，甚至有点"任性"的消费者主动为自己消费。[①]

实 训 任 务

特许经营企业推广模式调研

任务背景

晨光文具是全球最大的文具制造商之一，在全国覆盖超8万家零售终端，拥有晨光生活馆、九木杂物社等441家零售门店。

① 李维华. 特许经营新思维 [M]. 北京：企业管理出版社，2021：13-14.

任务描述

通过网络搜索，寻找2个不同类型和规模的特许经营企业官方网站，通过网站信息收集，集合企业发展阶段现状，分析并评价其特许经营体系推广的模式和营销要素。

任务实施

第一步，调研企业信息确定。

教师指导学生通过网络案例，确定要调研的2家不同类型和规模的特许经营企业，并在下表中填写企业基本信息。

企业A基本信息：

企业B基本信息：

第二步，论述两家企业目前的经营发展阶段和对应的特许经营体系推广模式。

企业A经营发展阶段和对应的特许经营体系推广模式：

企业B经营发展阶段和对应的特许经营体系推广模式：

第三步，论述两家企业特许经营体系推广的营销要素。

企业A推广的营销要素：

企业B推广的营销要素：

任务评价

学生自评模块

序号	技能点	佐证	达标	未达标
1	特许经营企业发展阶段和对应的特许经营体系推广模式	能够通过网络资源准确分析特许经营企业的经营发展阶段		
		能够通过网络资源准确判断企业现有特许经营体系的推广模式		
2	特许经营体系推广的营销要素分析	能够准确说出特许经营体系推广营销要素的基本内容		
		能够准确深入分析该企业特许经营体系对应的营销要素		

序号	素质点	佐证	达标	未达标
1	信息搜集能力	能够通过互联网及实体渠道准确搜集信息、甄选信息和使用信息		
2	团队合作精神	能够和团队成员共同协商、共同完成实训任务		

教师评价表

序号	技能点	佐证	达标	未达标
1	特许经营企业发展阶段和对应的特许经营体系推广模式	能够通过网络资源准确分析特许经营企业的经营发展阶段		
		能够通过网络资源准确判断企业现有特许经营体系的推广模式		
3	特许经营体系推广的营销要素分析	能够准确说出特许经营体系推广营销要素的基本内容		
		能够准确深入分析该企业特许经营体系对应的营销要素		

序号	素质点	佐证	达标	未达标
1	信息搜集能力	能够通过互联网及实体渠道准确搜集信息、甄选信息和使用信息		
2	团队合作精神	能够和团队成员共同协商、共同完成实训任务		

任务 2　特许经营体系推广准备工作

 ## 主要概念

　　招商团队、直线型组织结构、职能型组织结构、事业部制组织结构、样板店、店铺选址、店铺形象、磁石点理论、信息披露、招商手册、招商广告。

 ## 学习目标

〔知识目标〕

- ★ 了解招商团队的工作职能；
- ★ 掌握不同类型组织结构的优劣势及适用范围；
- ★ 熟悉样板店的不同类型及特点；
- ★ 掌握样板店建立的主要内容；
- ★ 掌握选址调查的要素；
- ★ 了解店铺招牌的不同类型；
- ★ 熟悉橱窗的不同类型；
- ★ 掌握不同店铺布局的优劣势；
- ★ 掌握磁石点理论；
- ★ 了解不同的陈列方式；
- ★ 掌握特许人信息披露文件的内容；
- ★ 熟悉招商手册的内容；
- ★ 熟悉招商广告的内容；
- ★ 熟悉授权类文件的内容；
- ★ 熟悉备案类文件的内容。

〔能力目标〕

- ★ 能够画出招商团队的组织结构图；
- ★ 能够基于总部经营管理理念撰写样板店设计调研报告；
- ★ 能够根据法律规范要求，将特许经营招募文件准备齐全。

〔素养目标〕

★ 能够基于《商业特许经营管理条例》《中华人民共和国广告法》相关条款内容进行招商推广准备工作，从而树立正确的法治意识；

★ 能够基于诚实守信的商业道德，进行招商推广的准备工作。

 **任务导入**

绝味食品加盟商委员会制度[①]

绝味食品股份有限公司（简称"绝味食品"）是一家从事休闲食品连锁经营的公司，截至2018年底，绝味食品加盟商超过3000人，加盟店占比达到95%以上，加盟商及终端店员3万人左右，管理层2000多人，因此绝味食品开始了分公司加盟商委员会制度的建立。加盟商委员会是一个由绝味加盟商代表组成，参照"企业宪政"建立的加盟商自治管理机构。通过该平台，可以加强加盟商和公司、加盟商与加盟商的联系和沟通，充分发挥资源优势，建立有效的厂商互动平台，推动绝味共同价值观和加盟商一体化建设，推动加盟商伙伴生意发展。

1. 加盟商委员会的文化建设

设立宗旨：广泛凝聚共识，帮扶生意发展；

设立原则：规则公平，程序公平，机会公平；

核心价值观：出席、出心、出力；

精神：快乐付出，合作共赢；

行为准则：以感恩的心凝聚共识，以传承的姿态严谨服务，帮扶生意发展。

2. 四级加盟商委员会

绝味食品加盟商委员会由绝味全国加盟商委员会、绝味片区加盟商委员会、绝味分会和战区委员会构成，通过加盟商委员会会议制度，展开八大项工作：生意发展、自检自查、参政议政、经验交流、资源共享、沟通纽带、爱心互助、监督保障。

 任务解析

绝味食品加盟商委员的成立有助于帮助企业推动共同价值观的建立，有助于生意发展。这一庞大组织的建立，离不开绝味食品一整套完备的特许经营体系推广过程中的权、责、利互通。

---

① 中国连锁经营协会. 绝味食品：四级加盟商委员会 [EB/OL]. （2019-09-02）. http://huiyi.ccfa.org.cn/portal/cn/xiangxi.jsp?id = 439898&type = 10004.

知识准备

一、建立招商团队

特许经营体系推广活动的第一步是建立专门的组织负责这项工作，这个组织可以是一个常设的部门，也可以是一个项目小组。

（一）招商团队的工作职能

1. 部门及人员管理

按照招商团队组织目标，进行人员招聘、培训、绩效考核。

2. 招商体系建设

招商团队需要参与特许经营体系建设，收集与招商相关的法规政策、趋势、模式、竞争者信息等，为公司招商体系建设、维护与升级提出合理化且可行性强的实施方案。

此外，招商团队还需要进行招商战略、招商战术规划建设，将招商政策制度化、体系化。

3. 市场拓展

招商团队是特许经营体系推广的主要负责人及实施者，需要负责建设样板店、制定招募文件、发布及磋商招商信息、甄选被特许人、签订特许经营合同、培训被特许人及新店开业的一系列组织活动。

4. 关系维护

招商部门的目标不仅仅是将特许经营权销售出去，还需要维护好与被特许人的关系，做好与法务、营建、培训、物流、督导、财务、人力、行政等公司其他部门的交接与配合工作，维护好与各种招商媒介的关系。

（二）招商团队的组织结构及人员构成

1. 招商团队组织结构

（1）直线型组织结构。

直线型组织结构是工业发展初期的一种简单的组织结构形式（图4-2-1），适用于小型组织或现场作业。这种结构形式具有权责明确、命令统一、决策迅速、反应灵敏和管理机构简单的优点；其缺点是权限高度集中，易于造成家长式管理作风，形成独断专行、长官意志，组织发展受到管理者个人能力的限制，组织成员只注意上下沟通，而忽视横向联系。这种组织结构的适用范围有限，它只适合小规模组织，或者是组织规模较大但活动内容比较简单的组织。

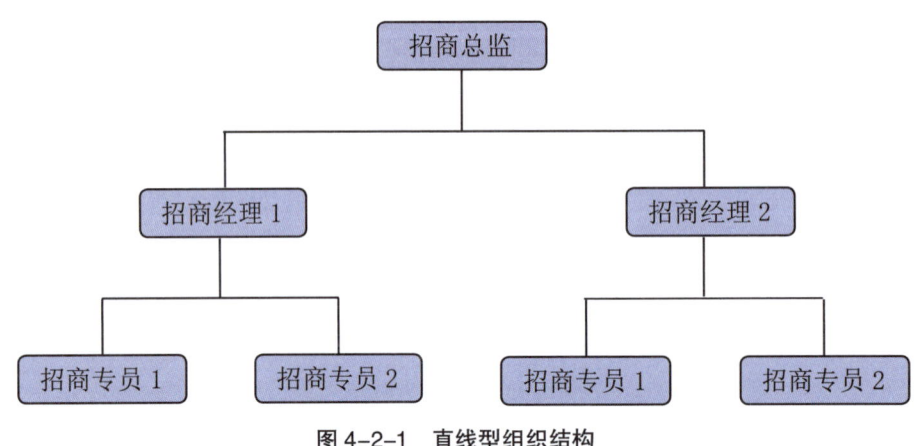

图 4-2-1　直线型组织结构

（2）职能型组织结构。

职能型组织结构又称为U型组织，起源于20世纪初法约尔在其就职的煤矿公司担任总经理时所建立的组织结构形式，故又称"法约尔模型"。现代企业中许多业务活动都需要有专门的知识和能力，通过将专业技能紧密联系的业务活动归类组合到一个单位内部，可以更有效地开发和使用技能，提高工作效率（图4-2-2）。

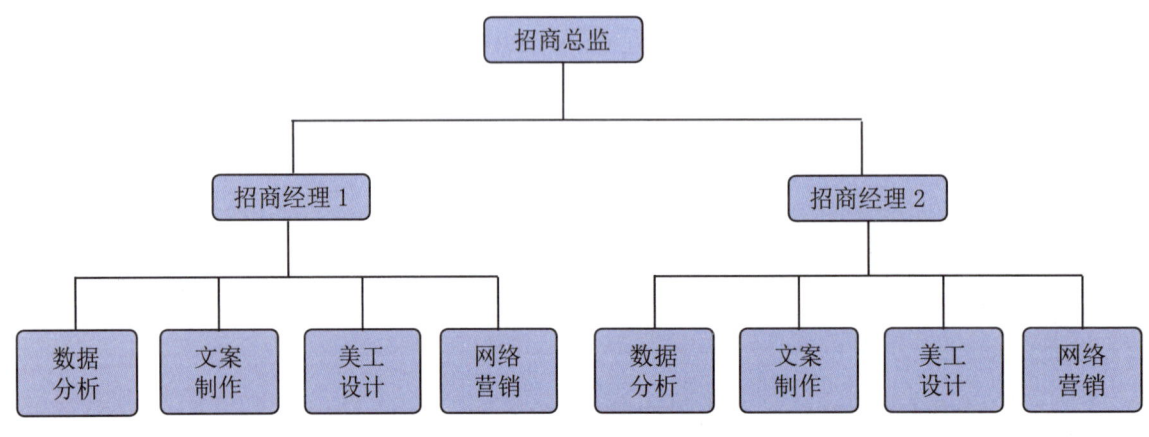

图 4-2-2　职能型组织结构

（3）事业部制组织结构。

事业部制是为满足企业规模扩大和多样化经营对组织结构的要求而产生的一种组织结构形式（图4-2-3）。在总部领导下设立多个事业部，把分权管理与独立核算结合在一起，按产品、地区或市场划分经营单位，即事业部。每个事业部都有自己的产品和特定的市场，能够完成某种产品从生产到销售的全部职能。事业部不是独立的法人企业，但具有较大的经营权限，实行独立核算、自负盈亏，是一个利润中心。一些大型的国际特许经营体系授权企业可以采用该招商组织结构。

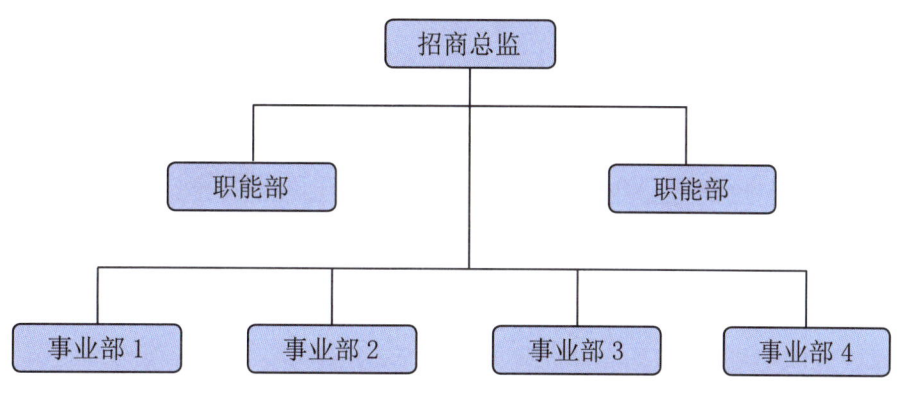

图 4-2-3　事业部制组织结构

2. 招商团队人员构成

（1）招商运营总监。

① 主持建立并完善招商加盟体系，制定招商业务流程标准。

② 完善招商加盟运营部的管理制度，保证招商加盟运营部运转，根据公司年度战略目标，设定和分解招商加盟运营部业绩目标，制定本部各阶段工作计划和工作部署。

③ 组织团队进行各种招商加盟工作、招商谈判，完成年度招商目标，辅导部门人员完成个人业绩。

④ 做好部门管理，搭建和发展高效、稳定及梯队化的招商队伍，有效激励和发展部门员工。

⑤ 独立规划业务工作，及时分析市场动态，组织市场调查，预测市场发展趋势，并针对市场的变化和竞争的需要提出应对策略。

⑥ 负责公司的招商加盟工作，对各项业务的洽谈、签约工作进行管理、协调、指导、监督与审核。

⑦ 负责为公司招商加盟工作的重大经营决策提供信息、方案和建议。

（2）招商运营经理。

① 负责品牌加盟连锁体系的开发与管理。

② 负责加盟商的开发与管理，指导并协调加盟商按总部的要求制订拓展计划并落实执行。

③ 负责主导并参与加盟商的项目洽谈及所有开店前的相关事宜，对最终合作结果负责。

④ 负责管理并协调加盟店的开业活动及后续持续稳定的运营，促进加盟店完成良好业绩的同时，执行总部的运营政策与规划。

（3）招商专员。

① 电话与意向客户进行加盟流程沟通。

② 电话邀约意向客户来公司参观考察。

③ 来访客户接待，协助销售洽谈与谈判及意向合同、正式合同的签订。

二、建立样板店

样板店又称示范店，是特许人挑选的能够全面展示特许品牌形象，并可作为特许人新产品及新营销模式的实验基地，并可供加盟商参观、学习、体验和接受培训的店铺。对于被特许人而言，在初期选择项目时，可以通过样板店了解整体的特许经营体系，从而做出合理的项目选择，同时在项目签约后可以在此接受培训、实习等。因此，样板店的建设是特许经营体系的核心竞争力和源泉的表现形式。

（一）样板店的类型

（1）特许人自己建立并管理的样板店。

该类样板店是指由特许人独资建立与运营管理的样板店。特许人在品牌建立之初，为了解特许经营体系的可行性，一般会先独资建立样板店，或者从直营门店中选取合适的店铺作为样板店。

（2）区域被特许人建立与管理的样板店。

该类样板店是由区域被特许人独资建设并管理，或者由特许人和区域被特许人合资建设并管理的样板店。

（3）区域被特许人或单店被特许人建立，而由特许人指定的样板店。

在特许人品牌较为成熟的发展阶段，为了优化特许经营体系的经营模式，特许人可以根据自身制定的样板店标准，在众多的加盟店中选择合适的门店作为样板店。

（二）样板店的特点

1. 代表性

样板店是特许人特许经营体系核心竞争力的源泉和表现形式，因此在某种程度上，样板店是特许人企业战略、消费定位、产品规划等方面的具体外在表现。

2. 完整性

样板店的硬件需要包括门店形象、建筑环境、购物环境、设备设施、商品布局与陈列的可视化部分，同时还包含了组织管理体系、文化制度建设、服务标准、人员管理、消防安全管理、门店运营管理等软件方面的配备，这体现了样板店完整性的特点。

3. 可复制性

可复制性是样板店最大的特点，也是特许经营体系能否落地的重要检验因素之一，要求硬件和软件方面都可以复制，做到门店形象和服务产品完全一致。

样板店、旗舰店和形象店是同一个概念吗？如果不是，请解释它们之间的不同点。

（三）样板店建设内容

样板店最终建设落地需要包括软件建设与硬件建设两个部分，其中样板店的软件部分考查的是特许人特许经营体系在经营方面的主要表现，包括了组织管理体系、文化建设、服务标准、综合管理、门店运营方面，在样板店运营管理一段时期后还可以对其进行综合效益评估；样板店的硬件建设是特许人特许经营体系最直观的可视化体现，基于店铺选址，进行门店形象、建筑环境、购物环境、设施设备及商品陈列布局的建设（图4-2-4）。

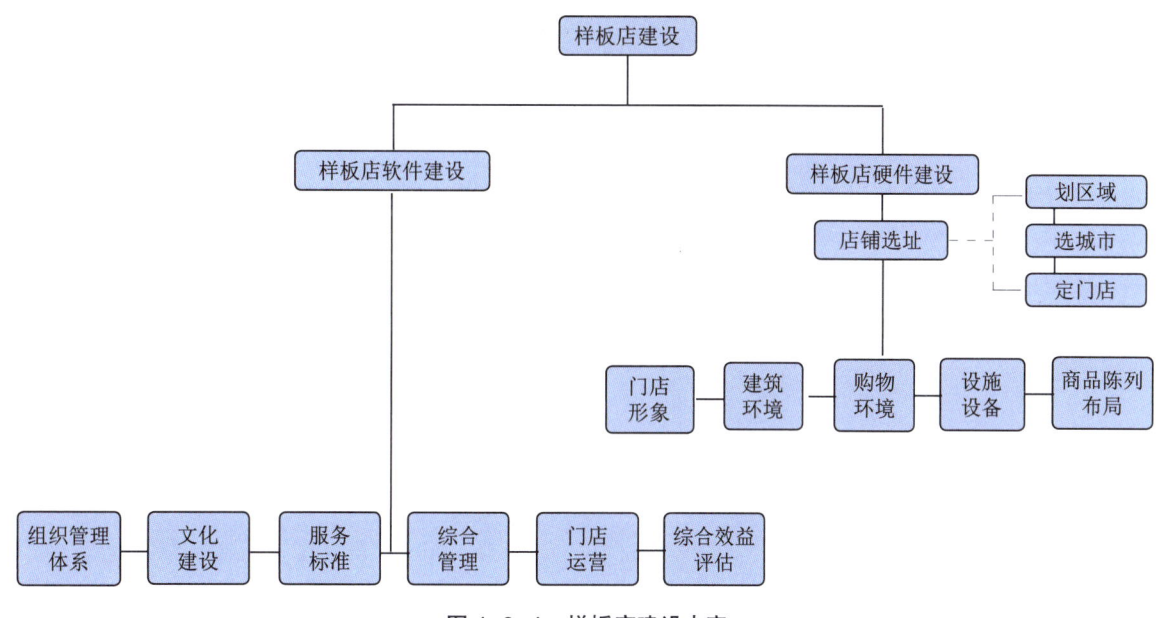

图 4-2-4　样板店建设内容

案·例·分·享

麦当劳 Minimal 样板店

Minimal样板店的设计特点是在降低成本的同时以明快俏皮的氛围吸引所有的顾客，其独到之处在于将动感的形状与色块应用到家具与图案中，对顾客产生积极而深远的影响。这些图案的设计和"超级美食"相呼应，让消费者在用餐的过程中增加食欲（图4-2-5、图4-2-6）。

柜台的设计使得消费动线变得更加清晰，基于消费流程动线将点餐和取餐分开，在提升顾客选购实物速度的同时，也让工作人员在后台的操作分工更加明确。在取餐的时候消费者可以看到墙面陈列的附赠商品，增添了购物乐趣。

图 4-2-5　麦当劳 Minimal 样板店——柜台

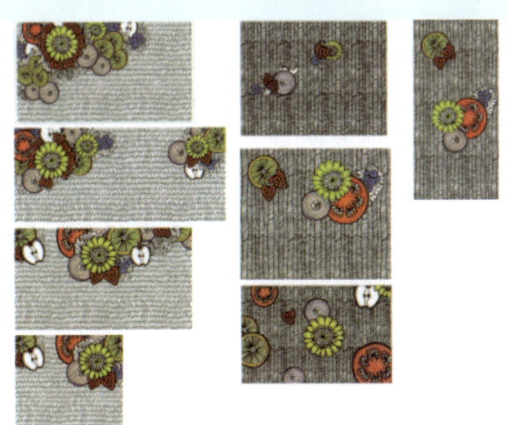

图 4-2-6　麦当劳 Minimal 样板店——超级美食图案

1.样板店软件建设

（1）组织管理体系。

组织管理体系的制定主要针对的是样板店的人力资源架构，要建立健全的组织架构，做到人员配置合理，岗位分工清晰，职责明确，程序清晰。

（2）文化建设。

样板店是企业特许经营权在设计、授权及整个营建、管理、维护和升级阶段文化输出的原型。样板店文化建设主要表现在企业形象识别系统（Corporate Identity System）的落实力度上，最终以企业终端识别系统（Space Identity）的形式展现出来，是样板店在理念识别（MI，Mind Identity）、行为识别（BI，Behavior Identity）及视觉识别（VI，Visual Identity）三方面的总体体现（图4-2-7）。

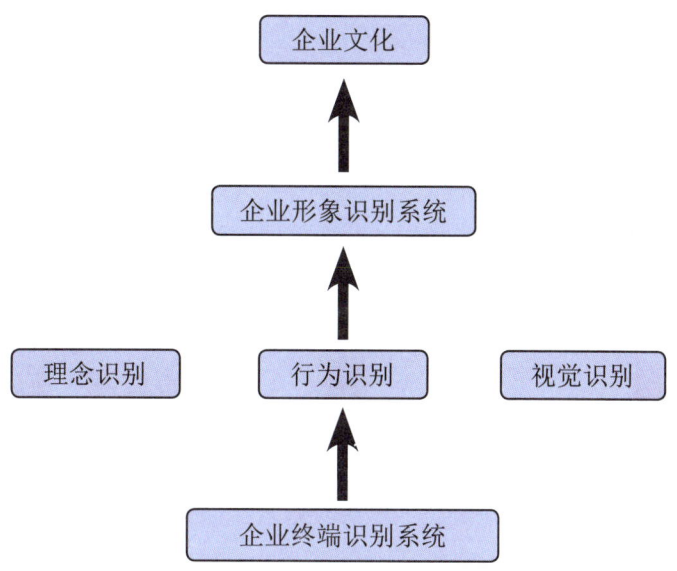

图 4-2-7　样板店文化建设路径

（3）服务标准。

样板店服务标准建设是特许经营体系中服务标准的有效检验和品牌输出，大致包含了服务准则、仪容仪表及礼仪规范、顾客接待流程、顾客接待标准、顾客退换货管理、顾客投诉管理。

（4）综合管理。

综合管理主要包括如下几个方面。

人员管理：样板店人员编制是否合理、录用条件和招聘流程是否符合国家有关法律法规，样板店团队建设过程中的员工培训、团队凝聚力和协作力建设等。

资产管理：完整的资产规范、资产的使用情况及完好率记录。

财务管理：主要包括盘点管理、票据管理、现金管理三个方面的内容。

安全管理：主要包括消防安全和食品安全方面的综合管理标准。

（5）门店运营。

门店运营包括了如下几个方面。

商品品种结构：按照门店经营业态，根据商品配置表及消费者定位，进行合理化商品设置。

商品质量：通过商品可控渠道建设确保商品质量，制定商品质量检查记录规范等。

商品定价：按照特许经营总部的规范性要求，及时调整商品价格。

信息建设：建设POS系统正常运行管理机制、建设信息化交流平台、信息化结算平台、网上营销服务平台等。

（6）综合效益评估。

综合效益评估除了涵盖经济任务目标之外，还需要兼顾社会效益及企业社会责任。其中社会效益包含顾客满意度、员工满意度、安全事故率、重大投诉率和各级各类奖项的获得情况。社会责任是指样板店在终端经营过程中是否遵循国家法律法规，保障职工权益，保护消费者权益，建立平等、和谐、共赢的供应商关系，构建公平竞争的市场环境及明确信息披露方面的具体落实情况。

2.样板店硬件建设

（1）店铺选址。

如果店铺是一株植物，那么店铺的地址就好比植物赖以维持生命的土地。样板店选址又要比一般店铺选址更加细致。

① 店铺选址的一般原则：方便顾客购买；方便货物运送；有利于竞争；有利于网点的扩充。

② 不同业态店铺选址规范及特点（表4-2-1）。

表 4-2-1　主要业态店铺选址及特点

业态	定义	选址	规模
百货店	在一个大建筑物内，根据不同商品部门设销售区，开展进货、管理、运营，满足顾客对时尚商品多样化选择需求的零售业态	在城市繁华区、交通要道	规模大、营业面积在5000平方米以上
超级市场	采取自选销售方式，以销售饮料、生鲜食品、副食品和生活用品等为主，满足顾客每日生活需求的零售业态	在居民区、交通要道、商业区	营业面积在1000平方米左右
大型综合超市	采取自选销售方式，以销售大众化实用品为主，满足顾客一次性购物需求的零售业态	在城乡接合部、住宅区、交通要道	营业面积在2500平方米以上
便利店(方便店)	以满足顾客便利性需求为主要目的的零售业态	在居民住宅区、主要干线公路边以及车站、医院、娱乐场所、机关、团体、企事业单位所在地	营业面积在100平方米左右，营业面积利用率高
专业店	以经营某一大类商品为主的，并且具备丰富专业知识的销售人员和适当的售后服务，满足消费者对某大类商品的选择需求的零售业态	选址多样化、多数店设在繁华商业区、购物中心内	营业面积根据主要商品特点而定
专卖店	专门经营或授权经营制造商品牌，适应消费者对品牌选择需求的零售业态	在繁华商业区、商业街或购物中心内	营业面积根据经营商品的特点而定
购物中心	指企业有计划地开发、拥有、管理运营的各类零售业态、服务设施的集合体	中心商业区或城乡接合部的交通要道	核心店的面积一般不超过购物中心面积的80%

业态	定义	选址	规模
仓储式商场	以经营生活资料为主的,储销一体、低销售、提供有限服务的零售业态(其中有的采取会员制形式,只为会员服务)	在城乡接合部、交通要道	营业面积大,一般为10000平方米左右

③ 店铺选址流程（图4-2-8）。

项目调查　周边环境调查　周边交通调查　周边竞争业态调查　项目评估

图 4-2-8　店铺选址流程

A. 项目调查。

要先了解预选样板店的基本情况,基于项目所在地的准确地址进行调查（主要针对区域及所属街道的面积、常住人口、人均可支配收入）,再预估项目营运能力所覆盖的空间范围,即可能来店购物的顾客所处地理区域。根据商圈理论,若该项目辐射范围能吸引55%~70%的客流量,人口密度高,购买额高,且很少与其他商圈发生重叠,那么该区域为核心商圈,也就是该项目最有效的辐射范围;若该项目辐射范围能吸引15%~25%的客流量,那么该区域一般是位于核心商圈外围的商圈,称为次级商圈;若该项目辐射范围吸引的客流量小于15%,那么称之为边缘商圈（图4-2-9）。

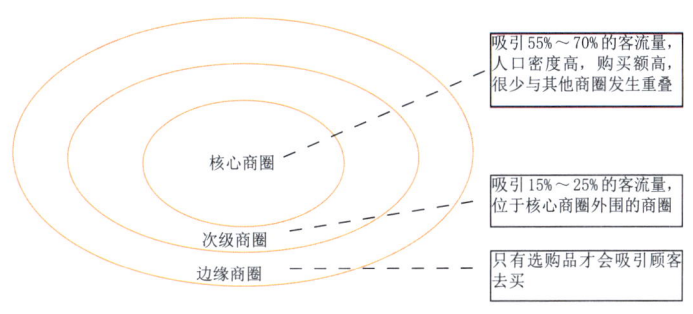

图 4-2-9　店铺辐射范围

B. 周边环境调查。

周边环境调查主要是针对项目的潜在消费群体进行实地调研,一般包括如表4-2-2所示的相关内容。

表 4-2-2 周边环境调查内容

周边建筑	名称	所在位置	到样板店距离	消费者数量
社区	××小区	××路	××千米	××户
企业／工厂	××公司	××路	××千米	××员工
学校	××学校	××路	××千米	××学生、教职工
医院	××医院	××路	××千米	××员工、病人
旅游景点	××	××路	××千米	日均客流量

C.周边交通调查。

交通便利性对于样板店选址而言是至关重要的，需要尽可能地将项目周边的地铁、公交等信息都详尽记录。

D.周边竞争业态调查（表4-2-3）。

此处的竞争业态主要指的是同本项目经营范围大致相同的店铺，调研的内容主要包括店铺名称、地理位置、店铺面积、店铺人员数量、店铺形象评价以及商品调查。

表 4-2-3 周边竞争业态调查表

考察日期		考察人员		
考察项目		竞争店 A	竞争店 B	竞争店 C
店铺名称				
店铺位置（地址）				
店铺面积（m²）				
店铺人员数量	前台操作人员			
	理货人员			
	其他			
店铺形象评价	店铺外装修效果			
	店铺内部氛围			
	商品陈列效果			
商品调查	主力产品			
	主力产品价格带			
	辅助产品			
	辅助产品价格带			
消费评价				
考察开始时间				
考察结束时间				

通过竞争业态调研，获取该地区竞争者经营面积数量，再利用零售饱和指数，分析该区域内项目的竞争激烈程度。该指数可以测定特定商圈内某类商品销售的饱和程度，用以帮助新设商店经营者了解某个地区内同行业是过多还是不足。饱和指数大，该地区竞争相对缓和，销售潜力大；饱和指数小，该地区竞争相对激烈，零售潜力小。

$$IRS = \frac{C \cdot RE}{RF}$$

式中，IRS——某地区某类商品商业圈饱和指数；

　　　　C——某地区购买某类商品的潜在顾客人数；

　　　　RE——某地区每一位顾客的平均购买额；

　　　　RF——某地区经营同类商品的商店营业总面积。

课 堂 讨 论

一家经营食品和日用品的小型超市需要测定所在地区的商业饱和度，假设该地区购买食品及日用品的潜在顾客是4万人，每人每周平均购买额为50元，该地区现有经营食品及日用品的营业面积为50000平方米，求商圈饱和度指数。

E.项目最终评估。

店铺选址最终评估结果的步骤如下。

第一步，总部确定选址要素，并给予相应的权重。

第二步，根据总部要求对店铺选址的具体指标打分。

第三步，计算店铺最终成绩，选择分数高的店铺。

案·例·分·享

某特许连锁企业根据特许经营总部门店选址规范，确定了样板店选址的要素，并根据重要程度，给各类选址因素打分。人是选址过程中最重要的因素，因此商圈内的人口数量、收入情况、目标顾客的类型以及行人流量都是重要考虑因素。接着通过开发团队打分及相应的权重分析，发现店址3的分数是最高的，因此选用店址3的位置开设样板店（表4-2-2）。

表 4-2-4 店铺选址因素评分

选址因素	权重	预选店址得分			权重×预选店址得分		
		店址1	店址2	店址3	店址1	店址2	店址3
商圈内人口多	5	8	7	9	40	35	45
商圈内收入高	5	5	7	6	25	35	30
接近目标顾客	5	6	5	6	30	25	30
机动车流量大	3	7	8	7	21	24	21
非机动车流量大	3	5	5	6	15	15	18
行人流量大	5	5	6	6	25	30	30
与邻店关系融洽	2	−4	3	4	−8	6	8
物业费低	4	6	5	−3	24	20	−12
广告费低	2	5	6	3	10	12	6
商店能见度高	3	3	5	5	9	15	15
营业面积合适	3	4	−2	6	12	−6	18
店面可扩充	2	−6	−2	−2	−12	−4	−4
停车位充足	3	−5	3	6	−15	9	18
与开发商关系融洽	2	7	5	4	14	10	8
合计					190	226	231

注：每一个因素按重要程度分成5个等级，每个店址各因素评分分布在−10到10区间内。

（2）店铺形象。

店铺形象是一整套店铺功能性和非功能性特征的集合，也是特许经营企业将企业文化传递给顾客的重要载体。顾客通过消费、体验可以产生对该店铺属性的一整套完整评价并在脑海中长期保留。

店铺的功能性特征主要是指店铺给消费者带来的关于商品结构、价格政策、销售方式、店铺选址、规模及形态等手段的形象认知。

店铺的非功能性特征主要是指建筑物本身，商店内部整体规划、布局陈列、气味、广告、温度等的感觉与体验。

（3）购物环境。

购物环境是指店铺非功能性特征的具体表现方式，包括了店铺外部以及店铺内部。店铺外部包含了建筑物本身、店铺招牌以及橱窗。店铺内部从空间、声音、光线与温度方面进行呈现。

　　①　建筑物的可视性主要指潜在消费者能在建筑物外围多远距离看到店铺，能看到店铺的全部还是一部分以及是在自然状态下还是在刻意寻找状态下看到店铺。

店铺前的障碍物

1. 店铺前的坡道

店铺前的道路为坡道或门前路面不平坦同样会影响到顾客的进店概率，也会造成不方便停车、进出不方便等问题，从而造成顾客进店的概率下降（图4-2-10）。

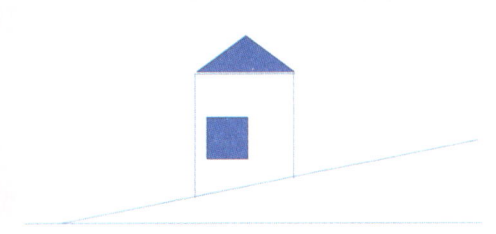

图 4-2-10　店铺前的坡道

2. 店铺背靠地铁出入口

门前靠近地铁站的出入口时，一定要详细分析出入口的方位，以及店铺所在位置的便利性。当店铺位置背靠地铁出入口时，会存在顾客因行色匆匆，不愿停留购物的情况（图4-2-11）。

图 4-2-11　店铺背靠地铁出入口

3. 店铺前有大树

门口有茂盛的参天大树（或电线杆、风井、排烟）会阻碍顾客的视线和出入的动线，从而很难让顾客进入店铺，而且因为市政绿化的需要很难对树木进行砍伐修剪（图4-2-12）。

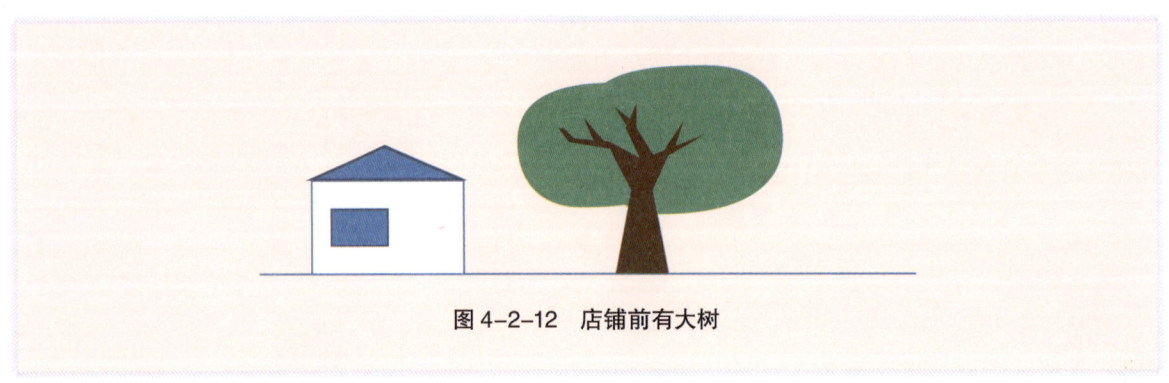

图 4-2-12　店铺前有大树

② 店铺招牌是指挂在商店门前作为标志的牌子，主要用来指示店铺的名称和记号，也可称为店标。店铺招牌一般有如下几种类型。

悬挂式招牌：是指招牌和广告直接悬挂于商店外墙面或其他构件上的店铺招牌。

独立式招牌：是指招牌和广告以平面或立体的形式独立设置于商店前的地面或屋顶上的店铺招牌。

出挑式招牌：是指招牌和广告从商店外墙面悬壁出挑的店铺招牌。

附属固定式招牌：是指将招牌和广告的字体图案直接固定在外墙、雨棚或建筑物檐部上端的店铺招牌。

③ 商店橱窗不仅是门面总体装饰的组成部分，而且是商店的第一展厅，它以本店所经营销售的商品为主，巧用布景、道具，以背景画面装饰为衬托，配以合适的灯光、色彩和文字说明，是进行商品介绍和商品宣传的综合性广告艺术形式。橱窗陈列一般有以下几种形式。

综合式橱窗：是将许多不相关的商品综合，陈列在一个橱窗内，组成一个完整的橱窗广告，以模特、服装、配件等组合来达成橱窗的完整性。

系统式橱窗：采用系统的陈列方式，一般要求橱窗面积较大，可以按照商品的不同标准组合陈列在一个橱窗内。又可具体分为同质同类、同质不同类、同类不同质、不同质不同类的商品橱窗。

专题式橱窗：以一个广告专题为中心，围绕某一特定的事情，组织不同类型的商品进行陈列，向顾客传送一个主题，如世界杯陈列等。可分为节日陈列、场景陈列与事件陈列三种。

特写式橱窗：运用不同的艺术形式与处理方法，集中介绍某一商品。适用于新产品、特色商品广告宣传，主要有单一商品特色陈列及商品模型特写陈列两种。

季节式橱窗：主要根据季节变化把应季商品集中进行陈列，满足顾客应季购买的心理特点，有利于扩大销售。

④ 店铺内部整体空间规划。

店铺面积规划：店铺面积包括营业面积、仓库面积和附属面积。其中营业面积占整个空间的60%～70%，包括陈设商品面积；仓库面积占整个空间的15%～20%，包括店内仓库和销售准备区域面积；附属面积占整个空间的15%～20%，包括办公室、休息室、更衣室、电梯和安全设施。

店铺整体布局：店铺布局包括三大类型（表4-2-5），第一类为方格型布局，是指将空间用购物通道分隔为一个一个方格，不同方格内往往设置不同商品类别区，各方格内的商品基本上用相同规格的货架或货物进行陈列；第二类为跑道型布局，通过设置环形跑道，达到吸引顾客游逛大型店铺的目的，这一穿越店铺的跑道提供了通向各个小隔间的通路；第三类为自由型布局，是指将货位任意分类设计，不要求对称分布，也不要求直排通道，形成一个个小隔间。

表 4-2-5　各类布局的优缺点

布局类型	优点	缺点
方格型布局	• 走道根据客流量进行设计,有效利用空间; • 方便顾客查找商品; • 易于采用标准化货架,可节省成本; • 简化商品管理及安全保卫工作	• 气氛单调、冷淡; • 室内装潢创造力有限
跑道型布局	• 鼓励顾客冲动消费	• 顾客不会自然被吸引到店铺中来
自由型布局	• 货位布局灵活,卖场氛围和谐,促使顾客冲动购物; • 便于顾客浏览,增加顾客停留时间	• 顾客可能集中在某些柜台,不便于分流; • 不能充分利用卖场面积,对商店管理要求较高

知·识·链·接

卖场 VMD 系统

VMD（Visual Merchandise Design）系统，一般称之为"视觉营销"或者"商品企划的视觉化"，该概念产生于20世纪七八十年代的美国，是作为零售销售战略的一环登上历史舞台的。在店铺规划中，VMD系统包含了VP、PP和IP三个部分。

VP（Visual Presentation）：视觉陈列提案，表达店铺卖场的整体印象，引导顾客进入店内卖场，注重情景氛围营造，强调主题。主要指店铺的橱窗、入口、中岛站台等展示场景。

PP（Point of Presentation）：重点商品陈列提案，表达区域卖场的印象，引导顾客进入各专柜卖场深处，展示商品的特征和搭配，展示与实际销售商品的关联性。其主要呈现在展柜、展架、卖场柱体等位置。

IP（Item Presentation）：单品陈列提案，即实际销售商品的分类、整理，其目的是引导消费者进行商品选购，一般需要和PP进行搭配（图4-2-13）。

图 4-2-13　PP 与 IP 陈列

（4）设施设备。

① 常规设施设备：服务台、收银台、洗手间、休息区、仓库、生活办公设施。

② 消防安全设施设备：消防标志、火灾报警器、喷淋系统、消防栓、灭火器、防火卷闸门、内部火警电话、紧急照明系统、火警广播。

③ 智慧门店中的设施设备：人脸识别系统、过店客流摄像头、智能货架、职能价签、POS终端（图4-2-14）。

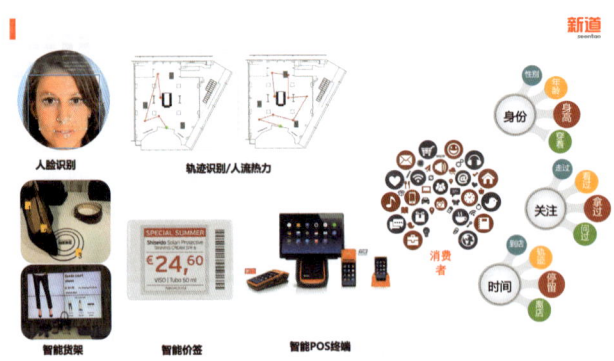

图 4-2-14　智慧门店中的设施设备

（5）商品陈列布局。

① 磁石点理论认为，商品如磁石一样，对顾客会产生一定的吸引力。在整个店铺中存在五大磁石。

第一磁石：主力商品，位于主通道两侧，是顾客必经之路，能吸引顾客到内部卖场。这里也是商品销售最主要的地方。

第二磁石：展示观感强的商品，在通路末端，有着诱导顾客走到卖场最里面的任务。

第三磁石：端架商品，卖场中间陈列货架两端的位置。一般放置促销品、季节性商品、购买频率高的商品。

第四磁石：单项商品，位于辅助通道两侧，主要在陈列线中间吸引顾客注意的位置，包括热门商品、特意大量成列商品、广告宣传商品。

第五磁石：卖场堆头，位于结算区域前面的中间卖场，可组织大型展销、特卖的非固定性卖场。

课·堂·讨·论

在图4-2-15中标注出相应的磁石点，并说明该磁石点的作用。

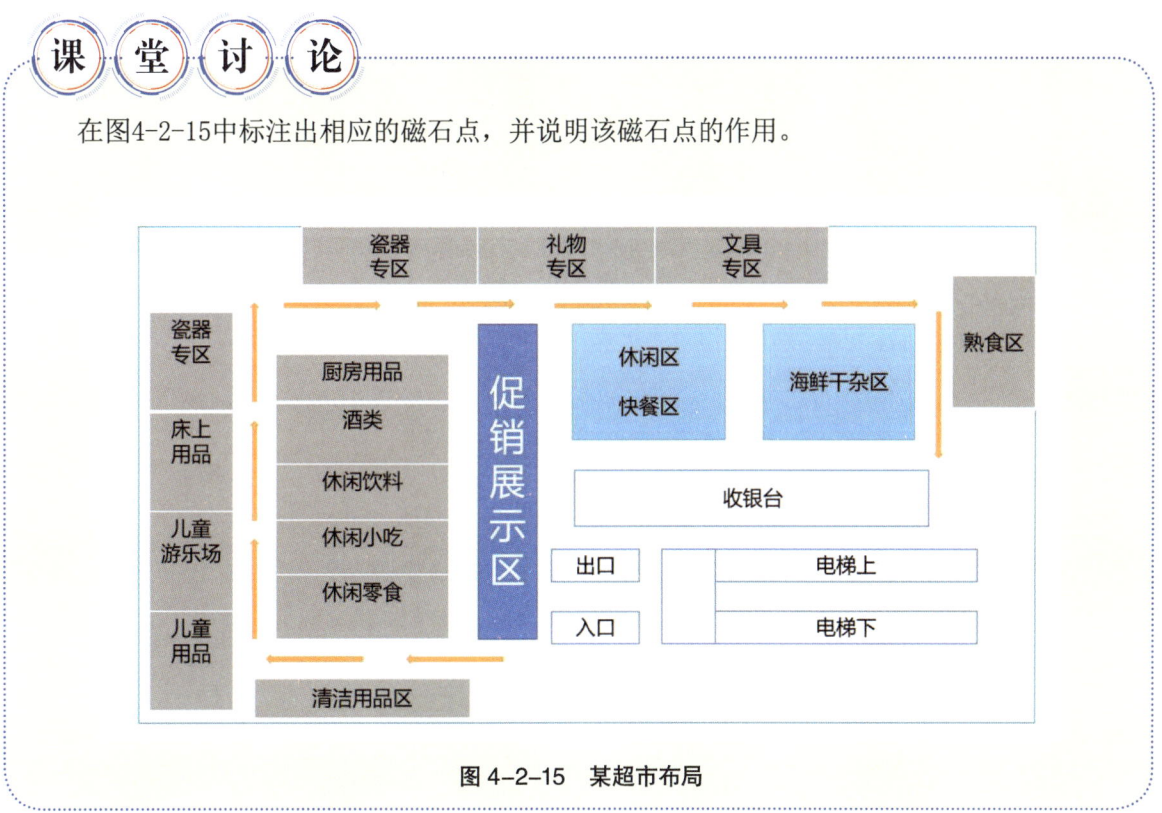

图 4-2-15　某超市布局

② 货品陈列的方式。

垂直陈列：该陈列方式使商品看上去比较整齐，呈现较强的规律性（图4-2-16）。

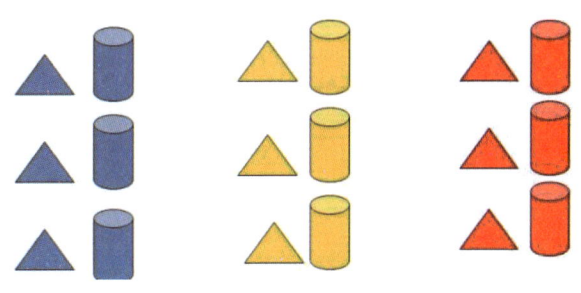

图 4-2-16　垂直陈列

水平陈列：该成列方式将商品按照顺序进行摆放，体现了整洁性与安定感（图4-2-17）。

图 4-2-17　水平陈列

斜线陈列：斜线陈列在一些时尚类产品、运动类产品以及休闲类产品的展示中比较常见，体现出一定的活泼感（图4-2-18）。

韵律陈列：该陈列方式要求有3组完全相同的产品进行重复陈列，比较适合促销商品以及细长的陈列空间（图4-2-19）。

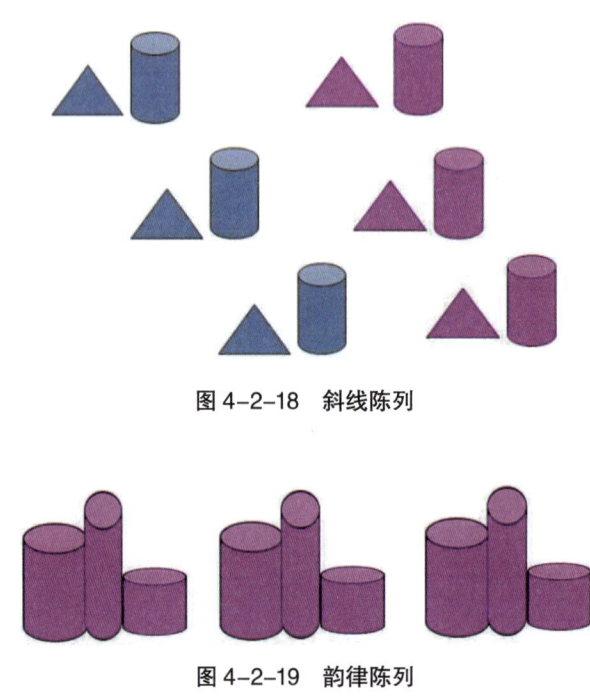

图 4-2-18　斜线陈列

图 4-2-19　韵律陈列

三角形陈列：三角形陈列在视觉上会形成一个大三角，整体中的每一组都呈现出三角形。在操作过程中需要先陈列后面的物品再陈列前面的物品（图4-2-20）。

图 4-2-20　三角形陈列

三、准备招募文件

招商招募文件涉及的内容比较广泛，具体包括了招商信息发布文件、授权类文件及备案类文件。

（一）招商信息发布文件

1.特许人信息披露文件

国务院发布的《商业特许经营管理条例》明确规定了特许人的信息披露制度，其中第二十二条明确了特许人应当向被特许人披露的主要信息内容，共十二条。

①　特许人的名称、住所、法定代表人、注册资本额、经营范围以及从事特许经营活动的基本情况。

②　特许人的注册商标、企业标志、专利、专有技术和经营模式的基本情况。

③　特许经营费用的种类、金额和支付方式（包括是否收取保证金以及保证金的返还条件和返还方式）。

④　向被特许人提供产品、服务、设备的价格和条件。

⑤　为被特许人持续提供经营指导、技术支持、业务培训等服务的具体内容、提供方式和实施计划。

⑥　对被特许人的经营活动进行指导、监督的具体办法。

⑦　特许经营网点投资预算。

⑧　在中国境内现有的被特许人的数量、分布地域以及经营状况评估。

⑨　最近2年的经会计师事务所审计的财务会计报告摘要和审计报告摘要。

⑩　最近5年内与特许经营相关的诉讼和仲裁情况。

⑪　特许人及其法定代表人是否有重大违法经营记录。

⑫　国务院商务主管部门规定的其他信息。

2.广告类文件

（1）招商手册。

招商手册是企业品牌有效宣传的一种视觉表达形式，一本好的招商手册是企业与消费者交流的窗口，它向公众展现企业的文化，推广公司的形象，将阅读手册者的视觉感受提升到至高境界，给消费者留下视觉美感和直观的内容信息，并让人过目不忘，因此招商手册设计也理所当然地成为所有特许人必备的高效营销工具。[①]

① 招商手册需呈现的内容招商手册上一般需要包括如下内容：企业的基本情况；企业的经营理念及优势；被特许人的加盟条件；特许总部提供的运营支持；特许加盟流程；加盟店赢利模式介绍；联系方式。

② 招商手册的视觉要素。一本完整的招商手册是由图形、色彩和文字组合而成的。

图形可以是抽象的图形或者具象的图形。抽象的图形是以符号或者几何图形呈现的，特许人的商标可以用抽象图形进行展现；具象的图形是客观物象的自然形态，如样板店的图片、经营的产品、专利证书等。

色彩的准确运用对招商手册的呈现效果意义深远。一般情况下，招商手册的主体颜色需要与企业形象识别系统中的主体颜色一致。

文字设计首先要符合常规的阅读习惯，把握好字体、行距、字间距；其次，字体的选择要做到风格统一，突出企业形象。

③ 招商手册的设计特点。

A. 宣传内容真实可靠。《中华人民共和国广告法》第八条明确规定，广告中对服务的内容、提供者、形式、质量、价格、允诺等有表示的，应当准确、清楚、明白。特许人在制作招商手册时应诚实守信，不脱离实际，不弄虚作假，不夸大事实。

B. 宣传内容生动翔实。招商手册是企业形象展示的有效载体，招商手册设计应与企业形象识别系统相一致，做到图文并茂，文字生动活泼。

C. 制作精美。为了展现企业良好的经营理念，制作招商手册时，在预算范围内应尽量做到精美，在印刷质量上严格把关。

（2）招商广告。

① 招商广告是企业以招商为目的做的广告，招商广告必须包含如下五个方面的内容。

广告主。广告主是指为了推销商品或者服务，自行或者委托他人设计、制作、发布广告的经济组织或个人。广告主一方面通过发布的信息获得商业利益，另一方面又对发布的信息负有法律责任。

目标对象。广告是针对目标市场发布的，即广告内容有特定的接受者或目标受众。

广告信息。广告信息是指广告的主要内容，主要有商品信息、服务信息或者概念信息。商品信息包括性能、质量、价格、销售渠道、保养维修等。服务信息包括服务标准、质量、价格等。概念信息是广告主通过广告帮助消费者树立某种意识，而非完全以销售为目的。

广告媒体。广告媒体是广告信息的载体。广告必须借助一定的广告媒体，才能向目标对象传播广告信息。

---

① 许悦. 滕王阁银楼品牌招商手册的设计 [D]. 南昌：南昌大学，2016.

广告费用。广告费用是广告主支付给广告经营者的费用。

② 招商广告的法律要求：真实性原则、合法性原则、行为规范性原则。

广告活动的真实性原则是指广告发布的信息和文稿内容要真实准确，不得虚夸和伪造。真实性原则是广告活动最基本的原则。我国《广告法》第四条规定，"广告不得含有虚假或者引人误解的内容，不得欺骗、误导消费者。广告主应当对广告内容的真实性负责"。第五十六条规定，"违反本法规定，发布虚假广告，欺骗、误导消费者，使购买商品或者接受服务的消费者的合法权益受到损害的，由广告主依法承担民事责任。"

广告活动的合法性原则是指广告内容、程序及形式合法。我国《广告法》第三条规定，"广告应当真实、合法，以健康的表现形式表达广告内容，符合社会主义精神文明建设和弘扬中华民族优秀传统文化的要求"。

广告主在广告发布过程中要做到守法、公平及诚实守信。《广告法》第五条规定，"广告主、广告经营者、广告发布者从事广告活动，应当遵守法律、法规，诚实信用，公平竞争"。

（3）加盟商申请表。

加盟商申请表是指潜在被特许人申请成为加盟商前所填写的一份交给特许人的关于潜在加盟商相关情况的调查性表格。一般包括以下几方面内容。

① 申请人的基本资料：姓名、年龄、性别、学历、目前从事的职业、联系方式等。

② 申请人目前的工作或经营情况。

③ 申请加盟的区域或市场。

④ 申请人开店前准备：是否有理想店面、是否有客户网络、希望采用的加盟方式等。

⑤ 申请人的投资计划：经营方式、计划投入的资金、计划经营的时间等。

（二）授权类文件

授权类文件主要有以下几种。

① 特许经营合同。

② 特许经营操作手册。

③ 供货合同。

④ 设施设备、房屋租赁合同。

⑤ 特许经营授权书。

⑥ 其他特许经营合同附件。

（三）备案类文件

《商业特许经营管理条例》第八条规定，特许人向商务主管部门备案，应当提交下列文件、资料。

① 营业执照复印件或者企业登记（注册）证书复印件。

② 特许经营合同样本。

③ 特许经营操作手册。

④ 市场计划书。

⑤ 表明其符合本条例第七条规定的书面承诺及相关证明材料。

⑥ 国务院商务主管部门规定的其他文件、资料。

⑦ 特许经营的产品或者服务，依法应当经批准方可经营的，特许人还应当提交有关批准文件。

行 业 动 态

商业特许经营备案情况通报（12 月 16 日—12 月 31 日）①

　　截至2020年12月31日，在商业特许经营信息管理系统完成备案并公告的企业总数量为6522家。

　　按照经营区域范围统计，省内企业2696家，跨省企业3826家；按照经营资源类型统计，拥有注册商标的6045家，拥有专利的248家；按行业统计，零售业1841家，餐饮业2715家，居民服务业503家，教育培训业345家，住宿业126家，中介服务业206家，其他商业服务业777家；按照所属区域统计，港澳台及境外193家，境内6329家，前10名分别是北京市（1092家）、上海市（684家）、浙江省（528家）、广东省（500家）、山东省（481家）、江苏省（385家）、重庆市（298家）、湖南省（298家）、福建省（284家）、四川省（262家）。

实 训 任 务

晨光文具特许经营体系推广准备工作调研

任务背景

　　晨光文具是全球最大的文具制造商之一，在全国覆盖超8万家零售终端，拥有晨光生活馆、九木杂物社等441家零售门店。

① 中华人民共和国商务部. 商业特许经营备案情况通报（12 月 16 日—12 月 31 日）[EB/OL]. http://txjy. syggs.mofcom.gov.cn/manager/news.do?method = view&id = 10648863.

任务描述

现以晨光文具作为调研背景，结合您所在城市的门店，围绕企业特许经营体系推广前的相关活动进行调研，并根据调研结果尝试设计招商手册。

任务实施

第一步，背景调研。

查阅晨光文具官方网站，了解晨光文具的企业经营情况，根据企业特许经营体系构建规模，画出该团队的组织构架。

通过各类招聘网站，了解特许经营企业招商团队各工作岗位的主要工作职责，在下表中做好记录。

组织结构：

主要工作职责：

第二步，样板店调研。

选择一家您所在城市的晨光文具店作为样板店进行调研考察，并将考察内容记录在下表中。

样板店硬件建设内容调研，主要包括该店铺的选址分析、门店形象分析、购物环境分析、设施设备分析以及商品陈列分析。

样板店软件建设内容调研，主要包括文化建设、服务标准考察和门店运营考察。

第三步，招商手册设计。

请根据晨光文具总体企业经营理念，设计招商手册。

 任务评价

学生自评模块

序号	技能点	佐证	达标	未达标
1	招商团队搭建	能够建立符合企业经营理念的特许经营体系招商团队组织		
		能够明确说出特许经营体系招商团队各工作岗位的工作职责		
2	样板店硬件建设	能够准确利用店铺选址要素进行样板店店铺选址考察内容的撰写		
		能够准确说出智慧零售背景下样板店的设备情况		
		能够利用设计软件绘制样板店的整体布局，并利用磁石点理论分析店铺规划		
		能够以某一区域的特色陈列作为研究对象，说明该区域陈列的方法与规则		

续表

序号	技能点	佐证	达标	未达标
3	样板店软件建设	能够准确阐述样板店的店铺经营文化,并判断经营文化同特许经营体系的一致性		
		能够准确说出样板店的服务标准		
		能够准确评价样板店门店运营的优劣		
4	招募文件准备	能够准确列举特许人信息披露文件的基本内容		
		能够利用设计软件制作特许经营招商广告		

序号	素质点	佐证	达标	未达标
1	法治意识	能够基于《商业特许经营管理条例》《中华人民共和国广告法》相关条款内容进行招商推广准备工作		
2	团队合作精神	能够和团队成员共同协商、共同完成实训任务		

教师评价表

序号	技能点	佐证	达标	未达标
1	招商团队搭建	能够建立符合企业经营理念的特许经营体系招商团队组织		
		能够明确说出特许经营体系招商团队各工作岗位的工作职责		
2	样板店硬件建设	能够准确利用店铺选址要素进行样板店店铺选址考察内容的撰写		
		能够准确说出智慧零售背景下样板店的设备情况		
		能够利用设计软件绘制样板店的整体布局,并利用磁石点理论分析店铺规划		
		能够以某一区域的特色陈列作为研究对象,说明该区域陈列的方法与规则		

续表

序号	技能点	佐证	达标	未达标
3	样板店软件建设	能够准确阐述样板店的店铺经营文化，并判断经营文化同特许经营体系的一致性		
		能够准确说出样板店的服务标准		
		能够准确评价样板店门店运营的优劣		
4	招募文件准备	能够准确列举特许人信息披露文件的基本内容		
		能够利用设计软件制作特许经营招商广告		

序号	素质点	佐证	达标	未达标
1	法治意识	能够基于《商业特许经营管理条例》《中华人民共和国广告法》相关条款内容进行招商推广准备工作		
2	团队合作精神	能够和团队成员共同协商、共同完成实训任务		

任务 3　特许经营体系推广实施

 主要概念

招商渠道、数字化招商渠道、加盟招商说明会、特许经营合同、信息披露回执、商标许可合同、品牌保证金协议、加盟店受训人员培训协议、物品采购合同、软件使用许可协议、数字化传播渠道、试营业、开业典礼。

 学习目标

【知识目标】

★ 熟悉常见的传统招商渠道和数字化招商渠道；

★ 掌握微信公众号平台的建设技巧；

★ 了解各项短视频平台的差异性；

★ 熟悉加盟招商说明会开设的基本流程；

★ 了解加盟商的诉求；

★ 熟悉签订加盟意向合同书可能面临的法律风险；

★ 熟悉特许人在签订特许经营合同时享有的权利和义务；

★ 了解商标备案的司法解释；

★ 掌握加盟商初期培训的主要课程内容；

★ 熟悉柯克帕特里克四个层次培训效果评估模型的主要内容；

★ 了解集中战略培训和内部成长战略培训的主要内容；

★ 熟悉构建数字化传播渠道的内容；

★ 了解店铺日常营业日程安排的内容；

★ 熟悉开业典礼策划的流程。

【能力目标】

★ 能够基于企业经营战略，构建传统与数字化相结合的招商加盟渠道；

★ 能够利用互动媒体软件，设计合理的招商加盟网页；

★ 能够利用互动媒体软件，构建微信公众号服务平台；

★ 能够基于企业经营战略，选择合适的短视频平台，策划招商短视频拍摄；

★ 能够根据特许经营业态，策划招商说明会；

★ 能够根据企业经营战略及文化特点，评估加盟商资质；

★ 能够基于法律规范，签订特许经营系列合同；

★ 能够基于特许经营培训体系要求，安排加盟商培训的课程计划；

★ 能够基于特许经营培训体系要求，规划店铺日常营业的日程安排；

★ 能够基于特许经营培训体系要求，提供加盟商开业典礼策划支持。

〔素养目标〕

★ 能够基于商业诚信原则，开展特许经营招商加盟活动；

★ 能够在特许经营体系推广实施过程中发挥领导作用，通过特许总部团队合作达成推广任务；

★ 能够在特许经营体系推广实施过程中体现项目策划能力。

任务导入

百果园：数字化加盟招商管理[①]

百果园是一家特许连锁水果专卖店，这几年尝试通过数字化改造的方式进行加盟招商管理。

1. 以微信公众号为载体构建前端招商渠道

加盟商招商渠道是比较多元化的，如通过特许加盟展，通过开放式门店引流或者连锁经营体系内部熟人介绍推广等方式。在众多渠道引流过程中，百果园建立了全国唯一的官方加盟申请入口"百果园加盟"微信公众号，且将官网与微信公众号后台数据库打通。以微信公众号为载体，开发自有平台，打造意向加盟商流量池，统一管理、强化管理（图4-3-1）。

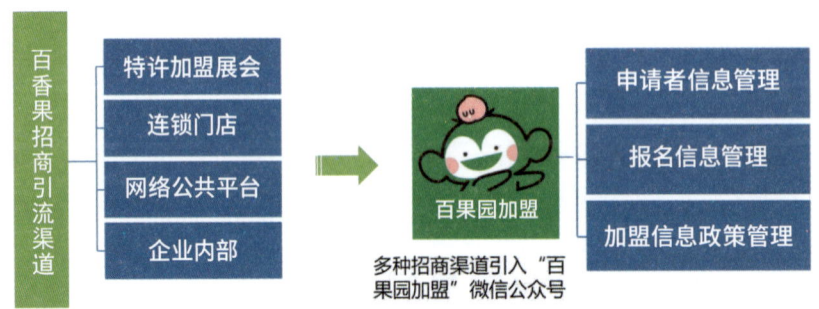

图 4-3-1　以微信公众号为载体构建前端招商渠道

---

① 中国连锁经营协会. 第三代数字化特许经营报告 [R]. 2019: 10.

2. 加盟商数字化管理

申请者可以通过"百果园加盟"微信公众号平台了解加盟进度，同品牌进行互通。以智能客服与人工客服相结合的形式，让各环节数据化、可监控、可溯源，确保加盟顺利完成（图4-3-2）。

当加盟商交纳意向金，微信公众号后台终端数据库对接自主研发的"加盟商管理系统"，在系统内把控、管理加盟商在各环节中的进程、转化、完成率等，同时也将加盟商信息共享到各个业务部门中，确保后期服务的质量。

图 4-3-2　加盟商数字化管理

3. 通过数字化呈现加盟商画像

在"百果园加盟"微信公众号平台，企业明确了对于加盟商的基本条件要求。

① 加盟商需自己做店长亲自经营管理门店。

② 加盟商需具备创业者的奋斗精神与投资风险承担意识。

③ 提交征信报告，无不良信用记录。

④ 认可百果园公司的企业文化，经营管理理念及经营模式。

通过企业现有加盟信息发现，在深圳地区加盟商性别结构中女性占比略高于男性，达到55.56%；在学历结构中，中专/技校占比达到了36.84%，有10.53%的加盟商是研究生学历（图4-3-3）。

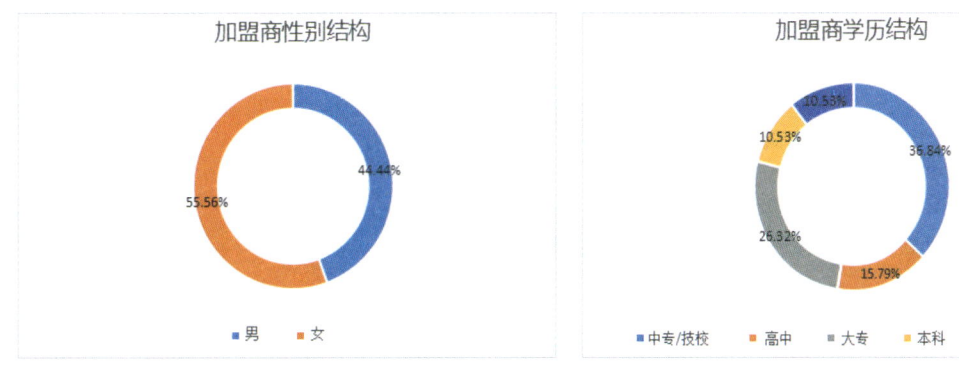

图 4-3-3　加盟商画像

4. 数字化赋能加盟店

百果园门店已由传统的水果专卖店转变为智能会员销售管理前置仓，全店实现了以会员为中心的线上线下一体化经营。这一系列数字化管理模式同样运用在了加盟店铺的日常运营过程中。在加盟商日常运营过程中，百果园给到了提供资金支持服务的"百果秘书"系统，加盟商可以在系统上申请贷款；在日常订货过程中"智能订货分货"系统可以帮助加盟商进行商品品类分析，结合各种情况预估来客数量等。

 任务解析

百果园通过数字化渠道构建，完成了招商、加盟商管理以及对加盟商的服务，从而取得了较好的效果。特许经营企业可以学习百果园的数字化构建方式提升特许经营体系推广实施效率。

知 识 准 备

一、招商咨询

（一）传统招商渠道管理

传统招商渠道有报纸、电视、广播、杂志、户外广告等多种形式。由于特许经营活动的独特性，特许经营企业除了可以利用以上传统的招商渠道外，还可以通过门店和展会来开展招商活动。

1. 特许经营门店

特许经营企业在进行加盟商招募的时候需要满足"2店、1年"的经营要求，即需要拥有至少2家直营门店并且经营时间超过1年。因此，特许经营企业可以在成熟的直营门店或者加盟店中放置特许经营招商的广告宣传单，也可以在门店显眼的地方，以POP广告的方式宣传招商信息。

这种方式被认为是成本最低且最为直观的一种方式，企业无须支付过多的广告推广费用，而且对于潜在加盟商而言也能够亲自感受企业特许经营体系的整体能力，具有较强的参考价值和说服力。

2. 展会

展会是特许经营品牌宣传和招募加盟商的重要途径。招商展会成本比较低，特许人可以和潜在加盟商面对面直接沟通，加快了合作的步伐。特许经营企业参与展会的整体流程包括：参展前期评估、展会活动准备、展会现场管理和展会后期工作跟进（图4-3-4）。

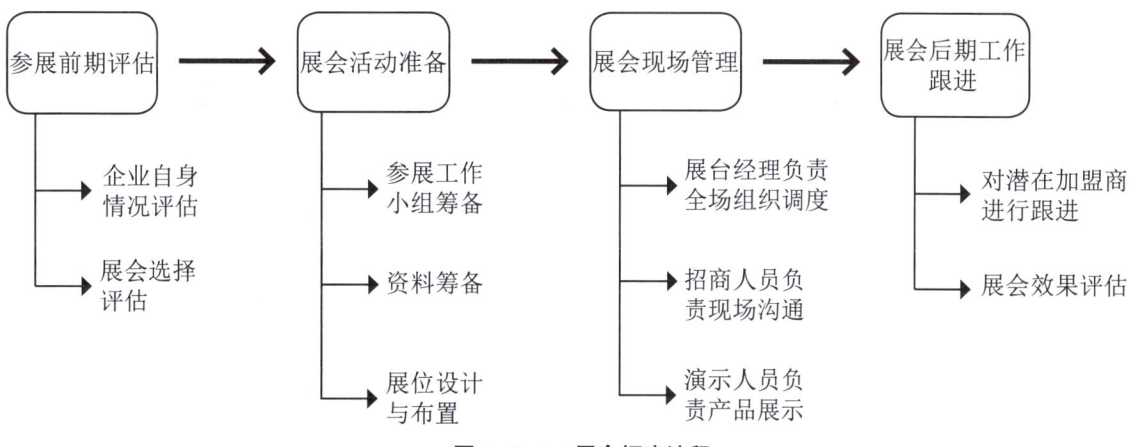

图4-3-4 展会招商流程

3.行业网站

特许经营企业可以选择在专业的行业网站上发布招商信息。在行业网站选择的时候需要评估网站的合法性、知名度、平台管理能力及收费情况。

（二）数字化招商渠道管理

特许经营企业已经走到了"数字化"阶段，数字化经营管理赋能特许经营企业的过程中会提高企业寻找加盟商的效率，是加盟商后期运营支持能力的保障，越来越多的特许经营企业将会选择数字化招商渠道。

1.企业官方网站

特许经营企业可以在企业官方网站中单独设立一项招商加盟页面，展示招商信息，将加盟流程、加盟店的形象、特许总部可以给予的支持等信息公布。为了方便同潜在加盟商产生互动，页面设置中需要有在线客服，也可以增加加盟商申请表在线填报。

快乐柠檬官方网站招商加盟板块互动设计

快乐柠檬是上海快乐柠檬餐饮管理有限公司在2006年成立的手摇奶茶品牌，总部设立在上海市，是采用特许经营模式进行运作的连锁企业。

在企业官网页头部分特地设置了"快乐加盟"导航栏，点击进入可以直观看到企业的加盟流程、店铺类型、总部支持等基本情况的介绍。为了增加互动性，及时了解潜在被特许人的需求，在页面中设置了"留言板"及在线客服，同时为了提高与潜在被特许人的合作概率，在页面中用鲜艳的颜色标注了"请点我我要加盟"的链接（图4-3-5）。

图 4-3-5 快乐柠檬招商主页面

点击"请点我🖐我要加盟"链接，映入眼帘的就是一张特许加盟投资申请表（图4-3-6）。除此之外，设置了成功加盟商的经验分享专栏、常见问题专栏和帮助潜在被特许人快速成长的"幸福启航"计划。

图 4-3-6 快乐柠檬招商详情页

快乐柠檬招商加盟模块的整体设计符合营销目的，主页面通过彰显企业品牌形象的导航条设计、展示区域设计起到了引流作用。点击进入"快乐加盟"页面，明显表达了促成业务成交的目标，通过在页面同一屏中设置"确定提交"按钮，方便潜在被特许人操作。①

---

① 快乐柠檬官网：http://www.happy-lemon.com/.

2. 微信公众号服务平台

微信公众号服务平台是企业和组织提供更强大的业务服务与用户管理的互联网服务平台，特许经营企业可以在该平台上对加盟商进行一系列服务交互。特许经营企业注册服务号后在一个自然月内可以发送4条群发消息，同时可设置服务列表，如让用户了解企业的加盟流程、提供相应的加盟咨询服务等，也支持高级接口的相关服务。微信公众号服务平台的建设技巧有以下几点。

（1）多渠道集合。

在微信公众号服务平台中链接企业咨询电话、企业微信、企业官方网站、企业微博、企业视频号等多元化沟通渠道，方便潜在加盟商选择适合自己的沟通方式，也便于特许经营企业同客户沟通。

（2）提前设置潜在加盟商可能存在的疑问。

在设置微信公众号服务平台的时候，为了更好地提供服务，可以事前设置好潜在加盟商可能存在的疑问。

① 加盟需要什么条件？

② 加盟的流程是什么？

③ 如何进行加盟申请？

④ 个人只能加盟一家店吗？

⑤ 加盟的合同期是多久？

⑥ 企业是否对加盟店有商圈保护政策？

⑦ 加盟后门店经营是否还需要进行工商注册登记？企业是否会帮助加盟店进行工商注册登记？

⑧ 一家标准化门店大概需要多少面积？

⑨ 一家门店的基本员工配置是什么？员工是由自己招募还是由企业统一招募？

⑩ 加盟后是否会有培训？

⑪ 加盟后装修的要求是什么？

⑫ 加盟后企业是否会提供统一的营销活动？

⑬ 加盟后原材料/商品的采购要求是什么？

⑭ 加盟店是否可以自行对商品进行定价？

⑮ 如果商品卖不掉怎么办？

（3）将成功加盟商的经验在平台上分享。

对于成熟的特许加盟企业而言，当积累了一定的加盟商之后，可以定期总结现有加盟商在运营过程中的案例。案例的主题可以是多元化的，具体可以围绕以下几个方面展开。

① 特许经营企业利用自身的专业能力帮助加盟商解决实际运营过程中的困难。

② 在全国范围内或者区域内经营业绩第一的加盟商案例。

③ 在实际运营过程中某一方面有突出表现的加盟商案例，如客户管理、商品品质耗损管控、

客单价提升等。

④ 加盟商通过自主加盟创业获得生活上的幸福感。

（4）设置自动查询功能，方便服务潜在特许加盟商。

① 专门设置企业在每一个城市所在地的加盟服务信息查询页面。

② 专门设置每个城市组织的本年度加盟招商说明会。

3. 企业微信

企业微信相对于微信公众号服务平台来说功能更加强大，可以用于企业内部的沟通管理以及外部微信客户的运营管理。其支持的服务功能除了好友对话列表和高级接口的相关服务设置以外，还能无限制群发消息，并且完全支持"微信支付""微信好友会话""微信联系人群聊"以及"发微信朋友圈"等功能。

4. 短视频

短视频是指在各种新媒体平台上播放的、适合在移动状态和短时休闲状态下观看的、高频推送的视频内容，视频时长一般为几秒到几分钟。短视频是比较具有营销价值的，第一，短视频比图文更加生动，可以给受众更加直观的感受；第二，用户可以利用碎片化的时间去了解企业，因而能够在不知不觉中对企业更有认同感；第三，通过分析后台数据，可以深层次了解用户对品牌和企业的感兴趣程度，从而调整战略，增强与用户的互动性。

（1）短视频播放平台。

特许经营企业通常可以通过抖音、视频号、B站等平台进行短视频传播，这三大平台在用户人群、用户规模、算法机制、热门类型、视频特征、底层逻辑、引流方式和变现方式上都有所不同（表4-3-1）。

表 4-3-1　短视频平台的差异性

短视频平台	抖音	视频号	B站
用户人群	受众范围跨度大	依靠微信原有流量的用户	年轻群体高度集中
日活跃用户	6亿	突破2.8亿	0.54亿
算法机制	中心化算法推荐	社交推荐机制、朋友圈点赞和算法推荐相结合	依据社交和兴趣分类
热门类型	搞笑、剧情类型	知识、生活类型	二次元、知识类型

续表

短视频平台	抖音	视频号	B站
视频特征	背景音乐多、原创多、趣味性强	聚焦情感、音乐、生活、实用性强	聚焦娱乐、知识教育类型
底层逻辑	"算法＋信息流"的逻辑，强内容、强媒体、强广告	微信商业生态，将分散的微信流量集中化，再分发推荐，强用户、强社交、强直播	"内容＋用户＋算法"的逻辑，强内容、强用户、强社交
引流方式	引导粉丝往第三方引流	直接在视频号下方插入公众号链接	引导粉丝往第三方引流
变现方式	偏向媒体属性，广告居多	打造微信商业生态，适合私域流量变现	偏向媒体属性，广告居多

（2）短视频运营流程。

① 定位短视频的内容形式。

不同于面向消费者购买产品或服务的短视频运营，特许经营企业短视频运营的第一步就需要通过提炼品牌特征，挖掘潜在加盟商真实的内在诉求。在表现形式上可以是真人上镜、运用PPT或者Vlog等；在类型定位上可以是剧情式、情感式、解说式、测评式、集锦式、励志式、炫酷式、搞笑式或者榜单式。

② 短视频选题。

短视频拍摄的选题要围绕企业想传达的卖点进行构思，具有独特性、唯一性、震撼性的独特卖点，是企业吸引眼球、打动人心的营销利器。选题营销卖点有4个特征：第一，能给客户带来利益点；第二，能与竞争对手之间产生独特的差异；第三，对自己的优势具有支持点；第四，足够打动客户。

 知·识·链·接

曼陀罗思考法选题

曼陀罗思考法是一种提供如魔术方块般的视觉式思考的方式。在制作过程中可围绕6个常用问句（5W1H）：What、Why、Who、Where、When、How，画一个九宫格。

在短视频选题过程中可以从目标群体的兴趣点出发，利用"四面八方扩展"的方法进行主题选定。使用者在九宫格的中间填上想要发挥的主题，然后在其余8个空格中填上创意发挥的想法。当不断有创意点的时候，可以把九宫格中心周围8个格子的想法继续向外扩，这样8

个想法可以扩展出64个想法，64个想法可以扩展出512个想法。最后通过小组讨论的方式在其中选择一个最为恰当的选题（图4-3-7）。

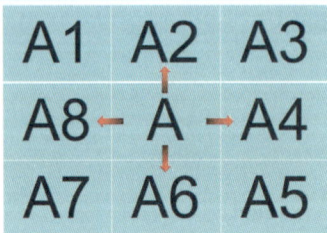

图 4-3-7 曼陀罗图

③ 撰写脚本。

短视频脚本分为三个部分，分别是拍摄提纲、文学脚本和分镜头脚本。一个完整的脚本需要包含主题定位、人物设置、剧情线索、场景设置、人物对话、影调运用、镜头运用和音乐运用等（表4-3-2）。

表 4-3-2 短视频脚本

主题：						
出境人物：						
剧情线索：						
场景	台词	影调	景别	运镜	地点	音乐

④ 拍摄与剪辑。

短视频的拍摄与剪辑相对于较长时长的视频、电影、电视而言，没有那么复杂，很多时候一部手机就可以完成，常见的视频编辑软件有会声会影、Premiere、爱剪辑等。会声会影简单易学，对电脑配置要求也不高；Premiere也是一款常用的视频编辑软件，其编辑出来的画面质量较好且具有良好的兼容性；爱剪辑是一款在手机端就可以操作的视频剪辑软件，对于运营要求不是很高的企业来说是不错的选择。

⑤ 发布运营。

制作完成视频之后就可以在合适的平台进行发布了，短视频发布的时候有四个注意事项。

第一，封面要美观、清晰，与视频主题一致，风格统一。

第二，文案一般15~20个字，不要超过50个字，运用开放式文案抛出话题，有意识地与用户进行互动，引导用户关注。

第三，使用认知度高、辨识性强的背景音乐，如果企业自己有主题歌曲，则尽量使用企业自己的主题歌曲作为背景音乐。

第四，上传的视频在保证具有一定原创性的同时，视频质量也必须要清晰。

视频上传运营一段时间后需要进行数据化分析，以此了解视频效果，具体可以从视频发布数量、视频播放数量、视频点赞数量、视频评论数量、视频转发量、累计粉丝数、粉丝增长数、成交数、成交金额等多项指标进行短视频质量的测评。

（三）开展加盟招商说明会

针对有意向的潜在加盟商，特许经营企业可以组织一场加盟招商说明会，让潜在加盟商深入了解企业特许经营体系的构建及项目可行性，并邀请其来企业总部参观（图4-3-8）。

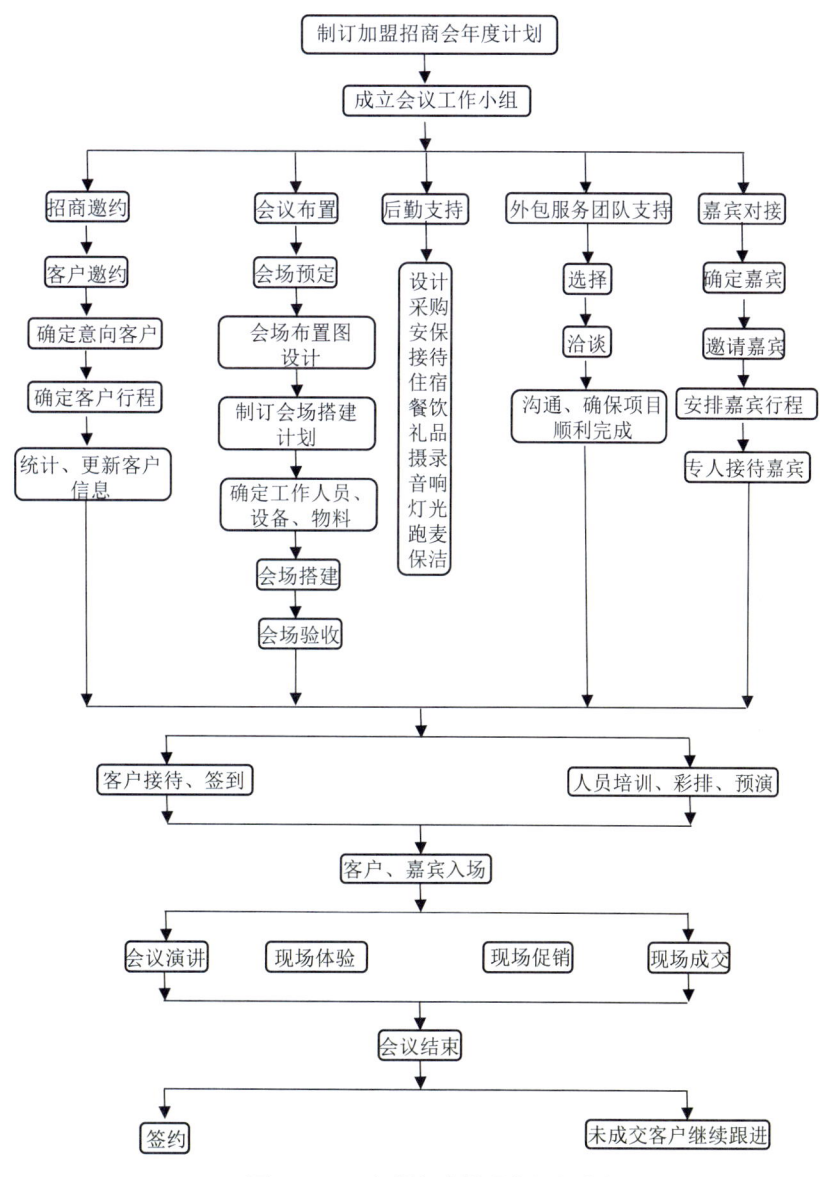

图 4-3-8　加盟招商说明会组织流程

（四）招商咨询过程中的沟通技巧

1. 制定合理的招商时间进度

（1）把握招商旺季。

特许经营体系招商的旺季一般在春节过后的3、4月份，许多特许加盟展会也会放在这个时间段。同时中国历来有"金九银十"的习俗，下半年的招商会议往往会在9月份至11月份进行。

（2）根据不同业态经营情况确定招商时间。

特许经营企业也可以根据其业态特征确定经营旺季，再倒推计算项目最终落地的时间。比如，冰淇淋特许经营店铺的销售旺季一般在6月份到8月份，为了快速赢利，可以先确定最优开业时间为6月份，那么就可以计算特许人发布招商信息、项目磋商、项目确定、项目选址和装修的大概时间，以此来确定启动招商的最优时间点。

2. 设立24小时的项目沟通渠道

为避免错过潜在加盟商，需要在数字化平台中设立客服机器人，针对加盟商常规化的问题给予回答。对较为有诚意的潜在加盟商还应该做到专人服务，可以通过电话、面谈、视频会议等途径及时沟通。

3. 有效利用招商渠道获得潜在加盟商信息

通过各种传统招商渠道和数字化招商渠道，特许经营企业会获取一些潜在加盟商的基本信息，特许经营企业需要在会后主动同他们进行沟通，即使潜在加盟商并没有中意该项目，也可以通过沟通的机会再次介绍自己的企业和经营项目。

4. 以合作、服务的心态参与加盟招商活动

加盟招商活动不能急于求成。每一个潜在加盟商都有自己的特殊情况，在参与加盟过程中或许存在资金不足、没有经营经验、没有合适的店铺等问题而不敢进行特许经营加盟。对此，特许人需要明确自己和加盟商是命运共同体，特许人有义务帮助加盟商获得经营利润。因此，在获得潜在加盟商信任之前，需要帮助他们解决各种顾虑和问题。

二、甄选加盟商

（一）了解加盟商的诉求

根据腾讯营销洞察和中国连锁经营协会发布的《数字化时代下的特许加盟投资人画像及行为研究报告（2020）》发现，许多加盟商选择特许经营项目的基本需求是希望圆自己的创业梦并提升经济收入，同时也希望有较为成熟的特许人帮助自己在创业过程中规避风险。具体来讲，加盟商的需求包括了个人诉求和特许经营企业本身的情况。

1. 加盟商个人的诉求

① 加盟商希望通过加入特许经营发展副业，提高经济收入。

② 加盟商希望自主创业。

③ 加盟商暂时没有找到满意的工作，希望通过加入特许经营代替创业。

④ 在中国城乡差距逐步缩小的大背景下，加盟商离开大城市返回家乡，希望通过加入特许经营在家乡做出一番事业。

2. 加盟商对特许经营企业的诉求

① 加盟商希望特许人有完善的服务体系，包括完善的培训体系、管理体系及推广体系。

② 加盟商希望特许经营项目是具有发展潜力的新品类。

3. 加盟商对社会经济环境的诉求

① 加盟商希望国家对创业群体给予政策上的支持。

② 加盟商希望银行金融机构对小微企业和个体商户提供融资便利。

③ 加盟商希望行业竞争压力不要太大。

行 业 动 态

我国政府积极支持"大众双创"

2014年9月，国务院总理李克强在夏季达沃斯论坛上提出，要在960万平方千米土地上掀起"大众创业""草根创业"的新浪潮，形成"万众创新""人人创新"的新势态。

据统计，2019年前10个月，我国日均新设企业为1.97万户，如果加上个体工商户、农民专业合作社，日均新设市场主体为6.42万户。截至2019年10月底，全国实有市场主体超过1.2亿户。[①]

2020年1月到5月，国务院及其各部门共出台22份跟"双创"有关的政策措施，其中国务院办公厅发布了2个文件，分别为2月21日发布的《关于推广第三批支持创新相关改革举措的通知》和1月17日发布的《关于支持国家级新区深化改革创新加快推动高质量发展的指导意见》；国务院其他部门发布了20个相关政策文件。

（二）评估加盟商

1. 具备商业经营的素质要求

① 具备健康的身体和心理。

② 具备创业的激情。

③ 具备领导能力。

④ 具备团队建设的能力。

⑤ 具备承受风险的能力。

---

① 北京市市场监督局. 我国日均新设企业1.97万户 [EB/OL]. （2019-12-16）. http://scjgj.beijing.gov.cn/zwxx/mtjj/201912/t20191216_1235755.html.

⑥ 诚实守信。

⑦ 具备擅于沟通的能力。

⑧ 具备财务经营方面的基本知识。

2. 特许授权活动所需要的特殊素质要求

① 加盟商需具备一定的资金。

② 加盟商能够承受一定的投资风险。

③ 加盟商需具备一定的管理经验，能够在特许人的支持下独立经营，创造利润。

④ 加盟商需具备基本的学习能力，能通过特许人的培训指导，掌握与特许经营项目经营内容相关的专业知识和技能。

⑤ 加盟商需具备环境适应的能力，能够接受特许人的指导、遵循特许人的要求。

加盟商资质评估表如表4-3-3所示。

表4-3-3 加盟商资质评估表

申请方式	申请时间	_____年___月___日		信息来源			
	加盟年限			店铺形式	□县级店　□地级店　□省级店　□中心店		
加盟商资料	加盟商店名			经营范围			
	企业性质	□国营　□民营　□独资　□中外合资　□集团　□有限公司　□股份公司　□个人					
	注册资金	_____万元	注册地			营业执照	
	开户银行			银行账号			
	联系电话		传真号码			邮政号码	
	公司网址			电子邮箱			
	公司地址	_____省 ___市____区 ____街道_____路_____号_____楼_____室					
	法人代表		性别	□男　□女	年龄	电话号码	
	常住地址	_____省___市___区____街道 _____路_____号_____楼_____室					
	身份证号			电子邮箱			
加盟商资质	资金	预计投资_____万,自有资金_____万,借贷资金_____万,借贷资金比例_____					
		资金来源是否合法：□是　□否 资金是否满足该规模店铺投资和后期运营：□是　□否					
		预计还贷时间：_____ 预计以何种方式还贷：_____					

	资信	创业经历：□有　□无	破产经历：□有　□无		银行不良资信记录：□有　□无
	商圈	城市经济水平：_____　居民消费水平：_____			
		□住宅区商圈　　□工业区商圈　　□商业区商圈　　□办公区商圈 □文教区商圈　　□名胜区商圈　　□混合区商圈			
		区域内同类竞争店铺数量：_____ 是否满足开店初步条件：□有　□无			
	经营	是否有过企业管理经验：□有　　□无		经营思路是否清晰：□有　　□无	
		经营方式：　□全职经营　　□兼职经营			
	风险	预计可以承担 _____个月不赢利经营			
		预计经营中会出现的风险有：_____			
		规避风险的措施：_____			
		风险出现时的应对措施：_____			
签署	申明	申请人已经详细阅读并充分理解 ×× 公司的招商文件，自愿申请加入 ×× 公司特许经营体系，并申明以上填写的内容和提供的证明文件属实无误，如有伪造和欺瞒事项，愿接受 ×× 公司相关处罚。		签名（日期）	
审批意见	招商主管意见			签名（日期）	
	运营经理意见			签名（日期）	
	副总监意见			签名（日期）	
	总监意见			签名（日期）	
回复					

（三）签订加盟意向合同书

加盟意向合同书是基于特许人与加盟商双方沟通协商，达成特许经营项目合作意向的一份法律文书。加盟意向合同书签订伴随着特许经营费用的支付，根据《商业特许经营条例》第十六条相关规定，特许人应当以书面形式向被特许人说明该部分费用的用途、退还的条件和方式。如果特许人没有以书面形式进行告之，可能面临行政处罚的风险。此外，即使在签订了加盟意向合同书后，加盟商仍旧享有自行退费的权利。

三、特许经营系列合同签订

特许人与加盟商之间合作关系的确立，需要签订一系列的合同。

（一）特许经营合同

特许经营合同是确立特许人与加盟商特许经营关系存续的最为有效的契约。

1. 特许人在与加盟商签订特许经营合同时享有的权利

（1）要求加盟商签订保密协议。

保密协议的签订依据的是诚信原则和忠实义务。诚信原则是民事法律关系中的"帝王条款"，它要求民事主体行使民事权利，与他人之间设立、变更或消灭民事法律关系，均应诚实，在不损害他人利益和社会利益的前提下寻求自己的利益，应该恪守信用，履行义务，不履行义务使他人造成损害时，应自觉承担责任。特许人为了保护自己的商业秘密，一般在进行相关信息披露时会要求加盟商签订保密协议，以此保护自己的"商业秘密和与知识产权相关的保密事项"。

（2）要求加盟商须履行实质性投资义务。

加盟商以货币或实物对特许经营进行的实质性投资，是购买特许权后的必然选择。

2. 特许人在与加盟商签订特许经营合同时需履行的义务

（1）特许人应当进行信息披露。

特许人应当在订立特许经营合同之日前至少30日，以书面形式向被特许人披露信息。特许人在向被特许人信息披露后，被特许人应当签署信息披露回执。《商业特许经营信息披露管理办法》第八条规定，特许人在向被特许人进行信息披露后，被特许人应当就所获悉的信息内容向特许人出具回执说明（一式两份），由被特许人签字，一份由被特许人留存，一份由特许人留存。最后特许人应将信息披露文件和信息披露确认单归档管理。

（2）特许人应当进行商业特许经营备案。

商业特许经营备案是强制性的法律规定，根据《商业特许经营备案管理办法》规定，特许人应自首次订立特许经营合同之日起15日内向商务主管部门备案。如果特许人没有按照规定向商务主管部门备案的，由设区的市级以上商务主管部门责令限期备案，并处1万元以上5万元以下罚款；逾期仍不备案的，处5万元以上10万元以下的罚款，并予以公告。

信息披露回执

　　兹收到_____公司严格按照《商业特许经营管理条例》和《商业特许经营信息披露管理办法》之规定提供的完整信息披露手册，特出此回执以证明。

　　本人将对此信息披露的所有内容严格保密，不以任何方式向任何第三方泄露手册中未在_____公司官方网站上公开的任何内容，否则，将自愿承担所有民事和刑事责任。

　　本声明一式两份，_____公司一份，本人自留一份。

收到人（签字）：

身份证号码：

联系方式：

收到日期：

　　特许人与被特许人在第一份特许经营合同期结束之后，再次签订特许经营合同的，应当在每年3月31日前进行备案。

（二）商标许可合同

　　商标许可合同也称为商标使用许可合同，指商标权人将其注册商标按照合同约定的条件许可给他人使用，被许可人应该根据合同约定权限签订合同，一般被许可使用人需要向商标权人支付使用费。其中，商标权人是许可人，使用商标的人是被许可人。

1.特许人需要进行备案

　　《中华人民共和国商标法》第四十三条规定："许可他人使用其注册商标的，许可人应当将其商标使用许可报商标局备案，由商标局公告。商标使用许可未经备案不得对抗善意第三人。"同时根据《最高人民法院关于审理商标民事纠纷案件适用法律若干问题的解释》，商标使用许可合同未经备案的，不影响该许可合同的效力，但当事人另有约定的除外。

2.特许人可以提供的商标许可方式

　　根据《最高人民法院关于审理商标民事纠纷案件适用法律若干问题的解释》第三条规定，特许人可以提供的商标许可方式有以下三种。

　　独占使用许可，是指商标注册人在约定的期间、地域和以约定的方式，将该注册商标仅许可一个被许可人使用，商标注册人依约定不得使用该注册商标。

排他使用许可，是指商标注册人在约定的期间、地域和以约定的方式，将该注册商标仅许可一个被许可人使用，商标注册人依约定可以使用该注册商标但不得另行许可他人使用该注册商标。

普通使用许可，是指商标注册人在约定的期间、地域和以约定的方式，许可他人使用其注册商标，并可自行使用该注册商标和许可他人使用其注册商标。

（三）品牌保证金协议

品牌保证金协议是指特许人在与加盟商签订特许经营合同的同时为了约束在特许经营关系存续期间不发生有损特许经营体系品牌的行为，指定加盟商提交一定费用且在合同期满时，加盟商未违约如数退还所签订的协议。

（四）加盟店受训人员培训协议

特许经营授权过程中特许人需要对加盟商提供人员培训服务，为了保护特许人与加盟商双方的权利，需要签署一份加盟店受训人员培训协议。在协议中需要明确特许人为加盟商提供的服务内容、培训期限、培训要求、培训费用、培训机构和地点、违约事项等内容。

（五）物品采购合同

在特许经营授权过程中，特许人通常指定加盟商在自己的特许经营体系中采购商品原材料、辅助材料等，因此双方需要经过协商并一致同意后签订一份明确"供需关系"的法律性文件，即物品采购合同。物品采购合同一般包含商品的品种、规格和数量；商品的质量和包装；商品的价格和结算方式；交货期限、地点和发送方式；商品验收办法；违约责任；合同的变更和解除的条件。

（六）软件使用许可协议

软件使用许可协议是特许人授权加盟商使用相关软件的协议。在该协议中，加盟商不享有软件所有权，但可以在协议约定的时间、地点，按照约定的方式行使软件使用权。

1. 主许可和分许可

主许可是指直接由软件权利人发放的许可，这种许可是通过被许可人与软件权利人直接订立软件使用许可合同的方式设立的。分许可是指由被许可人根据软件权利人的授权再向他人发放的使用许可。

2. 单机许可和场地许可

单机许可是指不在网络环境下，只能在一台机器上安装的使用许可；场地许可是指软件权利人许可特定场地内的所有计算机可使用其软件。

3. 单人许可和多用户许可

单人许可是指被许可使用的软件只能由特定的人使用；多用户许可是指在网络环境下所有用户获得的软件使用许可。

（七）其他辅助合同

除了以上六项主要合同外，根据不同加盟商的特殊需求，还会存在如下几种合同：

1. 租赁合同

特许人将自有商铺、设备租赁给加盟商时，双方当事人需要签订租赁合同。租赁合同是指出租人将租赁物交付承租人使用、收益，承租人支付租金的合同。在当事人中，提供物的使用或收益权的一方为出租人；对租赁物有使用或收益权的一方为承租人，租赁物须为法律允许流通的动产和不动产。

2. 贷款合同

特许人对存在资金缺口问题的加盟商提供资金支持时需要签订贷款合同。贷款合同是借款人向贷款人借款，到期返还借款并支付利息的合同。

特许人在与加盟商订立贷款合同时需要对加盟商的行为做如下限制：第一，特许人需要限制加盟商将贷款用于非特许经营项目的运营中，以此避免加盟商丧失还款能力的情况；第二，如若加盟商将借款用于非法途径，存在违反国家法律、行政法规的行为，特许人必须阻止其继续提款，且该合同无效。

四、加盟商培训

（一）初期培训

特许人要对每一个新加盟商进行一次初期培训。首先要确定初期培训的时间、地点、方式、费用分担等具体问题。其次，在店铺开业运营之前根据特许经营合同相关条款要求执行。初期培训对于新加盟商和其员工来说尤为重要，通过初期培训，加盟商才能对特许人的企业文化、经营模式、经营流程、经营技巧有较好的掌握，才能最终胜任好加盟店的日常经营管理。

1. 初期培训的课程类型

（1）理论培训。

理论培训主要围绕特许经营的基本知识、企业文化等相关内容展开。通过理论培训，加盟商可以对特许经营的商业模式有初步的了解。具体内容大致包括文化理念及战略经营、新零售发展、加盟合同认知、门店督导服务、门店经营、门店营销等。教学形式上可以采用常规的讲授，也可以通过互联网平台进行课程直播及录播课程教学。

（2）实操培训。

实操培训主要是针对门店经营管理展开的培训，是加盟商掌握特许经营活动的重要途径。一般情况下，企业可以采用一对一师徒制的方式进行教学和考核。大致内容包括门店服务、门店社群营销管理、门店线上业务管理、商品陈列、商品订货、领导力管理、员工管理、门店IT系统操作、沟通技巧等。

（3）开业指导培训。

开业指导培训是指特许人派出有经验的专业人员到新开业的加盟店进行现场指导培训。开业指导培训的强度要低于理论实践培训，时间一般在几天到几周。经营最初几天的开业指导培训对新加盟商而言是极具价值的，可以很好地帮助其克服恐惧和经验的不足。

2. 初期课程培训效果评估

（1）特许人对加盟商进行初期培训效果评估。

特许人可以利用柯克帕特里克四个层次培训效果评估模型，评估加盟商在初期的培训效果。

反应评估，评估被培训者的满意程度。在培训项目结束时，通过问卷调查来测量受训人员对于培训项目的效果和有用性的反应。这个层次的评估可以作为改进培训内容、培训方式、教学进度等方面的建议或综合评估的参考，但不能作为评估的结果。

学习评估，测定被培训者学习获得的程度。培训组织者可以通过书面考试、操作测试、模拟测试等方法来了解受训人员在培训前后，在知识以及技能的掌握方面有多大程度的提高。

行为评估，考察被培训者知识学习的应用程度。这个层次的评估可以包括受训人员的主观感觉、下属和同事对其培训前后行为变化的对比。

成果评估指计算培训创出的经济效益。成果层评估可以通过一系列指标来衡量，如事故率、生产率、员工离职率、次品率、员工士气以及客户满意度等。通过分析这些指标，管理层能够了解培训所带来的收益。

（2）加盟商对特许人提供的初期培训效果评估。

① 能否创造利润。加盟店是一个独立经营主体，因此培训的内容和方式必须能对加盟店的收益增加有所帮助。

② 细节标准专业与否。在通过初期培训之后，被特许人可以观察一线员工与顾客接触的时候，是否能让顾客感受到标准且专业的服务，进而对门店产生信任。一个好的培训应该传授这类服务细节，这也是体现特许人的经营模式标准化、专业化程度的重要方面。

③ 是否贴近实际操作。效果好的岗位操作培训应采取情景模拟演练的方式开展，使学员能直观地学到可立即用于工作现场的技能或经验。

④ 是否流程化。特许人成熟的经营模式要想成功复制到加盟店，其输出的连锁店作业是否流程化十分重要。这样才能通过反复培训和实践使普通员工很快掌握使用，加盟店各项作业才能顺畅地衔接。

（二）持续经营过程中的培训

特许经营过程中，特许人有责任也有义务对加盟商提供持续的培训支持。常见的主要有两种类型：第一种是特许人为了提高其品牌市场份额、维持并开拓市场地位及减少经营成本而需要对加盟商进行的培训；第二种是特许人成功研发新的技术和新产品之后，为了确保加盟商的持续经营而开展的培训。

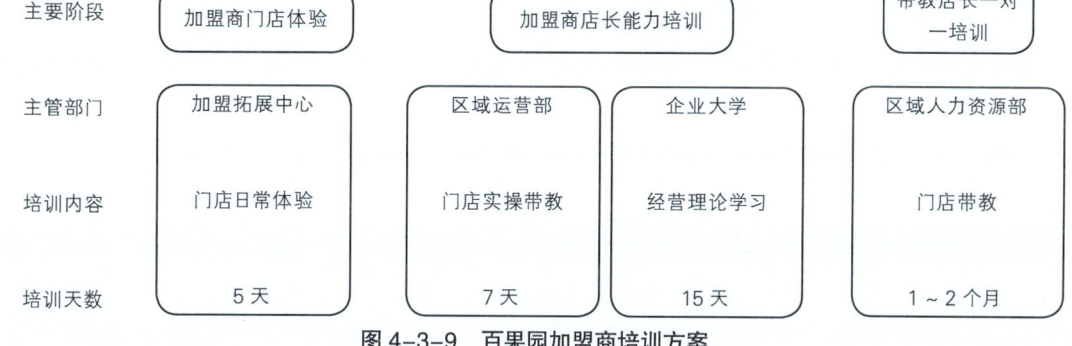

百果园加盟商培训

百果园是一家和加盟商成为共同合作伙伴的特许经营企业。为了使加盟商快速具备运营标准店的经营能力，百果园针对不同阶段的加盟商联动各个部门展开针对性的培训（图4-3-9）。

主要阶段	加盟商门店体验	加盟商店长能力培训		带教店长一对一培训
主管部门	加盟拓展中心	区域运营部	企业大学	区域人力资源部
培训内容	门店日常体验	门店实操带教	经营理论学习	门店带教
培训天数	5天	7天	15天	1～2个月

图 4-3-9 百果园加盟商培训方案

五、开业筹划

每一次成功的新店开业在给予加盟商运营高度信心的同时，也是特许人衡量特许经营体系服务是否良好的重要考量标准之一，因此特许人也要帮助加盟商一起做好开业筹划的准备工作。

（一）特许人为加盟商构建数字化传播渠道

特许人可以利用多种数字化渠道发布关于新店开业的信息，具体的发布渠道包括以下几种（图4-3-10）。

① 自有渠道。比如，公司的网站、微信公众号、企业微信群、公司自有的社群或者移动应用小程序，通过自有渠道发布新店信息可以使消费者能更为直观地了解特许品牌和企业的发展现状。

② 免费渠道。比如，一些评论网站一般不会收取费用，可以通过企业社交话题的分享，或者在免费社交媒体上发布帖子，进行点赞、评价等，帮助企业建立知名度。再者对于有特色的新业态加盟店，还可以邀请相关公众媒体进行采访报道。免费渠道是非常重要的信息传播渠道，因此要好好利用。

图 4-3-10　数字化传播渠道

③ 付费渠道。比如，传统广告、社交媒体广告、电子邮箱营销、邀请网红博主、移动应用程序广告和门店陈列广告。

（二）特许人提供试营业活动支持

试营业是对加盟店的各项运营管理在营业前进行的演练，可以帮助加盟商了解运营过程中可能出现的困难。此时特许人可以帮助加盟商解决问题并可调整和补充自身的特许经营体系。

特许人需要将标准化营业日程安排告知加盟商，让加盟商了解店铺每天营业的基本内容。一家门店的运营管理内容大致包括了以顾客服务为中心，以商品管理和绩效控制为基本点，涵盖商品陈列、顾客服务、收银管理、商品管理、门店安全、人员管理、门店业绩评价等相关内容，规范到一天中，运营的内容又分为营业前、营业中和营业后（表4-3-4）。

表 4-3-4　店铺日常营业日程安排

时段	项目	细则
营业前	后场	周转区域（物流周转区域及物料存放区域）
		冷库：温度是否正常／卫生情况／是否按照先进先出原则
	前场	现场跟踪：人员到岗情况／核对商品价签／商品是否达标／整体卫生／设施设备／物料耗损／补货情况
营业中	早会	回顾重点工作／明确销售目标／异常数据分析与处理
	早值巡场	整体卫生／商品品质检查／员工服务工作／现场支持
	午餐	员工轮岗午餐

续表

时段	项目	细则
营业中	早晚班交接	早班未完成情况交接／晚班到岗位人员情况／晚班重点工作安排
	培训	日常培训／新员工培训（低峰时段做员工培训）
	晚值巡场	收银排队情况／卖场整体氛围／重点商品营销情况／员工补货和理货情况／陈列商品品质及饱满度／整体卫生跟踪
	晚高峰	关注重点工作：陈列是否饱满／专人是否到岗
	晚餐	员工轮岗晚餐
	现场销售	跟踪人员状态是否饱满
		重点商品销售跟进
营业后	闭店	补货
		闭店陈列
		闭店会议
		设施设备检查

（三）提供开业典礼策划支持

经过前期数字媒体渠道的宣传和试营业，加盟商认为店铺经营具备成熟条件后就可以选择一个良辰吉日，举办开业典礼了。开业典礼开设日期可以根据特许加盟体系中其他同类型店铺的客流高峰时段，结合天气因素进行选择。开业典礼基本流程如图4-3-11所示。

图 4-3-11　开业典礼基本流程

案·例·分·享

必胜客新店开业网络宣传活动实施方案 [1]

（一）活动主题

必胜客带你畅游网络实惠。

（二）活动目的

通过微博、微信、QQ、贴吧等网络平台，及时更新和发布必胜客新店的产品信息，使消费者快速了解必胜客推出的新产品和最新的促销方式，以及新店的地址和订餐方式等信息，从而刺激新店附近人群的消费需求，提高新店产品的销售量。同时，也提高必胜客新店的知名度，更大限度挖掘潜在顾客。

（三）活动具体方案

针对目标顾客，在新店开业期间，必胜客可以结合产品的特点、品牌文化等，设计开展以下几种新店宣传促销方式。

1. 微博宣传

必胜客新店可以在新浪微博注册企业微博，然后申请蓝V认证。这是对企业真实身份的认证，使大家能对微博的内容表示认可和相信，有利于企业网络推广的展开。

同时，必胜客新店可以与附近的大型超市开展微博互推合作，开发潜在顾客群。每个超市的微博都有很多粉丝是附近的客户，通过微博合作的方式，及时将新品上市和促销活动等资讯在合作微博上发布，并配以优美的文字和美味的食物图片，从而引起大家的兴趣，勾起尝试的想法，配合和扩大新店开业的宣传效果。

通过关注并转发微博的方式，扩大必胜客新店在微博上的影响力，提升人气。还可通过设置抽取幸运粉丝的环节，来吸引顾客，具体方法是必胜客发布新店开业活动和新品详情，并抽取部分幸运粉丝，赠送必胜客的会员卡、代金券或者玩偶、花束等。在征得粉丝的同意后，在微博上公布幸运粉丝的名单及礼品清单，以大型的礼品来吸引顾客的注意，提醒他们注意抓住机会。

2. 微信宣传

首先，必胜客新店需要到微信公众平台注册，注册名称与微博名字相同，并且与微博相互绑定；然后，借此平台来发布必胜客新店开业的活动信息，并且在后期的营销活动中可以长期使用。

---

① 王世迪，王庆丰. 必胜客新店开业网络宣传活动策划 [J]. 经济研究导刊，2014（26）：143-145.

3. QQ宣传

QQ作为人们沟通交流的主要工具，已经成为各大商家争先追捧的主要宣传工具。手机QQ上有一个吃喝玩乐的功能，主要展现的是本地区销售美食的一些店铺和娱乐场所等。必胜客可以把产品照片、种类、折扣价格、店址、电话等公布出来，供消费者选择。这样，不但可以增加产品销售量，还可以使消费者了解新店，增加店铺的知名度。

4. 贴吧宣传

必胜客新店也可以注册一个百度账户，以必胜客新店地址为名，申请建立必胜客新店的贴吧。在贴吧宣传，可以运用以下两种方式。

（1）贴吧灌水，扩大知名度。平时可以必胜客新店的账户在各大美食贴吧进行跟帖，介绍自己的产品以及新店开业的折扣、新店开业活动等内容。或者适当发布一些比萨的做法和甜点的做法，吸引大家的注意。

（2）"吧友就餐"，提供消费折扣。由于美食贴吧里一些很有名气的美食达人，在经过他们宣传之后，大家会争先去尝试，可以形成明星效应。必胜客新店便可以邀请他们去品尝必胜客的美食，后期经过美食达人发布的宣传，号召吧友去店内品尝；同时，可以对本吧的"吧友"消费给予一定折扣。

5. 注意事项

（1）注意不要滥发帖子，以免引起消费者的反感。可以结合新店开业的一些公益活动或抽奖活动进行宣传，宣传页面一定要色彩丰富，具有吸引力。

（2）注意发布的信息准确无误、活动按时举行，坚决打击虚假信息。

（3）注意应针对商圈内顾客的消费习惯和兴趣发布相关信息。

晨光文具特许经营体系推广实施策划

任务背景

晨光文具是全球最大的文具制造商之一，在全国覆盖超8万家零售终端，拥有晨光生活馆、九木杂物社等441家零售门店。

任务描述

基于任务2中关于晨光文具特许经营体系推广准备调研工作的结果，为该特许人特许经营体系推广的实施进行设计策划，并将策划过程写在下面。

任务实施

第一步，招商加盟渠道构建。

通过企业网站等渠道查找资料，为晨光文具提供可以搭建的招商渠道。

第二步，组织招商加盟会。

请为企业策划招商加盟说明会，要包含具体的流程及分工。

第三步，加盟商素质模型构建。

写出加盟商应具备的一般素质及特殊素质要求，构建整体素质模型。

第四步，加盟商初期培训方案。

制定为期一周的加盟商初期培训方案。

第五步，撰写开业典礼策划书。

利用数字化渠道及传统渠道为加盟商策划一个较为可行的开业典礼。

 **任务评价**

学生自评模块

序号	技能点	佐证	达标	未达标
1	招商加盟渠道构建	能够建立符合特许人经营理念的特许经营体系招商渠道		
		能够完整撰写至少一项传统招商渠道建设方案		
		能够完整撰写至少一项数字化招商渠道建设方案		
2	加盟招商说明会安排	能够对加盟招商说明会进行合理分工		
		能够完整展现加盟招商说明会的内容		
3	构架加盟商素质模型	能够在准确分析加盟商诉求的基础上，构建加盟商的一般素质要求内容和特殊素质要求内容		
4	制定加盟商培训方案	能够安排加盟商初期培训的具体内容		
5	撰写开业典礼策划书	能够根据加盟商的需求，帮助加盟商撰写一份开业典礼策划书		

序号	素质点	佐证	达标	未达标
1	法治意识	能够基于《商业特许经营管理条例》《中华人民共和国广告法》相关条款内容进行招商推广实施工作		
2	团队合作精神	能够和团队成员共同协商、共同完成实训任务		
3	策划能力	能够在项目建设过程中体现整体策划能力		

教师评价表

序号	技能点	佐证	达标	未达标
1	招商加盟渠道构建	能够建立符合特许人经营理念的特许经营体系招商渠道		
		能够完整撰写至少一项传统招商渠道建设方案		
		能够完整撰写至少一项数字化招商渠道建设方案		
2	加盟招商说明会安排	能够对加盟招商说明会进行合理的分工		
		能够完整展现加盟招商说明会的内容		
3	构架加盟商素质模型	能够在准确分析加盟商诉求的基础上，构建加盟商的一般素质要求内容和特殊素质要求内容		
4	制定加盟商培训方案	能够安排加盟商初期培训的具体内容		
5	撰写开业典礼策划书	能够根据加盟商的需求，帮助加盟商撰写一份开业典礼策划书		

序号	素质点	佐证	达标	未达标
1	法治意识	能够基于《商业特许经营管理条例》《中华人民共和国广告法》相关条款内容进行招商推广实施工作		
2	团队合作精神	能够和团队成员共同协商、共同完成实训任务		
3	策划能力	能够在项目建设过程中体现整体策划能力		

参考文献

[1]〔美〕迈克尔·波特. 竞争战略[M]. 陈小悦，译. 北京：华夏出版社，1997.

[2]〔美〕迈克尔·波特. 竞争优势[M]. 陈小悦，译. 北京：华夏出版社，1997.

[3]张玉卿，庞正中. 国际特许经营指南[M]. 北京：法律出版社，2002.

[4]王贵斌. 特许经营合同及案例分析[M]. 北京：中国工商出版社，2004.

[5]李维华. 特许经营理论与实务[M]. 北京：机械工业出版社，2005.

[6]文志宏. 特许经营实战指南[M]. 北京：电子工业出版社，2020.

[7]张润兴. 管理学实用教程[M]. 北京：北京大学出版社，2013.

[8]孙文霞. 管理学教程[M]. 北京：中国商业出版社，2020.

[9]俞浪复. 麦当劳店铺管理手法[M]. 沈阳：辽宁科学技术出版社，2002.

[10]〔美〕谢尔曼. 特许经营手册[M]. 李维华，张恒，译. 北京：机械工业出版社，2005.

[11]〔美〕斯蒂芬·P·罗宾斯. 管理学[M]. 4版. 黄卫伟，等，译. 北京：中国人民大学出版社，1996.

[12]郑成思. 知识产权法教程[M]. 北京：法律出版社，1993.

[13]刘春田. 知识产权法[M]. 5版. 北京：高等教育出版社，2015.

[14]王迁. 知识产权法教程[M]. 北京：中国人民大学出版社，2011.

[15]彭真军. 论特许经营中知识产权的滥用与规制[J]. 国际经贸探索，2012，28（04）：61-69.

[16]奉晓政. 论商业特许经营中的知识产权保护[J]. 智库时代，2018（51）：4-6.

[17]北京市高级人民法院知识产权审判庭. 商业特许经营合同原理解读与审判实务[M]. 北京：中国法制出版社，2015.

[18]张国元. 特许经营法律与实务问题研究[M]. 北京：法律出版社，2009.

[19]谭新政，朱则荣，杨谨蜇. 品牌总论[M]. 北京：知识产权出版社，2017.

[20]庞守林. 品牌管理[M]. 2版. 北京：清华大学出版社，2016.

[21]生奇志. 品牌学[M]. 北京：清华大学出版社，2011.

[22]卢晶. 品牌管理[M]. 北京：清华大学出版社，2019.

[23]〔美〕赛丹杰，〔美〕格里高利·巴特斯比. 品牌授权原理：国际版[M]. 吴尘，朱晓梅，译注. 北京：清华大学出版社，2016.

[24]陆影. 连锁门店营运与管理实务[M]. 4版. 大连：东北财经大学出版社，2018.

[25]肖涧松. 现代市场营销[M]. 2版. 北京：高等教育出版社，2017.

[26]陈莹. 市场营销实务[M]. 北京：北京工业大学出版社，2021.

[27]中国连锁经营协会校企合作小组. 特许经营实务[M]. 北京：高等教育出版社，2014.

[28]侯吉建．特许经营体系设计与构建[M]．北京：中国人民大学出版社，2014．

[29]李维华．成功构建特许经营体系五步法[M]．北京：企业管理出版社，2021．

[30]李维华．招商理论与实务全攻略[M]．北京：企业管理出版社，2020．

[31]王晓民．特许经营体系管理[M]．2版．北京：中国人民大学出版社，2017．

[32]中国连锁经营协会校企合作委员会．零售数据分析与应用[M]．北京：高等教育出版社，2016．

[33]吴洪贵．商务数据分析与应用[M]．北京：高等教育出版社，2019．

[34]北京博导前程信息技术股份有限公司．电子商务数据分析实践[M]．北京：高等教育出版社，2019．

[35]许悦．滕王阁银楼品牌招商手册的设计[D]．南昌：南昌大学，2016．

[36]刘文献，汤艾菲．全球化、多元化、知识化世界特许经营新趋势——记国际特许经营协会46届年会暨国际特许经营学会20届年会[J]．连锁与特许，2006（05）：40-42．

[37]王方吉．连锁经营管理——理论·实务·案例[M]．北京：首都经济贸易大学出版社，2007．

[38]丁元霖．财务管理[M]．上海：立信会计出版社，2005．

[39]陈昌龙．财务管理[M]．北京：北京交通大学出版社，2007．

[40]汤伟伟．现代连锁经营与管理[M]．3版．北京：清华大学出版社，2019．

[41]曾洁贤，高翠英．门店运营实务[M]．北京：电子工业出版社，2020．

[42]李卫华，马济亮．连锁企业门店开发与设计[M]．北京：中国人民大学出版社，2020．